产业文化与职业素养丛书

IT企业文化与职业素养

总主编：孙志春
主　编：周传运　王秀芳
副主编：常俊杰　任翠池　曹秀海
编　者：李　强　张俊霞　李宪玲　李汉挺

北京理工大学出版社
BEIJING INSTITUTE OF TECHNOLOGY PRESS

内 容 简 介

全书共6章，分别讲述了IT企业文化、计算机的发展历程、典型IT人物的创业故事和入职IT行业应具备的基本素质等内容。本书注重理论性与趣味性相结合，注重自我阅读与实际教学相结合，可作为职业院校IT专业文化育人的教材，也可供计算机从业人员和爱好者参考使用。

版权专有　侵权必究

图书在版编目（CIP）数据

IT企业文化与职业素养/周传运，王秀芳主编. —北京：北京理工大学出版社，2018.5（2021.3重印）

ISBN 978 - 7 - 5682 - 5591 - 2

Ⅰ. ①I… Ⅱ. ①周…②王… Ⅲ. ①IT产业－企业文化②IT产业－职业道德 Ⅳ. ①F49

中国版本图书馆CIP数据核字（2018）第078929号

出版发行 / 北京理工大学出版社有限责任公司
社　　址 / 北京市海淀区中关村南大街5号
邮　　编 / 100081
电　　话 / （010）68914775（总编室）
　　　　　（010）82562903（教材售后服务热线）
　　　　　（010）68948351（其他图书服务热线）
网　　址 / http：//www.bitpress.com.cn
经　　销 / 全国各地新华书店
印　　刷 / 三河市天利华印刷装订有限公司
开　　本 / 787毫米×1092毫米　1/16
印　　张 / 13.25　　　　　　　　　　　责任编辑 / 刘永兵
字　　数 / 315千字　　　　　　　　　　文案编辑 / 刘永兵
版　　次 / 2018年5月第1版　2021年3月第4次印刷　责任校对 / 周瑞红
定　　价 / 45.00元　　　　　　　　　　责任印制 / 施胜娟

图书出现印装质量问题，请拨打售后服务热线，本社负责调换

前 言

企业文化之于企业的意义最常用的评价是"企业文化是企业的核心竞争力",这种观点缘起何人何时,已无从考证,尽管有人认为人才、产品质量对企业的作用更大而对此提出异议,但是这种说法我们认为还是比较接近事实的描述。为什么这么说?我们常常提及一个人素质的高低决定了他事业的高度。事实上,企业就是人的集合体,那么企业文化就等同于这个集合体的素质。我们知道,评价人可以从品德、个性、思维、体表、学识、志向等方面综合考量得出综合素质的高低,对企业文化的评价亦如此。如果把企业文化中最重要的因素提取出来同人的素质进行对比,就会对企业文化的作用有一个清晰的框架,也就能够理解企业文化是核心竞争力的原因。企业文化中的产品文化等同于人的体表,企业价值观等同于人的品德,企业精神等同于人的个性,企业理念等同于人的思维方式,企业的使命和愿景等同于人的志向。因此,企业文化就是企业素质的综合体现,这种观点我们姑且称之为"企业文化素质观"。按照这种说法,企业文化自然也有优劣高低之别。优秀的企业文化可能成就一个伟大的企业,落后的企业文化将导致企业举步维艰,甚至关门大吉。

学习优秀企业和典型人物所呈现的文化如同吃一顿营养大餐,如果我们置身其中且反复咀嚼体会,就能吸收大餐的营养,无疑会健身强体,增强抗击各种摔打的能力。为此,本书在编写过程中选择了当今IT业界具有较强影响力的企业,选择的人物也是业界的翘楚,学习他们的创业经历,体会他们面对困境所表现出来的巨大勇气和非凡智慧,无疑会培育我们面对困难的勇气和自信。

本书注重理论性与趣味性相结合,注重自我阅读与实际教学相结合,在讲述文化理论和职业素养理论的同时,引入了大量的故事和案例,增加了可读性,以求把教师的单向传输变为师生的双向交流,为我们开展文化课程的教学开辟了一条有效的途径。

本书的编写团队来自学院的一线教师,其中,周传运、王秀芳负责整体策划、编写组织和全书统稿,常俊杰、任翠池、曹秀海协助统稿,王秀芳编写第一章,李强编写第二章,常俊杰编写第三章,曹秀海编写第四章,任翠池、李宪玲编写第五章,周传运编写第六章,李汉挺编写附录,周卫东对全书进行了审订。

本书在编写过程中,得到了济宁职业技术学院、惠普—济宁国际软件人才及产业基地、甲骨文(山东)OAEC人才产业基地和曲阜师范大学软件学院的有关领导和老师的支持和指导,在此一并表示感谢!

本书在编写过程中，参考并引用了一些书籍、文章内容和图片资料，以及互联网上的相关信息。因有的内容相互交错，故难以一一注明原出处，只能在书后的参考文献中列出，在此向作者表示感谢；由于内容较多，如有引用遗漏之处，敬请见谅。

限于编者水平，同时编写时间也比较仓促，书中一定存在不妥之处，敬请广大读者批评指正。

编　者

2017 年 11 月

目 录

第一篇 信息技术的发展和未来

第一章 信息技术与我们的生活 ... 3
第1节 初识信息技术 ... 3
一、认识信息技术 ... 3
二、IT产业内涵 ... 3
三、IT分类 ... 5
四、IT企业的特征 ... 5
第2节 IT与我们的生活 ... 6
一、IT对人类生活的积极影响 ... 6
二、IT对人类生活的消极影响 ... 12

第二章 IT发展和未来 ... 14
第1节 计算机的发展历程 ... 14
一、计算机始祖 ... 14
二、机械计算机 ... 15
三、现代计算机发展 ... 16
四、计算机史上的重要人物 ... 21
五、故事阅读 ... 23
第2节 计算机网络发展历程 ... 29
一、计算机网络概述 ... 29
二、计算机网络的发展阶段 ... 30
三、互联网的发展趋势和挑战 ... 31
四、故事阅读 ... 32
第3节 未来信息技术 ... 33
一、光计算机 ... 33
二、人工智能 ... 36
三、虚拟现实 ... 39
四、其他计算机 ... 42
总结与思考 ... 43

第二篇 IT典型企业文化

第三章 IT企业文化特征和构建 ... 47
第1节 企业文化 ... 47

— 1 —

|一、企业文化的概念 | 47 |
|二、企业文化的功能 | 47 |

第2节 IT企业文化特征和构建 ········ 50
一、IT企业文化的特征 ········ 50
二、IT企业文化对提升企业核心竞争力的作用 ········ 52
三、IT企业文化构建 ········ 53

第3节 硅谷文化和中关村文化 ········ 54
一、美国硅谷文化 ········ 54
二、中关村文化 ········ 56
三、阅读材料 ········ 58

第四章 典型IT企业文化 ········ 61

第1节 联想的企业文化 ········ 61
一、联想简介 ········ 61
二、企业文化 ········ 62
三、材料阅读 ········ 63

第2节 华为企业文化 ········ 64
一、华为简介 ········ 64
二、企业文化 ········ 65
三、材料阅读 ········ 68

第3节 腾讯的企业文化 ········ 68
一、腾讯简介 ········ 68
二、企业文化 ········ 68
三、材料阅读 ········ 69

第4节 百度的企业文化 ········ 71
一、百度简介 ········ 71
二、企业文化 ········ 72
三、材料阅读 ········ 73

第5节 阿里巴巴的企业文化 ········ 75
一、阿里巴巴简介 ········ 75
二、企业文化 ········ 77
三、材料阅读 ········ 78

第6节 微软的企业文化 ········ 84
一、微软简介 ········ 84
二、微软在中国 ········ 84
三、企业文化 ········ 85
四、材料阅读 ········ 87

第7节 惠普的企业文化 ········ 88
一、惠普简介 ········ 88
二、惠普在中国 ········ 89
三、企业文化 ········ 89

|　四、材料阅读 ·· 90
第 8 节　苹果的企业文化 ·· 94
|　一、苹果公司简介 ·· 94
|　二、企业文化 ·· 95
|　三、材料阅读 ·· 97
第 9 节　IBM 的企业文化 ·· 98
|　一、IBM 公司简介 ··· 98
|　二、IBM 在中国 ·· 99
|　三、企业文化 ·· 100
|　四、材料阅读 ·· 102
第 10 节　甲骨文的企业文化 ·· 103
|　一、甲骨文简介 ·· 103
|　二、甲骨文在中国 ·· 104
|　三、企业文化 ·· 105
|　四、材料阅读 ·· 105
总结与思考 ·· 107

第三篇　IT 风云人物

第五章　IT 风云人物的创业故事 ··· 111
第 1 节　"企业教父"——柳传志 ·· 111
|　一、柳传志简介 ·· 111
|　二、创业之路 ·· 111
第 2 节　退伍军人——任正非 ·· 113
|　一、任正非简介 ·· 113
|　二、创业之路 ·· 114
第 3 节　北大骄子——李彦宏 ·· 116
|　一、李彦宏简介 ·· 116
|　二、创业之路 ·· 117
第 4 节　IT 技术外行——马云 ··· 119
|　一、马云简介 ·· 119
|　二、创业之路 ·· 119
第 5 节　世界首富——比尔·盖茨 ······································· 127
|　一、比尔·盖茨简介 ··· 127
|　二、创业之路 ·· 128
第 6 节　神奇小子——乔布斯 ·· 134
|　一、乔布斯简介 ·· 134
|　二、创业之路 ·· 134
总结与思考 ·· 143

第四篇　职业素质

第六章　IT人的职业素质 ·· 147
　第1节　IT人职业素质概述 ·· 147
　　一、个体职业素质与冰山模型 ·· 147
　　二、IT人的职业素质 ·· 148
　第2节　敬业精神 ·· 151
　　一、什么是敬业精神 ·· 151
　　二、敬业必重业 ·· 151
　　三、敬业要爱业 ·· 152
　第3节　诚实守信 ·· 152
　　一、诚实守信 ·· 152
　　二、做一名诚信的大学生 ·· 153
　　三、阅读材料 ·· 154
　第4节　团队精神 ·· 155
　　一、团队精神 ·· 155
　　二、团队精神的重要性 ·· 155
　　三、软件开发团队建设 ·· 155
　第5节　学习能力 ·· 157
　　一、什么是学习能力 ·· 157
　　二、影响学习成功的主观因素 ·· 158
　　三、学习方法和策略 ·· 159
　　四、阅读材料 ·· 161
　第6节　创新能力 ·· 164
　　一、创新的基本属性 ·· 164
　　二、创新的种类 ·· 165
　　三、常用的创新技法 ·· 168
　　四、创新能力的培养 ·· 170
　　五、阅读材料 ·· 171
　第7节　知识产权保护 ·· 172
　　一、知识产权概述 ·· 172
　　二、知识产权保护制度的作用 ·· 173
　　三、互联网时代知识产权的特点 ·· 173
　　四、大学生应怎样保护知识产权 ·· 174
　　五、阅读材料 ·· 175
　总结与思考 ·· 176
附录1　济宁职业技术学院IT文化馆介绍 ·· 178
附录2　信息网络传播权保护条例 ·· 198
参考文献 ·· 203

第一篇
信息技术的发展和未来

第一章

信息技术与我们的生活

第1节 初识信息技术

一、认识信息技术

信息技术，简称IT（Information Technology），指在计算机技术的基础上开发建立的一种技术，现一般将信息技术作为感测技术、通信技术、计算机技术和控制技术的集合。对人类社会活动一切有用的数据、资料都可以称为信息。感测技术是获取信息的技术，通信技术是传递信息的技术，计算机技术是处理信息的技术，而控制技术就是利用信息的技术。信息技术所涉及的相关行业为主体的产业被称为信息产业，又称为第四产业。

感测、通信、计算机和控制这四大技术在信息系统中虽然各司其职，但是从技术要素层面上看，它们又是相互包含、相互交叉、相互融合的。感测、通信、计算机都离不开控制，感测、计算机、控制也都离不开通信，感测、通信、控制更离不开计算机。

一般来说，信息产业有广义和狭义之分。广义的信息产业包括信息设备制造，如计算机、通信设备、电视、摄像机、收录机、音响等设备制造业和信息服务业。信息服务业包括与信息采集、加工处理、存储、传输、交换、使用以及与信息系统建设有关的各行各业。从上述定义可以看出，信息产业包括所有与信息有关的行业。狭义的信息产业则指直接从事研究、生产、制造、销售计算机系统和配套件的计算机产业，以及利用计算机提供各种服务的信息处理业。

二、IT产业内涵

今天IT的概念，是在知识产业研究的基础上产生和发展起来的。最早提出与信息产业相类似概念的是美国经济学家、普林斯顿大学弗里兹·马克卢普（F. Machlup）教授。他在1962年出版的《美国的知识和分配》一书中，首次提出了完整的知识产业（Knowledge Industry）的概念，分析了知识生产和分配的经济特征及经济规律，阐明了知识产品对社会经济发展的重要作用。尽管马克卢普没有明确使用信息产业一词，并且在所界定的范围上与现在的信息产业有所出入，但不可否认它基本上反映了信息产业的主要特征。

1977年，美国斯坦福大学的经济学博士马克·波拉特（M. U. Porat）在马克卢普对信息产业研究的基础上，发表了题为《信息经济：定义与测算》的内部报告，把知识产业引申为信息产业，并首创了四分法，为信息产业结构方面的研究提供了一套可操作的方法。他把社会经济划分为农业、工业、服务业、信息业四大类，并将信息产业划分为所谓的一级信息部门和二级信息部门。

信息产业作为一个新兴的产业部门，其内涵和外延都会随着该产业的不断变化而变化。自弗里兹·马克卢普首次提出知识产业的概念以来，各国学者都先后对信息产业的概念和范围等问题进行了广泛的理论探讨。但是由于人们出于不同的研究目的和角度，关于信息产业的概念问题仍然是众说纷纭。下面我们来了解几种定义。

（一）欧洲定义

欧洲信息提供者协会（EURIPA）给信息产业的定义是：信息产业是提供信息产品和信息服务的电子信息工业。

（二）美国定义

美国信息产业协会（AIIA）给信息产业的定义是：信息产业是依靠新的信息技术和信息处理的创新手段，制造和提供信息产品、信息服务的生产活动的组合。1997年，在"北美产业分类体系"（NAICS）中，首次将信息产业作为一个独立的产业部门分离出来。按该体系界定，作为一个完整的部门，信息产业由下列单位构成：生产与发布信息和文化产品的单位；提供方法和手段，传输与发布这些产品的单位；信息服务和数据处理的单位。具体包括出版业、电影和音像业、广播电视和电讯业、信息和数据处理服务业四种行业。

（三）日本定义

日本的科学技术与经济协会认为：信息产业是提高人类信息处理能力、促进社会循环而形成的由信息技术产业和信息商品化产业构成的产业群，包括信息技术产业及信息产品化。信息产业的内容比较集中，主要包括软件业、数据库业、通信业和相应的信息服务业。

（四）国内定义

我国信息产业发展的时间不长，对于信息产业的定义和划分，由于分析的角度、标准和统计的口径不同，也形成了许多不同的观点。我国数量经济学家和信息经济学家乌家培教授认为：信息产业是为产业服务的产业，是从事信息产品和服务的生产、信息系统的建设、信息技术装备的制造等活动的企事业单位和有关内部机构的总称。同时他认为信息产业有广义和狭义之分，狭义的信息产业是指直接或者间接与电子计算机有关的生产部门，广义的信息产业是指一切与收集、存储、检索、组织加工、传递信息有关的生产部门。

我国学者曲维枝认为：信息产业是社会经济生活中专门从事信息技术开发、设备、产品的研制生产以及提供信息服务的产业部门的总称，是一个包括信息采集、生产、检测、转换、存储、传递、处理、分配、应用等众多门类的产业群。主要包括信息工业（包括计算机设备制造业、通信与网络设备以及其他信息设备制造业）、信息服务业、信息开发业（包括软件产业、数据库开发产业、电子出版业、其他内容服务业）。

尽管有各种不同的观点，但是概括起来大致有广义、狭义和中间派三种不同的观点。广义的观点是在马克卢普和波拉特等人理论的影响下，认为信息产业是指一切与信息生产、流通、利用有关的产业，包括信息服务和信息技术及科研、教育、出版、新闻等部门。狭义的观点是受日本信息产业结构划分的影响，认为信息产业是指从事信息技术研究、开发与应用，信息设备与器件的制造，以及为经济发展和公共社会需求提供信息服务的综合性生产活动和基础机构，并把信息产业结构分为两大部分：一是信息技术和设备制造业，二是信息服务业。还有的学者认为信息产业就是信息服务业，它是由以数据和信息作为生产处理、传递和服务为内容的活动构成，包括数据处理业、信息提供业、软件业、系统集成业、咨询业和其他等。

三、IT 分类

（1）按表现形态的不同，信息技术可分为硬技术（物化技术）与软技术（非物化技术）。前者指各种信息设备及其功能，如电话机、通信卫星、多媒体电脑；后者指有关信息获取与处理的各种知识、方法与技能，如语言文字技术、数据统计分析技术、规划决策技术、计算机软件技术等。

（2）按工作流程中基本环节的不同，信息技术可分为信息获取技术、信息传递技术、信息存储技术、信息加工技术及信息标准化技术。信息获取技术包括信息的搜索、感知、接收、过滤等，如显微镜、望远镜、气象卫星、温度计、钟表、因特网搜索器中的技术等。信息传递技术指跨越空间共享信息的技术，又可分为不同类型，如单向传递与双向传递技术，单通道传递、多通道传递与广播传递技术。信息存储技术指跨越时间保存信息的技术，如印刷术、照相术、录音术、录像术、缩微术、磁盘术、光盘术等。信息加工技术是对信息进行描述、分类、排序、转换、浓缩、扩充、创新等的技术。信息加工技术的发展已有两次突破：从人脑信息加工到使用机械设备（如算盘、标尺等）进行信息加工，再发展为使用电子计算机与网络进行信息加工。信息标准化技术是指使信息的获取、传递、存储、加工各环节有机衔接与提高信息交换共享能力的技术，如信息管理标准、字符编码标准、语言文字的规范化等。

（3）按使用的信息设备不同，把信息技术分为电话技术、电报技术、广播技术、电视技术、复印技术、缩微技术、卫星技术、计算机技术、网络技术等。也有人按信息的传播模式，将信息技术分为传者信息处理技术、信息通道技术、受者信息处理技术、信息抗干扰技术等。

（4）按技术的功能层次不同，可将信息技术体系分为基础层次的信息技术，如新材料技术、新能源技术；支撑层次的信息技术，如机械技术、电子技术、激光技术、生物技术、空间技术等；主体层次的信息技术，如感测技术、通信技术、计算机技术、控制技术；应用层次的信息技术，如文化教育、商业贸易、工农业生产、社会管理中用以提高效率和效益的各种自动化、智能化、信息化应用软件与设备。

四、IT 企业的特征

（一）**IT 企业作为一种高新技术企业，具有高新技术企业的普遍特征**

高投入。知识资本的发展需要高精密仪器和大量前沿的资料和信息，需要强大的初始推动力和持续推动力，因而需要大量资金投入。

高智力。高新技术企业是知识密集型企业，其产品价值主要取决于知识资本价值的转移量。

高风险。高额研发投入不一定能成功地开发出产品，即使开发出产品也还要受到市场许多不确定因素的制约，另外还有知识产权被侵犯的风险等。

高收益。一旦具有市场规模，企业就能在短期内迅速获取巨大的回报。

（二）IT企业也具有不同于其他高新技术企业的特征

1. 追求全面性和整合性

IT企业产品的核心要素是信息内容，而信息内容具有很好的分合性和共享性，同时又具有很强的时效性和很高的知识复杂性。因此，在企业内部容易实行灵活的模块化分工，结合成高效率的临时任务小组，及时应对市场需求，充分调配企业内部的人力资源，便于为消费者提供不同信息内容需要的产品。同时由于信息内容的复杂性，往往一个企业很难完成所有的程序，需要借助外部资源，本身主要集中于核心业务。此外，由于IT产品相对其他高新技术产品时效性更强，在兼容性作用下的旧技术产品贬值非常快，因此需要和对手企业进行交流，通过交流产生的知识溢出降低因产品的时效性带给企业的成本（有时是巨大的成本），即使在信息技术如此发达的今天，竞争企业的员工之间的交流仍然是最好的知识溢出的形式之一，为企业集群提供了便利。

2. 重视用户安装基础

用户的转移成本很大，在标准化和兼容性作用下，容易对用户进行锁定，强大的用户基础将形成企业强大的网络外部性。一旦建立起庞大的用户群，不但其他企业很难侵入，自身还能掠夺用户基础弱的其他企业的用户，并保持对用户长时期的锁定。因此，IT企业有时重视用户基础的建立甚至强于企业技术创新能力的提高。由于信息产品比其他高新技术产品对传统产业更具有市场融合性，所以市场范围广阔，潜在的用户基础很大，不但带来规模经济，更能催生成长经济的产生。

3. 具有独特的竞争性垄断市场结构

一方面，由于信息产品的强时效性和高收益性，产品更新快，进入企业多，导致市场竞争异常激烈；另一方面，由于信息产品的用户安装基础的规模性和成长性，导致强者越强，直至垄断市场。但须注意的是，具有强大用户安装基础的IT企业的产品生产是建立在竞争异常激烈的分工基础上的，建立的市场垄断不是损害消费者利益，而是增强消费者效用，因为企业不是停留在技术上的不进步，而是在技术上不断出新，企业不是通过限产提价来攫取垄断利润，而是通过创新以减少成本和降低价格来获取规模效应，增加企业利润。

第2节 IT与我们的生活

一、IT对人类生活的积极影响

重大技术革命总是对人类生产和生活方式产生深刻影响。信息技术之所以拥有这么大的影响力，其原因在于信息技术的发展已经切切实实影响到人们日常生活的方方面面，信息技术超越了前所未有的时空距离，数字化、网络化、智能化生存业已成为人们不可或缺的生活模式和生存方式。

（一）教育信息化

1989年，中国正式颁布了《国家教育管理信息系统总体规划纲要》，从1993年起着手建立中国教育和科研计算机网（CERNET）。目前，CERNET 已经有 28 条国际和地区性信道，与美国、加拿大、英国、德国、日本和我国香港特区联网，38 个核心节点的互联网带宽普遍达到 10 G 或以上。与 CERNET 联网的大学、中小学等教育和科研单位达 2 000 多家（其中高等学校 1 600 所以上），联网主机 120 万台，用户超过 2 000 万人。CERNET 目前已基本具备了连接全国大多数高等学校的联网能力，并完成了 CERNET 八大地区主干网的升级扩容，建成了一个大型的中国教育信息搜索系统。CERNET 建成了总容量达 800GB 的全世界主要大学和著名国际学术组织的 10 个信息资源镜像系统和 12 个重点学科的信息资源镜像系统，以及一批国内知名的学术网站。CERNET 建成了系统容量为 150 万页的中英文全文检索系统和涵盖 100 万个文件的文件检索系统。同时，随着 CERNET 的发展应用，根据教育部的"十二五"规划，众多教育网站将融入整体的教育云平台当中，为现有的 CERNET 进行信息化功能升级。新一代 CERNET 必然成为未来教育信息化的基础，通过各种功能的整合和信息化建设，亚教网教育云平台将使整个 CERNET 的功能得到进一步的提升。

《国家中长期教育改革和发展规划纲要（2010—2020 年）》指出，信息技术对教育发展具有革命性影响，必须予以高度重视，把教育信息化纳入国家信息化发展整体战略，超前部署教育信息网络，到 2020 年基本建成覆盖城乡各级各类学校的数字化教育服务体系，促进教育内容、教学手段和方法现代化。

全面深入地运用现代信息技术促进教育改革与发展，其技术特点是数字化、网络化、智能化和多媒体化，基本特征是开放、共享、交互、协作。以教育信息化促进教育现代化，用信息技术改变传统模式，教育信息化的发展带来了教育形式和学习方式的重大变革，促进了教育改革，对传统的教育思想、观念、模式、内容和方法产生了巨大冲击。教育信息化是国家信息化的重要组成部分，对于转变教育思想和观念，深化教育改革，提高教育质量和效益，培养创新人才具有深远意义，是实现教育跨越式发展的必然选择。

教育信息化未来将在教育云平台上进行展现。随着教育信息化平台的发展应用，根据教育部的"十二五"规划，教育信息化将为现有的教育网、校园网进行升级，新一代教育网必然成为未来教育信息化的基础。未来的教育云平台将实现互联网、电信网、广电网等跨平台使用并且支持移动应用。

（二）电子商务

电子商务（Electronic Commerce）即基于互联网、广播电视网和电信网络等电子信息网络进行的生产、营销、消费和流通活动，是实现整个商务过程的电子化、数字化和网络化的新型经济活动。它不仅指基于互联网的新型交易或流通方式，而且指所有利用电子信息技术来扩大宣传、降低成本、增加价值和创造商机的商务活动。电子商务是互联网时代的产物。随着互联网的高速发展，电子商务已经不是一个单纯的商业概念，而是一个以互联网为支撑的集信息流、商流、资金流、物流为一体的整个贸易过程。它不仅会改变企业本身的生产、经营、管理活动，而且将影响到整个社会的经济运行与结构。

随着因特网的快速发展，中国的网民数量每年都以惊人的速度增长，电子商务在中国迅猛发展，再加上第三方支付平台及安全性的及时跟进，网络购物取得了快速发展，逐渐成为当今社会的一种时尚。"十二五"期间，我国电子商务行业发展迅猛，产业规模迅速扩大，电子商务信息、交易和技术等服务企业不断涌现。2013 年年底，中国电子商务市场交易规模达10.2万亿元,同比增长29.9%。商务部公布的测算结果显示:2016年全年我国电子商务交易额(包括B2B和网络零售)达到约22.97万亿元,同比增长25.5%。其中,B2B(Business-to-Business,企业对企业的营销关系)电子商务市场交易额达16.7万亿元,网络零售市场交易规模达5.3万亿元。

移动电子商务呈爆发式增长。截止到2013年12月底,中国手机购物用户占网购用户的22.9%,相比2011年增长了6.6个百分点,用户量高出2.36倍。这些数字充分说明了手机购物必然成为未来中国网络购物发展的新模式之一。根据移动网购统计数据显示,2014年中国网购用户数量已经超过3.1亿人,且网络购物正从PC端不断向移动端渗透。未来几年中国移动购物将继续保持高速增长态势,2015年中国移动购物市场规模达到2.1万亿元,用户规模达到3.64亿人。

另一方面,随着B2C(Business-to-Customer,"商对客",企业直接对消费者销售产品和服务的电子商务模式)模式的弊端不断暴露,中国网络购物市场顺应时代的潮流也出现了新的变化。

团购模式:根据中国电子商务中心发布的数据报告显示,截止到2014年6月,中国团购网站在上半年实际成交额为294.3亿元,上半年团购网站在售团单数量达到118万笔,环比增长26%,同比增长196%。同时,由于一、二线城市团购市场逐渐饱和,美团、大众点评、窝窝团等大的团购网站也不断向三、四线城市开拓。团购之所以有这么好的成绩,是因为其模式对消费者和商家来说有比较大的益处:第一,以消费者需求为导向,形成口碑效应。很多消费者在选择商品时,从自己的需求出发,消费后很可能通过各种社交网站进行分享和点评,形成二次传播效应。第二,挖掘潜在的消费群体。团购模式可以帮助企业发现很多目标消费群体和潜在消费群体,据此,企业可以制定最优的营销策略,获得较大的利润。第三,容易形成忠诚度高、黏性强的用户,只要商家的商品质量和价格合适,就会不断得到消费者的青睐。

O2O模式:Online-to-Offline,在线到离线/线上到线下,是指将线下的商务机会与互联网结合,让互联网成为线下交易的前台。O2O是继B2B、B2C等成功的电子商务模式之后,第一个全面将线上虚拟经济与线下实体店面经营相融合的商业模式,也是移动互联网技术发展扩散到人们日常生活中的必然结果。2012年中国的O2O市场规模为986.8亿元,2015年这一数字超过4188.5亿元。O2O市场有多大,有数据显示,即使在电子商务最发达的美国,线下消费的比例依旧高达92%,可见O2O市场呈现一片蓝海态势。在中国,包括阿里巴巴、腾讯、百度等众多互联网巨头也都在加紧布局O2O业务。凭借着O2O理念和技术的快速扩散,预计在未来数年内,O2O模式将迎来爆发式的增长,消费者也将享受到工业时代从未享受过的便利体验。

(三)电子政务

电子政务是运用计算机、网络和通信等现代信息技术手段,实现政府组织结构和工作流程的优化重组,超越时间、空间和部门分隔的限制,建立一个精简、高效、廉洁、公平的政府运作模式,以便全方位地向社会提供优质、规范、透明、符合国际水准的管理与服务。

全国政协委员、苏宁云商董事长张近东提议,要在大数据时代发展电子政务,建立全国统一的电子政务平台,以更好地提升行政效率,进一步降低行政成本,更好地发挥社会管理职能，引起了强烈反响。

电子政务是国家实施政府职能转变，提高政府管理、公共服务和应急能力的重要举措，有利于带动整个国民经济和社会信息化的发展。

在国家的大力支持和推动下，我国电子政务取得了较大进展，市场规模持续扩大。据数据显示，2006年我国的电子政务市场规模为550亿元，同比增长16.4%，2010年其市场规模突破1 000亿元，2012年其市场规模达到1390亿元，同比增长17.3%。

电子政务是在现代计算机、网络通信等技术支撑下，政府机构日常办公、信息收集与发布、公共管理等事务在数字化、网络化的环境下进行的国家行政管理形式。它包含多方面的内容，如政府办公自动化、政府部门间的信息共建共享、政府实时信息发布、各级政府间的远程视频会议、公民网上查询政府信息、电子化民意调查和社会经济统计等。

在政府内部，各级领导可以在网上及时了解、指导和监督各部门的工作，并向各部门作出各项指示。这将带来办公模式与行政观念上的一次革命。各部门可以通过网络实现信息资源的共建共享，既能提高办事效率、质量和标准，又能节省政府开支、起到反腐倡廉作用。

政府作为国家管理部门，其本身开展电子政务，有助于政府管理的现代化，实现政府办公电子化、自动化、网络化。通过互联网这种快捷、廉价的通信手段，政府可以让公众迅速了解政府机构的组成、职能和办事章程，以及各项政策法规，增加办事执法的透明度，并自觉接受公众的监督。

在电子政务中，政府机关的文件、档案、社会经济数据都以数字形式存储于网络服务器中，可通过计算机检索机制快速查询、即用即调。

电子政务使政府工作更公开、更透明、更有效、更精简，能为企业和公民提供更好的服务，重构政府、企业、公民之间的关系，使之比以前更协调，便于企业和公民更好地参政议政。

（四）工厂自动化

工厂自动化（Factory Automation，FA）也称车间自动化，即自动完成产品制造的全部或部分加工过程，指整个工厂实现综合自动化。它包括设计、制造、加工等过程的自动化，企业内部管理、市场信息处理以及企业间信息联系等信息流的全面自动化。它和信息与通信、办公自动化、新材料、生物工程、保健与医疗技术并列为当代六大主导新技术。它的常规组成方式是将各种加工自动化设备和柔性生产线（FML）连接起来，配合计算机辅助设计（CAD）和计算机辅助制造（CAM）系统，在中央计算机统一管理下协调工作，使整个工厂生产实现综合自动化。

它以计算机控制的机器人取代了人工从事的危险工作，以全自动生产线取代单调重复的工作。计算机辅助设计（CAD）、计算机辅助制造（CAM）及自动化的生产能力，都可降低生产成本，对现有的生产状况有重大突破；还有如机械工程师在计算机上绘制的产品设计图，在屏幕上进行3D仿真演示；机械组装、金属焊接、汽车喷漆、拆除爆炸物及不明化学药品的侦测等工作，也都可用计算机控制的机械手臂来完成。这不仅降低了危险，还保证了工作与实验的质量。

（五）医学自动化

IT产业的发展与我们的健康息息相关。医院信息系统是医院各类信息交换过程的总和。国外医院信息系统（Hospital Information System，HIS）正面临着从大型机的集中式向分布式过渡，从书写病案向计算机化病案发展，从医院局部联网逐步与院外的广域网相连接的方向发展。我国在该领域的应用也开展了10多年，正朝着网络化、多层次管理发展，在医院信息标准化、规范化、计算机病案、电子数据交换、广域医疗信息网络、远程医疗服务等方面也都取得了突破性进展。

医院从预约挂号、病历记录、处方开立、药物管理到患者状况的跟踪分析等，都可利用计算机迅速而精确地处理，并建立起完整的患者数据库系统。通过计算机的分析进行医学研究，可迅速得到精确的数据；利用计算机仪器（如影像超声波、计算机断层扫描等）协助进行检查，能快速检查身体状况，并能得到较正确的治疗；而利用计算机协助手术则更精准。医院还可利用计算机进行远程医疗服务，向偏远地区提供医疗技术支持，对严重患者可远程直接门诊，大大提高了诊疗效率，促进了人类健康的发展。

（六）家庭自动化

家庭自动化（Home Automation，HA）指利用微处理电子技术来集成或控制家中的电子电器产品或系统，如照明灯、咖啡炉、电脑设备、保安系统、暖气及冷气系统、视讯及音响系统等。家庭自动化系统主要是以一个中央微处理机接收来自相关电子电器产品对外界环境因素变化（如太阳初升或西落等所造成的光线变化等）的反应讯息后，再以既定的程序发送适当的信息给其他电子电器产品。中央微处理机必须通过许多界面来控制家中的电器产品，这些界面可以是键盘，也可以是触摸式荧幕、按钮、电脑、电话机、遥控器等；消费者可通过界面发送信号至中央微处理机，或接收来自中央微处理机的信号。

家庭自动化是智能家居的一个重要系统。在智能家居刚出现时，家庭自动化甚至等同于智能家居，今天它仍是智能家居的核心之一。但随着网络技术在智能家居中的普遍应用，网络家电、信息家电的成熟，家庭自动化的许多产品功能融入这些新产品中，从而使单纯的家庭自动化产品在系统设计中越来越少，其核心地位也被家庭网络、家庭信息系统所代替，家庭自动化作为家庭网络中的控制网络部分在智能家居中发挥作用。

最著名的智能家居要算比尔·盖茨的豪宅。比尔·盖茨在他的《未来之路》一书中以很大篇幅描绘他正在华盛顿湖建造的私人豪宅。他描绘他的住宅是"由硅片和软件建成的"，并且要"采纳不断变化的尖端技术"。他的这座豪宅完全按照智能家居的概念建造，不仅具备高速上网的专线，所有的门窗、灯具、电器都能够通过计算机控制，而且有一个高性能的服务器作为管理整个系统的后台。

世界上第一幢智能建筑1984年在美国康涅狄格州出现。当时只是对一座旧式大楼进行了一定程度的改造，采用计算机系统对大楼的空调、电梯、照明等设备进行监测和控制，并提供语音通信、电子邮件和情报资料等方面的信息服务。

（七）通信系统

通信在古代以视觉声音传递为主，如烽火台、击鼓、旗语，在近代以实物传递为主，如驿站快马接力、信鸽、邮政等。以前远距离通信最快也要几天的时间，而现代通信往往是以电信方式为主，如电报、电话、快信、手机短信、E-mail等，注重即时通信，这就是通信系统。

1838年莫尔斯发明有线电报，开始了电通信阶段，宣告了快捷通信新纪元的到来。1950年时分多路通信应用于电话系统；1958年发射第一颗通信卫星；1962年发射第一颗同步通信卫星，开通国际卫星电话，脉冲编码调制进入实用阶段；20世纪60年代彩色电视问世，"阿波罗"宇宙飞船登月，数字传输理论与技术得到迅速发展，计算机网络开始出现；20世纪70年代商用卫星通信、程控数字交换机、光纤通信系统投入使用；20世纪90年代蜂窝电话系统开通，各种无线通信技术不断涌现，光纤通信得到迅速普遍的应用。

20世纪通信技术对人类社会所产生的巨大影响之一，就是利用通信技术把许多计算机联系在一起形成了因特网，即互联网。它的形成使计算机不但能处理信息，而且可以获得信息和传递信息，其迅速发展对全球政治、经济、文化等领域具有深远的影响。它的出现完全改变了我们的生活空间。现今，无线电话加上互联网是整个地球的主要通信工具。在互联网快速发展的同时，电话功能的拓展同样改变着人们的交往方式。互联网改变了人们对距离的认识，移动通信改变了人们对地点的认识，互联网和移动通信的结合，改变了人们的生活方式，使人们不受时间地点限制去做他们想要做的事。

设想一下这样的生活，在世界任何一个国家、任何时间，只要带着手机，就可以快速地收发文件、上网读报、查看信息、看电视，或利用可视电话与异地朋友面对面地交谈；此外通过手机还能为个人消费提供现金支付，21世纪的今天这些都已成为现实。可谓是移动改变生活，终端承载梦想。

（八）数字媒体产品及数字出版

数字媒体产品是利用数字媒体形式制作出来的内容载体，如数字音视频、数字电视电影、3D动画电影等。目前各种数字媒体形态正在迅速发展，并通过消费者深刻地影响着各个领域的发展，带动了相关多媒体产品的制造、销售、出版，以及广告传媒业、服务行业的发展。网络音视频下载、互联网文学出版等数字内容产业已经成为中国经济新的增长点。数字媒体的发展不再是互联网和IT行业的事情，而是全产业未来发展的驱动力和不可或缺的力量。

数字出版已经成为出版业新的发展方向。安徽教育网络有限公司推出的全新的出版发行方式——"时代E博"全媒体数字出版运营平台可以把图书、期刊、报纸等传统出版物在第一时间传送给读者，读者通过智能手机和平板电脑等阅读工具，实现与书刊、报纸的交流互动。在此基础上，该公司研发的3G阅读设计引导了很多产品，可以将图书的内容变成不同的表现形式，应用在不同领域。如在教育方面的数字化产品，以《寒食帖》为例，读者既可以欣赏诗词的内容，也可以了解作者苏东坡的概况以及所涉及的地方人文、历史背景，还可以对书法进行临摹。

视频网站和社交媒体成为数字媒体发展的新方向。目前近4亿中国网民常常观看在线视频，在线视频成为产生数字媒体广告预算的主力引擎之一。中国社交网站（SNS）用户已经超过1.5亿，约1/3的网民都在使用SNS；各大主流互联网媒体纷纷向社交化转型，众多SNS新平台和产品竞相登场。

二、IT 对人类生活的消极影响

信息技术在给人类带来许多好处的同时，也带来一些负面影响及消极后果，我们必须有足够清醒的认识，设法消除其不利影响。

（一）各国的信息网络化水平目前还很不平衡

发达国家具有信息技术优势，拥有越来越多的信息资源，成为信息富国。某些发达国家借助技术上的优势，将信息网络作为政治扩张、意识形态渗透和文化侵略的工具。发展中国家信息技术相对落后，不仅经济、社会发展水平较低，信息化水平也较低，而信息产业是高投入的产业，贫穷国家和地区由于资金匮乏，难以跟上信息技术的发展步伐。因此，当今世界信息化水平差距不是在缩小，而是在进一步扩大，从而造成贫富差距加大。这种状况不改变，世界经济也难以健康发展。

（二）信息泛滥、信息污染

因特网的迅猛发展对世界经济增长和各国人民加强交往具有重要作用。但必须看到，因特网上也存在一些令人不安的问题：一方面是信息急剧增长，另一方面是人们消耗了大量的时间却找不到有用的信息。信息的增长速度超出了人们的承受能力，导致出现了信息泛滥的现象。一些错误信息、虚假信息等混杂在各种信息资源中，使人们对错难分、真假难辨。人们如果对信息不加分析，便容易上当受骗，受其毒害。高科技犯罪率有所增长，反科学、伪科学、不健康的，甚至十分有害的信息垃圾泛滥；有些人有目的地发布不符合事实的信息，误导人们对真实情况的认知。

（三）知识产权侵权

网络媒体的出现和发展使传统著作权的主体、客体以及邻接权主体都有了一些新的变化。通过网络媒体进行的知识产权侵权，尤其是著作权侵权现象非常严重。

（四）信息犯罪

随着信息技术应用的普及，人们对信息体系的依赖越来越强，信息安全已成为日益突出的问题。一些不法分子利用信息技术手段及信息系统本身的安全漏洞，进行高科技犯罪活动，如利用网络窃取信息，进行信息欺诈，窃取银行的钱，搞经济诈骗，通过网络贩卖色情服务，以及进行信息攻击和破坏等，使个人隐私、企业秘密被泄露；黑客攻击甚至造成通信中断、网络瘫痪等，给社会造成了极大的危害。

（五）对人们身心健康可能产生不良影响

人们如果不具备一定的信息识别能力，就容易受到一些不良信息的影响及毒害，从而导致一些个人行为偏差。如果过多依赖计算机网络等现代媒体，人们在阅读书刊、亲身实践、人际交往等方面的能力容易被弱化。网络环境中的虚拟世界和网络中的匿名活动，给人们带来了新的伦理问题，容易使人产生双重人格，现实生活中是一种身份，在网络虚拟世界中又扮演另外一种身份。少数人长期沉溺于网络，若不加以合理、有节制地控制，则会导致在实际生活中产生社交恐惧症等,甚至对其身心健康都可能造成不利的影响。

总之,信息技术的巨大成果是人类在科学技术上取得的最具有历史意义的成就之一,人类文明将越来越多地通过信息技术被创造和发展。不论你是否承认,今天的世界都是信息主宰的世界。信息逐步上升成为推动世界经济和社会全面发展的关键因素,成为人类进步的新标志。信息化是人类社会必然的走向。同时,信息化所带来的新型的经济、新型的社会、新型的技术、新型的文化、新型的人际关系和生活方式正在对我们每个人的生活和心灵产生巨大的冲击和影响,向我们提出了严峻的挑战。处在这样的大环境下,我们必须面对现实,正确利用信息技术,以开放主动的态度对待社会变化,积极调整自己的生活准则与方式,并主动维护心理健康,以适应现代社会的信息化生活,掌握好信息这个强大的工具,使它更好地为社会的发展服务,为人类社会创造更加美好的未来。

第二章

IT 发展和未来

第 1 节 计算机的发展历程

一、计算机始祖

电脑的学名叫作电子计算机。以人类发明这种机器的初衷，它的始祖应该是计算工具。英语里"Calculus"（计算）一词来源于拉丁语，既有"算法"的含义，也有肾脏或胆囊里的"结石"的意思。远古的人们用石头来计算捕获的猎物，石头就是他们的计算工具。著名科普作家阿西莫夫说，人类最早的计算工具是手指，英语单词"Dight"既表示"手指"又表示"整数数字"；而中国古人常用"结绳"来帮助记事，"结绳"当然也可以充当计算工具。石头、手指、绳子……这些都是古人用过的"计算机"。

不知何时，许多国家的人都不约而同想到用"筹码"来改进计算工具，其中要数中国的算筹最有名气。商周时代问世的算筹，实际上是一种竹制、木制或骨制的小棍。古人在地面或盘子里反复摆弄这些小棍，通过移动来进行计算，从此出现了"运筹"这个词，运筹就是计算，后来才派生出"筹"的词义。中国古代科学家祖冲之最先算出了圆周率小数点后的第 6 位，使用的工具正是算筹，这个结果即使用笔算也很难求得。

欧洲人发明的算筹与中国不尽相同，他们的算筹是根据"格子乘法"的原理制成的。例如要计算 1 248 ×456，可以先画一个矩形，然后把它分成 3 ×2 个小格子，在小格子边依次写下乘数、被乘数的各位数字，再用对角线把小格子一分为二，分别记录上述各位数字相应乘积的十位数与个位数。把这些乘积由右到左，沿斜线方向相加，就得到最后的乘积。1617 年，英国数学家纳皮尔把格子乘法表中可能出现的结果，印刻在一些长条的算筹上，利用算筹的摆放来进行乘、除或其他运算。纳皮尔算筹在很长一段时间里，是欧洲人主要的计算工具。

算筹在使用中一旦遇到复杂运算常弄得繁杂混乱，让人感到不便，于是中国人又发明了一种新式的"计算机"。

著名作家谢尔顿在他的小说《假如明天来临》里讲过一个故事：骗子杰夫向经销商兜售一种袖珍计算机，说它"价格低廉，绝无故障，节约能源，10 年中无须任何保养"。商人打开包装盒一看，这台"计算机"原来是一个来自中国的算盘。世界文明的四大发源地——黄河流域、印度河流域、尼罗河流域和幼发拉底河流域先后都出现过不同形式的算盘，只有中国的珠算盘一直沿用至今。

珠算盘最早可能出现于汉代，定型于南北朝。它利用进位制记数，通过拨动算珠进行运算：上珠每珠当五，下珠每珠当一，每一档可当作一个数位。打算盘必须记住一套口诀，口诀相当于算盘的"软件"。算盘本身还可以存储数字，使用起来的确很方便，它帮助中国古代数学家取得了不少重大的科技成果，在人类计算工具史上具有重要的地位。

15 世纪以后，随着天文学、航海业的发展，计算工作日趋繁重，迫切需要探求新的计算方法并改进计算工具。1630 年，英国数学家奥特雷德使用当时流行的对数刻度尺做乘法运算，突然萌生了一个念头：若采用两根相互滑动的对数刻度尺，不就省得用两脚规度量长度了吗？他的这个设想导致了"机械化"计算尺的诞生。

奥特雷德是理论数学家，对这个小小的计算尺并不在意，也没有打算让它流传于世，此后 200 年，他的发明未被实际运用。18 世纪末，以发明蒸汽机闻名于世的瓦特成功地制造出了第一把名副其实的计算尺。瓦特原来就是一位仪表匠，他的蒸汽机工厂投产后，需要迅速计算蒸汽机的功率和气缸体积。瓦特设计的计算尺，在尺座上多了一个滑标，用来"存储"计算的中间结果，这种滑标被后人沿用了很长时间。

1850 年以后，对数计算尺迅速发展，成了工程师们必不可少的随身携带的"计算机"，直到 20 世纪五六十年代，它仍然是代表工科大学生身份的一种标志。

凝聚着许许多多科学家和能工巧匠智慧的早期计算工具，在不同的历史阶段发挥过巨大作用，但也将随着科学发展而逐渐消亡，最终完成它们的历史使命。

二、机械计算机

第一台真正的计算机是著名科学家帕斯卡（B. Pascal）发明的机械计算机。

帕斯卡 1623 年出生在法国一个数学家家庭，他 3 岁丧母，由担任税务官的父亲抚养长大。从小他就显示出对科学研究的浓厚兴趣。

少年帕斯卡很爱他的父亲，他每天都看着年迈的父亲费力地计算税率税款，很想帮助父亲做点事，可又怕父亲不放心。于是，未来的科学家想到了为父亲制作一台可以计算税款的机器。19 岁那年，他发明了人类有史以来第一台机械计算机。

帕斯卡的计算机是一种系列齿轮组成的装置，外形像一个长方盒子，用儿童玩具那种钥匙旋紧发条后才能转动，只能做加法和减法。然而，即使只做加法，也有个"逢十进一"的进位问题。聪明的帕斯卡采用了一种小爪子式的棘轮装置。当定位齿轮朝 9 转动时，棘爪便逐渐升高，一旦齿轮转到 0，棘爪就"咔嚓"一声跌落下来，推动十位数的齿轮前进一挡。

帕斯卡的计算机发明成功后，他一连制作了 50 台这种被称为"帕斯卡加法器"的计算机，现在遗留下来的至少还有 5 台。比如，在法国巴黎工艺学校、英国伦敦科学博物馆都可以看到帕斯卡计算机原型。据说在中国的故宫博物院，也保存着 2 台铜制的复制品，是当年外国人送给慈禧太后的礼品，"老佛爷"哪里懂得它的奥妙，只把它当成了西方的洋玩具藏在深宫里。

帕斯卡是真正的天才，他在诸多领域都有建树。后人在介绍他时，说他是数学家、物理学家、哲学家、流体动力学家和概率论的创始人。凡是学过物理的人都知道一个关于液体压强性质的"帕斯卡定律"，这个定律就是他的伟大发现并以他的名字命名的。他甚至还是文学家，其文笔优美的散文在法国极负盛名。可惜，长期从事艰苦的研究损害了他的健康，1662 年帕斯卡英年早逝，年仅 39 岁。他留给了世人一句至理名言："人好比是脆弱的芦苇，但是他又是有思想的芦苇。"

全世界"有思想的芦苇",尤其是计算机领域的后来者,都不会忘记帕斯卡在混沌中点燃的亮光。1971年发明的一种程序设计语言——PASCAL语言,就是为了纪念这位先驱,使帕斯卡的英名长留于电脑时代。

帕斯卡的计算机经莱布尼茨改进之后,人们又给它装上电动机来驱动,成为名副其实的"电动计算机",并且一直使用到20世纪20年代。尽管帕斯卡与莱布尼茨的发明还不是现代意义上的计算机,但它们毕竟使人类迎来了计算机史上的第一缕曙光。

三、现代计算机发展

（一）第一代计算机——电子管计算机

全世界在隆隆的炮声中迎来了1943年。战争的迫切需要,像一只有力的巨手,为电脑的诞生扫清障碍、铺平道路。

1943年4月9日,在美国马里兰州阿贝丁,美国陆军军械部召集的一次会议正处于举手表决的时刻。陆军上校西蒙（L. Simon）端坐在主席的位置,在会议关键时刻,他却装聋作哑,闭口不言。他的身旁是普林斯顿高级研究院的韦伯伦（O. Veblen）教授。教授此时仍在耐心地翻阅提交给会议的那份报告。

应该说,西蒙上校对这份报告最有发言权,因为他领导的阿贝丁试炮场担负着美国陆军新式火炮的试验任务。早些时候,军械部曾派出青年军官戈德斯坦（H. Glodstine）中尉从宾夕法尼亚大学莫尔电气工程学院召集来一批研究人员,帮助计算新式火炮的弹道表。这次会议就是应戈德斯坦等人要求,决定一件非同小可的事。

人们都知道,对刚试制出来的大炮进行验收,必须对它发射的多发炮弹的弹道做认真检查,分析弹着点误差的原因。一发炮弹从发射升空到落地爆炸,只需一分来钟,而计算这发炮弹的弹道却要做750次乘法和更多的加减法。一张完整的弹道表需要计算近4 000条弹道,试炮场每天要提供给戈德斯坦6张这样的表,可想而知任务量有多大。

戈德斯坦本人就是一位数学家,曾在密歇根大学任数学助理教授。他从陆军抽调来百余位姑娘做辅助性的人工计算。可以设想一下:一发炮弹打过去,100多人用手摇计算机忙乱地算个不停,还经常出错,费力不讨好,那场景不免令人啼笑皆非。在戈德斯坦领导的队伍中,有来自莫尔学院的两位年轻学者:一位是他多年的好友,莫尔学院副教授莫契利（J. Mauchiy）,36岁的物理学家;另一位名叫埃克特（P. Eckert）,24岁的电气工程师,不久前刚从莫尔学院毕业。莫契利擅长总体构思,他天生一个系统思维的脑子。他的设想又总能被心灵手巧的埃克特领会并加以具体化。两个人志趣相投,几番碰撞,一拍即合,交给了戈德斯坦一份研制电子计算机的设计方案——"高速电子管计算装置的使用",明确提出要使用弗莱明、德福雷斯特发明的电子管造一台前所未有的计算机器,把弹道计算的效率提高成百上千倍。

不知什么原因,这份珍贵的方案竟莫名其妙地遗失了。莫契利只好根据秘书的记录重新起草报告,然后交给埃克特写一个附录。在附录里,埃克特创造性地阐明了如何把莫契利的设计具体化。戈德斯坦深知这份报告的分量,也深感计算机器诱人的前景。他决心要利用军方代表和数学家的双重身份,向军械部争取到项目的资助。

此时韦伯伦教授手中拿着的正是莫契利和埃克特共同起草的报告。由于所需的巨额经费,加上研制的风险,就连韦伯伦也感到那几页纸似乎沉甸甸的。

戈德斯坦中尉站在会议桌的另一端,面对着西蒙上校,还在继续陈述:"我听说海军已经把希望寄托在'马克1号'计算机上。我们设想的机器是一种更新式的电子计算机,它将比哈佛的那台机器高出几个数量级。"

西蒙转过脸,用眼睛示意戈德斯坦留意韦伯伦教授的态度。因为他知道,作为军械部的科学顾问,以拓扑学创立者闻名世界的数学权威才是一言九鼎的人物。于是,全场到会者的目光都盯在教授身上。

韦伯伦终于放下手中的报告,闭上眼睛,仰靠在椅背上沉思起来。整个会场也跟着沉默了。突然,教授猛然站起身,"砰"的一声推开身后的椅子,对着上校大声说道:"西蒙,给戈德斯坦这笔经费!"说完这句话,他立即转身向大门走去,头也不回地离开了会议室。世界上第一台电子计算机的研制就这样戏剧性地拉开了帷幕。军方与莫尔学院最初签订的协议是提供14万美元的研制经费,但后来合同被修订了12次,经费一直追加到了48万,相当于现在的1 000多万美元。

莫尔学院组建的研制小组是一个朝气蓬勃的跨学科攻关小组,在科技史上留下了敢于冒风险、善于取胜的美名。小组成员包括物理学家、数学家和工程师30余名,还包括参与攻关的近200名辅助人员。项目总负责人勃雷纳德(J. Brainerd)是莫尔学院有声望的教授,他曾经讲:"这是一项不能确保一定会达到预期效果的开发方案,然而,现在正是一个合适的时机。"他顶住了来自各方面的压力,满腔热情地支持年轻人的创造精神。戈德斯坦则在科研组织方面表现出杰出的才干。他不仅为项目提供数学方面的帮助,还以军方联络员的身份负责协调项目的进展。在计算机研制中发挥最主要作用的当属莫契利和埃克特,以及一位名叫勃克斯(A. Burks)的工程师。其中,莫契利是计算机的总设计师,主持机器的总体设计;埃克特是总工程师,负责解决复杂而困难的工程技术问题;勃克斯则作为逻辑学家,为计算机设计乘法器等大型逻辑元件。

然而,为支援战争赶制的机器,紧赶慢赶,也没能赶上最后一班车。德国法西斯很快就被击溃了。1946年2月14日,世界上第一台电子计算机才姗姗来迟,在一片欢呼声中正式启动运行。

2月14日,姑娘小伙们钟爱的"情人节"。莫尔小组的绝大多数成员风华正茂、情窦初开,选择这一天作为揭幕的日子或许是意味深长的——电子计算机不正是他们的"大众情人"吗?"大众情人"的名字叫作"埃尼阿克"(ENIAC),译成中文是"电子数字积分和计算机",局外人听起来十分别扭,但在莫契利和埃克特耳里,"她"却像"维纳斯"和"夏娃"一样撩拨人心。

那天,天刚蒙蒙亮,他俩不约而同地来到"埃尼阿克"身边,再一次满怀深情地打量着"如花似玉"的"情人"。在它的身体内,总共安装了17 468个电子管、7 200个二极管、70 000多个电阻、10 000多个电容器和6 000个继电器,电路的焊接点多达50万个。机器表面则布满电表、电线和指示灯,简直就像姑娘身上挂满的各式翡翠珍珠宝石项链。这"情人"的体积实在是太大了,庞大的身躯挤进一排2.75米高的金属柜里,占地面积为170平方米左右,为10间房子大小,总重量达到30吨,堪称空前绝后的"巨型机"。

揭幕仪式上"埃尼阿克"不凡的表演令来宾们大开眼界,同一时代的任何机械或电动计算机在它面前都相形见绌。人们看到,它输入数据和输出结果都采用穿孔卡片,每分钟可以输入 125 张卡片，输出 100 张卡片。它能在 1 秒钟内完成 5 000 次加法，也可以在 3/1 000 秒内做完两个 10 位数乘法，其运算速度超出"马克 1 号"至少 1 000 倍。一条炮弹弹道，它 20 秒钟就能算完，比炮弹本身的飞行速度还要快。"埃尼阿克"一天完成的计算工作量大约相当于一个人用手摇计算机操作 40 年。

"埃尼阿克"标志着电子计算机的问世，人类社会从此大步迈进了电脑时代。

（二）第二代计算机——晶体管计算机

1936 年，在号称"工程师的摇篮"的美国麻省理工学院，一位不速客悄悄推开了学生宿舍的房门。客人说他来自贝尔实验室，大名叫凯利。即将毕业的博士生肖克利（W. Shockley）吃了一惊，他久闻这位著名物理学家的大名。

"小伙子，愿意来贝尔实验室工作吗？"凯利快人快语，毫不掩饰自己来"挖人"的意图。肖克利怦然心动：在电子学方面，贝尔实验室进行着世界上规模最大的基础研究，发明专利注册近万项之多。肖克利太愿意到贝尔实验室工作了，毕业之后他毫不迟疑地打点行装，来到了新泽西州。

贝尔实验室早就有另一位年轻人似乎在等着肖克利的到来，他的名字叫布拉顿（W. Brattain）。布拉顿先后取得过理学硕士和哲学博士学位，从 1929 年起就加盟贝尔实验室。两位青年志趣相投，一见如故。肖克利专攻理论物理，布拉顿则擅长实验物理，知识结构相得益彰，大有相见恨晚的感觉。工作之余他们也常聚在一起"侃大山"，从贝尔电话上的继电器，到弗莱明、德福雷斯特发明的真空管，凡是当时电子学中的热门话题无不涉及。直到有一天，肖克利讲到一种"矿石"时，思想碰撞的火花终于引起了"链式反应"。

肖克利激动地对布拉顿说："有一类晶体矿石被人们称为半导体，比如锗和硅等，它们的导电性并不太好，但有一些很奇妙的特性，说不定哪天它们会影响到未来电子学的发展方向。"布拉顿心领神会，连连点头。

如果不是第二次世界大战爆发，肖克利和布拉顿或许更早就"挖掘"到什么"珍宝"，然而，战争毕竟来临了，肖克利和布莱顿先后被派往美国海军部从事军事方面的研究，刚刚开始的半导体研究课题遗憾地被战火中断。

1945 年，战争的硝烟刚刚消散，肖克利一路风尘赶回贝尔实验室，并带来了另一位青年科学家巴丁（J. Bardeen）。肖克利向布拉顿介绍说，巴丁是普林斯顿大学的数学物理博士，擅长固体物理学。巴丁的到来使他们二人的后续研究如虎添翼，巴丁渊博的学识和固体物理学专长恰好弥补了肖克利和布拉顿知识结构的不足。

贝尔实验室迅速批准固体物理学项目上马，凯利作为决策者在任务书上签了名。由肖克利领头，布拉顿、巴丁等人组成的半导体小组，把目光盯住了那些特殊的"矿石"。肖克利首先提出了"场效应"半导体管实验方案，然而首战失利，他们并没有发现预期的那种放大作用。

1947 年的圣诞节即将来临，一个细雨蒙蒙的星期二午后，布拉顿和巴丁不约而同走进实验室。在此之前，在巴丁固体表面态理论的指导下，他俩几乎接近了成功的边缘。实验表明，只要将两根金属丝的接触点尽可能地靠近，就可能引起半导体放大电流的效果。但是，如何才能在晶体表面形成这种小于 0.4 毫米的触点呢？布拉顿精湛的实验技艺开始大显神通。他平稳地用刀片在三角形金箔上划了一道细痕，恰到好处地将顶角一分为二，分别接上导线,随即准确地压进锗晶体表面的选定部位。

电流表的指示清晰地显示出他们得到了一个有放大作用的新电子器件!布拉顿和巴丁兴奋地大喊大叫起来,闻声而至的肖克利也为眼前的奇迹感到格外振奋。布拉顿在笔记本上这样写道:"电压增益100,功率增益40……实验演示日期1947年12月23日下午。"作为见证者,肖克利在这段笔记下面郑重地签了名。

布拉顿和巴丁终于在圣诞节的前夜创造出了世界上第一个半导体放大器件,为人类电子事业的发展献上了一份丰厚的礼物。他们决定把这种器件命名为"晶体管"。1948年,美国专利局批准了贝尔实验室的晶体管发明专利。然而,专利书上的发明人只列着布拉顿和巴丁。肖克利看后,一笑置之,他毫不气馁。在同伴成功的激励下,肖克利快刀斩乱麻,一举攻克晶体管中的另一座"堡垒"——"结型晶体管",离布拉顿和巴丁发明"点接触型晶体管"的时间仅隔一年。人们后来知道,结型晶体管才是现代晶体管的始祖,它不仅预示着半导体技术的发展方向,而且是肖克利坚韧不拔精神的体现,以至有人诙谐地给它起了个绰号叫"肖克利坚持管"。

1948年7月1日,美国《纽约时报》用了8个句子的篇幅简短地报道了贝尔实验室发明晶体管的消息。它就像8颗重磅炸弹,在全世界电子行业引发了强烈的冲击波,电子计算机终于大步跨进了第二代——晶体管计算机时代。1954年,贝尔实验室趁热打铁,使用800个晶体管组装成功人类有史以来第一台晶体管计算机TRADIC。

(三) 第三代计算机——集成电路计算机

肖克利发明的晶体管比电子管确实小得多,但是,随着电脑功能越来越强,"个头"也就越长越大。以一台中型电脑为例,几十万个晶体管加上电阻电容器,它的电子元件数已增长到数以百万计。过去人们针对电子管列举的种种弊端和责难,现在都统统加到晶体管的身上。历史戏剧般地重演,肖克利回到大学讲坛,晶体管走向了穷途末路。电脑的元件又一次不可避免地面临着历史性变革。

1958年7月,达拉斯天气炎热,TI公司宣布放一次长假,绝大多数员工兴高采烈地离开岗位。不一会儿,宽大的厂房里只剩下一位名叫基尔比(J. Kilby)的年轻人。基尔比那年35岁,到TI公司任职不足两个月,无权享受休假的乐趣。人去楼空,反而给他提供了思考和实验的机会。

读中学时,基尔比的父亲期盼他能考上麻省理工学院,成为优秀的电子工程师。考试的结果,成绩一贯优秀的基尔比以3分之差落第,不得已进入伊利诺伊大学就读。然而,好学者无论在哪里都能找到智慧的源泉,工程师也不一定就得在"摇篮"里造就。酷爱电子学的基尔比从英国科学家达默的思想里发现了"新大陆"。早在1952年达默就曾指出,由半导体构成的晶体管,完全可以把它们组装在一块平板上而去掉之间的连线,半导体甚至也可以构成电阻、电容器等。基尔比暗自思忖,别看晶体管很小,其中真正起作用的只是很小的晶体,尺寸不到百分之一毫米,而无用的支架、管壳却占去大部分体积。

基尔比曾在一家小型实验室干了10年,搞过晶体管助听器和其他电子工艺,积累了丰富的实践经验。TI公司目前交给他的任务是把许多单独的晶体管挤进很小的空间,为军方制作一种"微模组件"。基尔比想,与其煞费苦心装配那些晶体管,何不动手直接在小平板上制作它们呢?现在,机会似乎来了。

基尔比原来设想用硅材料制作电路,但 TI 公司没有这种合适的硅片,他只得改用锗材料进行实验。终于,他成功地在一块锗片上容进了若干个晶体管、电阻和电容,并用热焊的方法用极细的导线互连起来。世界上第一块"集成"的固体电路就诞生在这块微小的平板上。在不超过 4 平方毫米的面积上,基尔比集成了 20 余个元件。

1959 年 2 月 6 日,基尔比向美国专利局申报专利,这种由元件组合的微型固体被叫作"半导体集成电路",是一种用于无线电设备的"振荡器"。

20 世纪 60 年代初,IBM 公司总裁小沃森已接近"知天命"的年龄,驾驶 IBM 这艘巨大的航船,责任心和使命感沉重地压在他心头。面对电脑业界激烈的竞争,一个新的设想在他脑海里酝酿成熟,他让秘书找来公司的副总裁利尔森。

小沃森下达的指令是研制由集成电路组成的系列电脑,尽早淘汰过时的晶体管机器。利尔森马上组建了一个工程师委员会研究新机器方案。几经研讨,委员会无法取得共识,两个月过去后,方案还没有理出头绪。利尔森对委员们发火了:"你们统统给我搬进旅馆,搞不出方案谁也不许回家!"

利尔森派车把工程师们送到康涅狄克州,"关进"一家汽车旅店里。1961 年 12 月 28 日,一份 8 页纸的报告完成,黑体标题醒目地写着"IBM360 系统电子计算机"。新电脑系统用 360 命名,表示一圈 360 度,既代表着 360 电脑从工商业到科学界的全方位应用,也表示 IBM 的宗旨:全方位为用户服务。利尔森粗略估算出需要的费用:研制经费 5 亿,生产设备投资 10 亿,推销和租赁垫支 35 亿——360 计划总共投资 50 个亿!要知道,美国研制第一颗原子弹的"曼哈顿计划"也才用了 20 亿美元。

1964 年 4 月 7 日,历经四个年头的风风雨雨,就在老沃森创建公司 50 周年之际,IBM 公司 50 亿美元的"大赌博"为它赢得了 360 系统电脑。

又是一个新时代的来临,IBM360 标志着第三代电脑正式登上了历史舞台。5 年之内,IBM360 共售出 32 300 台,创造了电子计算机的销售奇迹。不久,与 360 电脑兼容的 IBM370 机接踵而至,其中最高档的 370/168 机型运算速度已达到每秒 250 万次。

(四)第四代计算机——大规模集成电路计算机

20 世纪 70 年代初,当集成了数千个元件的芯片开始被称为"大规模集成电路"时,第四代电脑就要粉墨登场了。

众所周知,所谓 286、386、486 个人电脑的名称是源于它们采用了英特尔公司研制的微处理器 X86 系列芯片 286、386 和 486。然而,这种以数字为电脑命名的奇特现象却来源于霍夫博士等人发明的世界上第一个微处理器芯片——4004。霍夫也因此以"第二次世界大战以来最有影响的 7 位科学家之一"的身份入选美国国家发明荣誉展厅,与在科学领域作出伟大贡献的爱迪生等 120 人同列在一起。霍夫的发明引来了浪潮滚滚的计算机革命。

1968 年应诺依斯的恳切邀请,斯坦福大学助理研究员马西安·霍夫(M. Hoff)加盟英特尔,成为这家刚刚开张的高技术公司第 12 名员工,年仅 31 岁。他被指派为英特尔公司应用研究的经理后,摩尔交给他的第一项重任是代表英特尔与日本商业通讯公司合作研制一套可编程台式计算器。

日本人带来了自己的设计资料,英特尔只承担芯片材料等方面的辅助任务。霍夫认真研究了图纸,发现这种简单的计算器竟然要安装十块左右的集成电路芯片。他向合作者提议减少芯片的数目，但被日本人冷冷地拒绝了。诺依斯得知霍夫的处境后，不断鼓励他，支持他按自己的想法去改进设计。

霍夫把自己关在实验室里潜心思考。他的实验室十分狭窄，只有一台DEC公司生产的PDP-8小型电脑。三个月来，霍夫把日本人的方案的优劣翻来覆去地琢磨。他后来对人讲，他始终"保持孩子般的天真好奇，总对一种东西为什么会以某种方式工作，或者把两样东西放在一起会发生什么感到惊奇"。或许，就是这种"天真"使他突发奇想。霍夫猛地打开笔记本，奋笔疾书。他写道："完全可以把日本人的设计压缩成三块集成电路芯片，其中最关键的是中央处理器芯片，把所有的逻辑电路集成在一起，另外两片则分别用作存储程序和存储数据。"

这种把"两样甚至更多的东西放在一起"的设想，让霍夫萌生了微处理器的新观念。摩尔对此首先表示赞许，并给他派来麦卓尔（S. Mazor）当助手。巧得很，仙童公司的芯片设计专家费根（F. Faggin）"跳槽"到英特尔，也加入了研制组，为霍夫设计的芯片画出了线路图。芯片图纸让霍夫十分满意，口口声声称赞它是一份"干净利落的蓝图"。

1971年1月，霍夫研制小组终于制成了能够实际工作的微处理器。在大约12平方毫米的芯片上，共集成了2 250个晶体管。英特尔的广告介绍说，它只比一支铅笔尖稍大一点，在半个火柴盒面积大小的硅片上，可以容纳48个微型中央处理器！微处理器的体积如此微小，但是每块芯片却包含着一台大型电脑所具有的运算功能和逻辑电路，比"埃尼阿克"的计算能力还要强大得多。

1971年11月15日，英特尔公司决定在《电子新闻》杂志上刊登一则广告，向全世界公布微处理器，并据此声称"一个集成电子新纪元已经来临"。这一天，就是微处理器正式诞生的纪念日，它意味着电脑的中央处理器（CPU）已经微缩成一块集成电路，意味着"一块芯片上的计算机"诞生了。

四、计算机史上的重要人物

人物1　冯·诺依曼

冯·诺依曼（John von Neumann）1903年出生于匈牙利的一个银行家家庭，自小就表现出卓越的数学天分。11岁上中学后，他的老师就对他卓异的数学禀赋惊叹不已，向他父亲建议，让小诺依曼退学回家，聘请教授来当家庭教师。

冯·诺依曼19岁时就发表了有影响的数学论文，后来又游学著名的柏林大学、洪堡大学和普林斯顿大学，成为德国大数学家大卫·希尔伯特的得意门生。1933年他被聘为美国普林斯顿大学高等研究院的终身教授，成为爱因斯坦最年轻的同事。冯·诺依曼才华横溢，在数学、应用数学、物理学、博弈论的数值分析等领域都有不凡的建树。"二战"爆发后，他参与美国一些重大的科研项目，如著名的制造原子弹的"曼哈顿计划"。冯·诺依曼的天才还表现在他极其透彻的分析能力上，他能在最短的时间内透过繁复芜杂的现象单刀直入，抓住问题的核心和症结。有一次，一位优秀数学家通宵达旦地伏案完成了一项数学计算，次日见到冯·诺依曼提及此事，冯·诺依曼仰视天花板，静默数分钟后，就得出了一模一样的结果，令所有在场的人大惊失色。

1944年他到莫尔学院来看"埃尼阿克"的研制，9月份以后，他就成了莫尔学院的常客，与莫契利和埃克特他们一同研究出现的问题。刚好，"埃尼阿克"碰上程序存储的问题。对于冯·诺依曼来说，人类第一台电脑造了一半时才知道消息，的确有些晚了，多少有些"我来迟了"的遗憾，但是，他刚好在研制工作遇到程序存储问题的关键时刻出现，恰逢其时。这时，他那种删繁就简直奔要害的洞察力大显身手。他明确指出：一定要彻底实现程序由外存储向内存储的转化，所有程序指令都用内在记忆的方式存储在磁带上以电子的速度运行。原有的设计必须做修改，经费不够再追加。在冯·诺依曼的影响下，整个研制工作取得了突破性的进展。军方也信心倍增，一口气追加了10万美元的投资。而冯·诺依曼自己也倾注了大量心血，似乎忘了自己是美国政府举足轻重的高级科学顾问和著名科学家，而成了"埃尼阿克"研制小组的一员，当他因其他要事暂时缺席时，都常以信函的方式提出自己的意见。冯·诺依曼提出了一个新的改进方案：一是用二进制代替十进制，进一步提高电子元件的运算速度；二是存储程序，即把程序放在计算机内部的存储器中，换言之，把能进行数据处理的程序放在数据处理系统内部，程序和该程序处理的数据用同样的方法存储，也就是把程序本身当作数据来对待。后一点真是拨云见日，这样，那6 000根导线拔上拔下、插来插去等等枝蔓纠葛的问题可望得到解决。冯·诺依曼的改进方案被称为"爱达法克"（EDVAC），是离散变量自动电子计算机的简称。

1945年6月，他写了一篇题为《关于离散变量自动电子计算机的草案》的论文，长达101页，第一次提出了在数字计算机内部的存储器中存放程序的概念。这是所有现代电子计算机的范式，被称为"冯·诺依曼结构"。按这一结构建造的电脑称为存储程序计算机，又称为通用计算机。时至今日，所有的电脑都逃脱不了冯·诺依曼的掌心，所有的电脑都有一个共同的名字，叫"冯·诺依曼机器"，它超越了品牌、国界和岁月。

人物2　阿兰·图灵

正如美国电脑界有冯·诺依曼一样，在英国电脑技术的发展中，也有一个影响力巨大的天才，他就是阿兰·图灵（Alan Turing）。此人对于电脑技术的发展，有着无可替代的影响。

英国现代计算机的起步是从纳粹德国的"谜"开始的。"谜"（Enigma）是一种密码电报机，由德国人在"一战"和"二战"之间研制成功。"谜"能把日常语言变为代码，通过无线电或电话线路秘密传送。它是一个木箱子，配有一台打字机，箱上有26个闪烁不停的小灯泡，与打字机键盘的26个字母相对应。"谜"的设计无懈可击，有一套极精密的解码设置，非一般的电报密码所能比拟。在内行人看来，平白如话，但对旁人却是无从索解的天书。因此，这台看似平常的机器，有了"谜"的称号。德国的"谜"引起了英国情报部门的高度关注。常规的解码方式奈何不了"谜"，怎么办？

这时，天才的数学家图灵出现了。1931年图灵进入剑桥大学国王学院，开始了他的数学生涯。一到那里，图灵开始崭露头角，毕业后去美国普林斯顿大学攻读博士学位，在那里就发明过一个解码器（Encipher），"二战"爆发后回到剑桥。

在剑桥，图灵是一个妇孺皆知的怪才，常有出人意料的举动。他每天骑自行车到离公寓3公里①的一个叫布雷奇莱公园的地方上班，因患过敏性鼻炎，一遇花粉，便鼻涕不止，因此就常戴防毒面具骑车上班，招摇过市，成为剑桥的一大奇观。

---

①　1公里=1千米。

他的自行车链条经常在半道上掉落,要是换了别人,早就去车铺修理了,而图灵偏不,他在琢磨,发现这链条总是踏到一定的圈数时下滑,于是在骑车时就特别留心计算,做到在链条下滑前一刹那戛然停车,让旁人惊叹不已,以为是在玩杂耍。后来他居然在踏板旁装了一个小巧的机械计数器,到一定圈数时就停,好换换脑筋想些别的问题。图灵的脑袋转得比自行车飞轮还快。

用图灵的脑袋来破译德国的"谜"看来不是什么难事。"二战"爆发后,图灵成为英国外交部通信部门战时公务员,主要负责解码。他果然不负众望,成功破译了"谜"。而德国人还蒙在鼓里,还以为他们的"谜"能一直迷下去,照用不误,因此泄露了大量核心机密,战事一再受挫。战后,图灵被授予帝国勋章。至于图灵如何破译"谜"的,由于英国政府严格的保密法令,一直没有公之于世,所以图灵破译"谜"也成为一个谜。

早在20世纪30年代初,图灵就发表了一篇著名的论文《论数字计算在决断难题中的应用》,他提出了一种十分简单但运算能力极强的理想计算装置,用它来计算所有能想象到的可计算函数。它由一个控制器和一根假设两端无界的工作带组成,工作带起着存储器的作用,它被划分为大小相同的方格,每一格上可书写一个给定字母表上的符号。控制器可以在带上左右移动,控制器有一个读写头,读写头可以读出控制器访问的格子上的符号,也能改写和抹去这一符号。

这一装置只是一种理想的计算模型,或者说是一种理想中的计算机。正如飞机的真正成功得益于空气动力学一样,图灵的这一思想奠定了整个现代计算机的理论基础。这就是电脑史上与"冯·诺依曼机器"齐名的"图灵机"。

五、故事阅读

故事1　英雄出少年

20世纪90年代初,全球电脑业正忙着把电脑从386向486升级,突然间,就像一股巨大的旋风刮来,一家新创办的电脑公司发动了所谓销售方式的"配销革命"。它不仅率先把486电脑推向市场,而且打破了由制造商、经销商、零售商层层转销的传统模式,直接把产品销售给最终用户,价格比其他厂商同类产品便宜二三成,顿时把市场搅得天翻地覆。

电脑业界被这场猛烈的攻势击昏了头,亏损和倒闭的企业不计其数,连IBM公司、王安公司和飞利浦公司都出现巨额亏损。

这家电脑公司的创始人和该公司的名称都叫"戴尔"。

自古英雄出少年。1991年,当戴尔电脑公司的总裁迈克尔·戴尔(M. Dell)以"电脑行销鬼才"之名跻身《财富》杂志所列全美500家大企业领袖人物时,年仅25岁。

人们惊奇地翻开他的履历:这个青年在他12岁时竟取得过美国得州政府颁发的商业执照。中学期间,他在杂志上刊登广告,用出售邮票赚来的2 000美元,买回了自己第一台电脑。随后,他又把附近新婚夫妇名录输进电脑,凭借为报纸征集新订户的行销手段,为自己赚回了一辆"宝马"牌轿车。

他的创业经历与比尔·盖茨十分相似。还在得州大学读书期间,迈克尔·戴尔突然心血来潮,想要中断学业"下海"去创办自己的企业。

戴尔对父亲解释说:"比尔·盖茨也是这样创办的微软公司。"

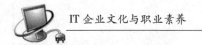
IT 企业文化与职业素养

身为牙科医生的父亲询问道:"你也打算做软件?"

"不,我想与IBM竞争!"戴尔的回答让父亲大吃一惊。

那一年戴尔刚满18岁,年轻气盛,兜里只有1 000美元注册资金。戴尔的父母极力反对他退学,最后拗不过儿子,终于与他达成君子协定:可以在放暑假时试一试,若没有收益,9月份必须回学校上课。

1984年夏天,戴尔电脑公司在美国奥斯汀市挂牌营业,总经理麾下仅雇有一名负责财务的员工。年轻人的想法其实很简单:IBM公司规定经销商每月必须提取一定数额的电脑,不管你能否把它卖出去,戴尔公司可以上门用成本价收购那些没有卖出去的电脑,经销商又何乐而不为?机灵的小伙子把收购的电脑搬回家,又加装了一些零件,增强了电脑的性能,然后以优惠价直销经他改良的IBM电脑,结果大受用户欢迎,第一个月的营业额便突破18万美元。公司的前景十分看好,于是迈克尔·戴尔坚定地办了退学手续,他的公司在一年之内就卖出了1 000多台机器。

业务扩大后的戴尔公司一改传统的电脑销售方式,以面对最终用户的电话邮购方式直销,给美国市场带来了巨大震动。戴尔对员工讲:"买电脑就好像上中国餐馆吃饭,顾客只要点菜,厨房就马上按单炒菜。"他的新点子层出不穷:全面承诺24小时全球联网热线服务,翌日上门维修……到了本该大学毕业的那年,戴尔电脑公司的营业额已高达7 000万美元。从此,他下令停止改装IBM电脑的业务,转为自行设计、开发和销售本公司的品牌机。

1989年,英特尔486微处理器面世。正如386电脑时代IBM把机遇"让"给康柏公司那样,这一次,康柏公司同样把天赐良机转手"送"给了戴尔。

康柏公司因率先推出386电脑而声名鹊起,飘飘然地把自以为物超所值的386电脑"吊"起来卖,价格越涨越高,招来怨声载道。当英特尔"四比三更好"的宣传铺天盖地而来时,康柏公司却还在思考"四与三孰好孰差,这是一个问题"的哈姆雷特式的命题。不久,486电脑的走红就把一顶"亏损企业"的红帽子扣在康柏公司头上。直到菲佛出任公司总裁后,康柏才重新夺回竞争的优势。

趁着康柏犹豫不决的当口,戴尔电脑公司一分钟也不迟疑,几乎与英特尔486芯片同步发动销售攻势。迈克尔·戴尔自此"一鸣惊人","DELL486"品牌让用户趋之若鹜。1994年戴尔公司的员工已达5 000余人,年收入超过20亿美元。至1996年年底,戴尔电脑公司的年收入增加到100亿美元,仅在因特网上的日营业额就从100万美元猛增至200万美元。

"好风凭借力,送我上青云。"迈克尔·戴尔凭借486和奔腾电脑之功力,创造了又一个比尔·盖茨神话。

故事2 软盘与硬盘

各种类型的软、硬磁盘,不仅是个人电脑,也是工作站、服务器等使用最广、最重要的存储设备。磁盘的历史并不太长,从世界上第一部硬盘发明至今,也不过60余年时间。

20世纪50年代,正当晶体管取代电子管成为第二代电脑的核心元件之际,美国IBM公司董事长小托马斯·沃森迅速把事业扩展到美国西海岸,下令在加利福尼亚圣何塞市附近新建实验室和工厂,委派自己最信任的工程师雷诺·约翰逊(R. Johnson)前往负责。

雷诺·约翰逊并非计算机科班出身,是个自学成才的发明家,曾在老沃森的实验室工作过多年。他最初在明尼苏达州一所高中担任教师,独自闯进IBM大门,向老沃森"推销"

自己的"发明"——用机器自动阅读试卷。这个"发明"其实只是他脑袋里想到的一个主意。老沃森不顾董事会阻拦，高薪聘用他主持研制这个新产品。约翰逊不但很快研制出能判阅多项选择题的机器，而且为 IBM 净赚了数百万美元。阅卷机的正式名称叫光学标记阅读器（OMR），在学校里一直沿用至今。

约翰逊带领着 30 多名青年工程师，不到 3 年时间，就为 IBM 创造了引人注目的技术成果——磁盘存储器。小沃森回忆说："当时的情景我现在仍历历在目。他站在一张旋转着的铝制碟片前，手里拿着一只盛有磁粉的纸杯，小心翼翼地把磁粉倒在碟片中央，一直到磁粉扩散到碟片的边缘，约翰逊才罢手。"

1957 年，约翰逊在 IBM 开发的新型电脑 RAMAC（会计和控制随机存取计算机）上，首次配置了这种磁盘装置。大约 50 张 24 英寸①的磁盘被装配在一起，构成一部前所未有的超级存储装置——硬盘，容量大约 500 万字节，造价超过 100 万美元。

约翰逊在硬盘机里安装了类似于电唱机的那种小型机械臂。它可以沿磁盘表面来回移动，随机搜索和存储信息，而不像老式磁带机那样，只能从头到尾以顺序方式存储。因此，这是第一部可以随机存取和多片读写的硬磁盘，其处理数据的速度比过去常用磁带机快 200 倍，实现了电脑实用性的一次革命。约翰逊因此被誉为"硬盘之父"。他后来一直担任 IBM 加州实验室和其他部门的主管，帮助硅谷成为世界磁盘工业的中心。他在教育技术、通信技术、磁性材料等领域共获得过 90 余项专利，直到 1998 年离开人世。

在约翰逊领导 IBM 圣何塞实验室研制硬盘的过程中，一位名叫艾伦·舒加特（A. Shugart）的青年工程师发挥了关键作用。

舒加特的童年生活并不幸福，由于父母离异，他从 3 岁起就由母亲独自抚养。不过，他认为这一点没有影响他的成长。通过奋斗，舒加特得到了他想得到的一切，包括最好的学业成绩和评价等级。

1951 年大学刚毕业，他就加盟 IBM，在研究部门工作了 10 多年。1969 年他离开"蓝色巨人"，建立舒加特合伙人公司。1969 年，在 IBM 公司率先推出直径 32 英寸软磁盘的 2 年之后，舒加特研制出世界上第一片塑料材质的 5 英寸软磁盘。

1973 年，IBM 公司首次提出"温彻斯特技术"：在硬盘高速旋转的过程中，磁头与磁盘表面形成一层极薄的气泡间隙，能在 100 微秒内高速读写数据。用这种技术制造的硬盘，IBM 公司当时称之为"IBM3340 硬盘"，即我们今天各种电脑仍在使用的温式硬盘机。

1974 年舒加特首次创办的公司倒闭。在朋友资助下，他开了一家酒吧，又购买了一艘小渔船，靠捕捉鲑鱼艰难度日。5 年之后，舒加特重返电脑行业，在著名的硅谷腹地与过去的几个同事共同创建了希捷（Seagate）技术公司，专门为个人电脑研制高性能的小型硬盘。或许希捷（Seagate 直译为"海之门"）的名字就寓意着舒加特这段难忘的经历。

1980 年，希捷技术公司宣布研制出第一台 5.25 英寸温式硬盘，容量达 5～10MB，后来成为 IBMPC/XT 个人电脑最具特点的标准配置。舒加特领导的这家公司目前已是世界著名的硬盘生产厂商。但是，这位磁盘发明家却不满足于株守一域，他个人经营的产业甚至包括乡村风格餐馆、飞机包租、出版和妇女服饰业。

---

① 1 英寸 = 2.54 厘米。

故事3　高级语言的诞生

以前计算机都直接采用机器语言，即用"0"和"1"为指令代码来编写程序，难写难读，编程效率极低。为了方便编程，随即出现了汇编语言，虽然提高了效率，但仍然不够直观简便。从1954年起，电脑界逐步开发了一批"高级语言"，采用英文词汇、符号和数字，遵照一定的规则来编写程序。高级语言诞生后，软件业得到突飞猛进的发展。

1953年12月，IBM公司程序师约翰·巴克斯写了一份备忘录，建议为IBM704设计一种全新的程序设计语言。

巴克斯出身于化学家家庭，少年时就学于一所有名望的学校。但是，他几乎年年考试不及格，在弗吉尼亚大学也只读了一年书就参了军。但一次能力测验的成绩居然使他脱颖而出，被陆军保送到匹茨堡大学学习医学。他的医学生涯也只有9个月，凭着兴趣转到了哥伦比亚大学数学系。一次偶然的机会，他参观了老沃森主持研制的"选择顺序控制计算机"（SSEC）——用继电器和电子管混合组装的老式大型机，又是一次能力测试让他加入了IBM公司，为SSEC计算机工作了3年之久。

巴克斯接受的第一项任务是计算月历，他深深体会到用机器指令编写程序的困难性。他后来回忆说："每个人都看到程序设计有多昂贵，租借机器要花去好几百万元，而程序设计的费用却只会多不会少。"

巴克斯的目标是设计一种用于科学计算的"公式翻译语言"，当时只想让程序编制得更快一点，并没有打算提供给别的机器使用。巴克斯带领一个13人小组，包括几位有经验的程序员和刚从学校毕业的年轻人，在IBM704电脑上设计出编译器软件。1956年，他们完成了第一种电脑高级语言——FORTRAN。1957年，西屋电气公司幸运地成为FORTRAN的第一个商业用户，巴克斯给了该公司一套存储着语言编译器的穿孔卡片。以后，不同版本的FORTRAN纷纷面世。1966年，美国统一了它的标准，称为FORTRAN66语言。60多年过去了，FORTRAN仍然是科学计算选用的语言之一，巴克斯因此摘取了1977年度"图灵奖"。

1958年夏天，麻省理工学院青年助教麦卡锡在发起达特默斯人工智能（AI）奠基会议之后，试图为AI创建一种新的电脑语言。与巴克斯的青年时代截然相反，麦卡锡在上初中时就自学了大学微积分课程，这使得他在加州理工大学获得了免修2年数学的荣誉。作为普林斯顿大学的数学博士，1958年他也被聘在IBM工作过一段时间。他非常想改造FORTRAN以支持递归运算，然而，改造显然太复杂，复杂得还不如另起炉灶重新设计一种新的语言。

于是，麦卡锡不再去修补FORTRAN，而是自行发明了一个表处理语言，简称LISP。1959年他又在LISP里加进了求值和条件表达式的特性。麦卡锡希望他的LISP成为"制造一台像人一样有智慧的机器"的工具。LISP以后成为人工智能的标准语言之一。

FORTRAN广泛运用的时候，还没有一种可以用于商业计算的语言。美国国防部注意到这种情况，1959年5月，五角大楼委托格雷斯·霍波博士领导一个委员会，开始设计面向商业的通用语言，即COBOL语言。

COBOL最重要的特征是语法与英文很接近，可以让不懂电脑的人也能看懂程序。编译器只需做少许修改，就能运行于任何类型的电脑。委员会一个成员害怕这种语言的命运不会太长久，特地为它制作了一个小小的墓碑，霍波等人还在这个墓碑前合影留念。然而，COBOL语言却"幸存"下来。1963年，美国国家标准局将它进行了标准化。用COBOL写的软件要比其他语言多得多。但它对今天电脑界最大的影响却是那条暗藏杀机的"千年虫"（Y2K），这当然是霍波博士始料不及的。

1958年，一个由国际商业和学术界计算机科学家组成的委员会在瑞士苏黎世开会，探讨如何改进FORTRAN，并且设计一种标准化的电脑语言。巴克斯、麦卡锡都参加了这个委员会。1960年，该委员会在1958年的设计基础上定义了一种新的语言版本——国际代数语言ALGOL60，首次引进了麦卡锡提出的递归和条件表达式的思想。ALGOL语言虽然没有被广泛运用，但它是演变为其他程序语言的概念基础。

故事4　键盘与鼠标

今天，个人电脑最常用的输入设备是键盘和鼠标器。通用101键或102键键盘根据英文字母的排列方式命名，被称为QWERTY键盘。毫无疑问，它"脱胎"于英文打字机。

比尔·盖茨曾用这种键盘来说明什么叫"事实上"的标准："英文打字机和计算机键盘使用了一种键盘字母排列形式，这种键盘的上排字母的顺序是QWERTY，没有一条法律说它们必须这样排列，但它们却行之有效，大多数用户会执着于这种标准。"有趣的是，QWERTY键盘的排列并非一种合理的布局。

QWERTY键盘的发明者叫克里斯托夫·肖尔斯（C. Sholes），他生活在19世纪美国南北战争时期，是《密尔沃基新闻》的编辑。肖尔斯在好友索尔协助下，曾研制出页码编号机，并获得发明专利。报社同事格利登建议他在此基础上进一步研制打字机，并给他找来英国人的试验资料。

在肖尔斯与两位合伙人倾注了数年心血后，1860年他们制成了打字机原型。然而，肖尔斯懊丧地发现，只要打字速度稍快，他的机器就不能正常工作。按照常规，肖尔斯把26个英文字母按ABCDEF的顺序排列在键盘上，为了使打出的字迹一个挨一个，按键不能相距太远。在这种情况下，只要手指的动作稍快，连接按键的金属杆就会相互产生干扰。为了克服干扰现象，肖尔斯重新安排了字母键的位置，把常用字母的间距尽可能排列得远一些，延长手指移动的过程。

反常思维方法竟然取得了成功。肖尔斯激动地打出了一行字母："第一个祝福，献给所有的男士，特别地，献给所有的女士。"肖尔斯"特别地"把他的发明奉献给女士，他想为她们开创一种亘古未有的新职业——"打字员"。1868年6月23日，美国专利局正式接受了肖尔斯、格利登和索尔共同注册的打字机发明专利。

以现在的眼光看，肖尔斯发明的键盘字母排列方式缺点太多。例如，英文中10个最常用的字母就有8个离规定的手指位置太远，不利于提高打字速度；此外，键盘上需要用左手打的字母排列过多，因一般人都是"右撇子"，英语里也只有3 000来个单词能用左手打，所以用起来十分别扭。有人曾作过统计，使用QWERTY键盘，一个熟练的打字员8小时内手指移动的距离长达25.7公里。然而，千万人的习惯成自然，QWERTY键盘今天仍是电脑键盘"事实上"的标准。虽然1932年华盛顿大学教授奥古斯特·多芙拉克（A. Dvorak）设计出键位排列更科学的DVORAK键盘，但始终成不了气候。

鼠标器是美国科学家道格拉斯·恩格巴特（D. Engelbart）在1964年发明的。尼葛洛庞帝教授在《数字化生存》里写道："当初他设计鼠标是为了指点文件，而不是作画。但是这个发明却流传下来，而且今天随处可见。"

恩格巴特是位卓越的思想家、发明家和电脑先驱人物，一生著有25部著作，拥有20多项发明专利和无数的荣誉。他在超文本和超媒体系统、人机交互和网络技术等诸多领域都作出了天才的预见并提出理论框架。他穷其一生的精力，想为人类研制出增加智慧的计算机，鼠标器只是他一个附带的小发明。

恩格巴特在"二战"期间曾担任过舰艇雷达技术员，战后获加州大学伯克利分校博士学位。他常常幻想着电脑也能像雷达一样显示图形，并可以通过操纵杆来控制操作。1964年，在美国高级研究计划局（ARPA）资助下，恩格巴特建立了一个"扩增研究中心"来实现他的梦想。1968年，在美国秋季计算机会议上，恩格巴特向与会者展示了他的新发明：用一个键盘、一台显示器和一个粗糙的鼠标器，远程操作25公里以外的一台简陋的大型计算机，这让当时仍然采用穿孔卡输出的人极为震惊。

恩格巴特鼠标原型的外壳是用木头精致地雕刻而成，仅有一个按键，而不像现代鼠标有三个按键。它的底部安装着金属滚轮，用来控制光标的移动。1970年获得专利时，这个小装置的名称是"显示系统X-Y位置指示器"。美国有人开玩笑说，只有男人才会想到把它叫作"鼠标"，因为在美国俚语里，"老鼠"（Mouse）亦有"女朋友"的寓意。

1972年，施乐公司帕洛阿托研究中心（PARC）研制出图形界面的"阿托"（Alto）微型机，研制者中间就有从恩格巴特实验室"跳槽"的人。他们把鼠标器配置在这台电脑上，作为一种方便的图形控制装置。1983年，苹果公司也跟着把他们的第一个鼠标器装备在"丽莎"（Lisa）微型机上。从此，鼠标器逐渐成为个人电脑必备的输入设备。

故事5　人机世纪之战

1997年5月11日，星期一，早晨4时50分，一台名叫"深蓝"的超级电脑将棋盘上的一个"兵"走到C4的位置时，人类有史以来最伟大的棋手不得不沮丧地承认自己输了。世纪末的一场人机大战终于以计算机的微弱优势取胜。

"人类最伟大的棋手"是苏联国际象棋世界冠军卡斯帕洛夫，而"深蓝"（DeepBlue）却是IBM公司研制的超级电脑，学名"AS/6000SP大规模多用途并行处理机"。人类最伟大的象棋大师以2.5:3.5的比分败在一台电脑手下，顿时成为万众关注的最热门的新闻。仅在因特网上就有2 700万人络绎不绝地前往有关站点探究。新闻媒体以挑衅性的标题不断地发问："深蓝"战胜的是一个人，还是整个人类？连"棋王"都认输了，下一次人类还将输掉什么？智慧输掉了，人类还剩些什么？

被誉为"像人一样的机器"的"深蓝"电脑，"体重"1.4吨，"身高"208厘米，绿色的底座上立着两个黑色大柜子，共装有32个CPU，每个CPU上又有16个协处理器，实际共装备了32×16=512个微处理器。32个CPU都各自配置着256MB的内存，储存容量达到32×256=8 192MB。"深蓝"的下棋软件程序大约有2万行之多，它的"思考"速度可以达到每秒2亿个棋步。在下棋的过程中，"深蓝"高速预测当前棋局的每一种可能的走法，平均可向前预测10～12步，最多一次预测达70步。在它的数据库里储存着100多年来优秀棋手对弈的200多万个棋局，具有非常强大的棋力优势。

卡斯帕洛夫在1988年大言不惭地宣称：2000年前电脑绝不会战胜特级象棋大师，如果有谁遇到了麻烦，尽管向他寻求"锦囊妙计"。然而，这一次居然输给了"深蓝"，卡斯帕洛夫无限感慨地表示，仿佛有一只"上帝之手"在暗中帮助"深蓝"，他要向全人类表达自已深深的歉意。

其实，并非有什么"上帝之手"，击败卡斯帕洛夫的战绩应该归功于"深蓝"设计师许峰雄博士。

"深蓝之父"许峰雄出生于中国台湾省，从小就喜欢研究各种新鲜事，特别喜欢下国际象棋，常常幻想自己研制一台会下棋的机器。他在台大电机系学习的是机械工程专业，毕业后毅然选择到美国著名学府卡内基·梅隆大学攻读硕士和博士学位，因为这所大学不仅是世界研究国际象棋的中心，而且世界第一台能够下国际象棋的电脑就诞生在那里。

在卡内基·梅隆大学，许峰雄见到了那台能下国际象棋的电脑，发现它只能"见招拆招"，而且速度很慢，这种设计永远不可能战胜人类象棋大师。从1982年开始，许峰雄几乎把所有的精力都投入了研究工作。1986年，他回台湾进行为期一个月的讲学，就在这段时间里，他构想多年的思路逐渐清晰。许峰雄设计的第一台能下棋的电脑叫"蕊验"。1987年，他的电脑在电脑比赛中首次获得冠军。第二年，他把"蕊验"升级为"深思"，第一次战胜了国际象棋特级大师本特·拉尔森，引起了IBM公司的关注。1989年，许峰雄和他的两名助手带着具有250个芯片、每秒能计算出750万个棋步的"深思"电脑，来到IBM公司的沃森研究中心担任研究员，继续向更高的目标攀登。

许峰雄的最终目标是挑战世界冠军。可是，就在他来到IBM公司的当年，"深思"电脑第一次与卡斯帕洛夫交手，完全抵挡不住"第一高手"的凌厉攻势。许峰雄下决心继续改进和完善他的机器。他锲而不舍地攻克各种难关，甚至在餐厅吃饭和在篮球场上打球时也在思考着技术问题。

1995年，超级并行电脑"深蓝"诞生。它没有辜负许峰雄的期望，终于为它的"父亲"实现了多年来的夙愿。据说，"深蓝"在那场"世纪之战"中有好几招"神来之手"不仅令卡斯帕洛夫，也使许峰雄本人感到惊讶万分。最有趣的是，当卡斯帕洛夫的棋局处于不利的时候，他仍然习惯地睁大双眼瞪着许峰雄，似乎认为他才是自己的对手，必须用目光给对方造成心理上的压力。可这次卡斯帕洛夫的"心理战术"却完全失去了效果，"深蓝"根本不吃这一套，惹得许峰雄偷偷地笑个不停。

"深蓝"战胜了卡斯帕洛夫以后，很多人忧心忡忡，认为如果让机器具备了人类最引以为自豪的"思想"，那么有了思想的机器会给人类带来危机。当人们问及许峰雄这次人机大战的意义时，许峰雄却持乐观态度，他说："实际上，'深蓝'只是一个战胜棋王的工具，我们利用这种工具超越了人脑的极限，是为人类开辟了一个新天地。就如同电话的发明超越了人类的速度极限，缩短了人类的距离一样。"

第2节 计算机网络发展历程

一、计算机网络概述

计算机网络近年来获得了飞速的发展。20年前，在我国很少有人接触过网络。现在，计算机通信网络以及因特网已成为我们社会结构的一个基本组成部分。网络被应用于工商业的各个方面，包括电子银行、电子商务、企业管理、信息服务业等都以计算机网络系统为基础。从学校远程教育到政府日常办公，乃至现在的电子社区，很多方面都离不开网络技术。

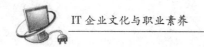
IT企业文化与职业素养

可以不夸张地说,网络在当今世界无处不在。

1997年,在美国拉斯维加斯的全球计算机技术博览会上,微软公司总裁比尔·盖茨先生发表了著名的演说。在演说中,"网络才是计算机"的精辟论点充分体现出信息社会中计算机网络的重要基础地位。计算机网络技术的发展越来越成为当今世界高新技术发展的核心之一。网络的发展也是一个经济上的冲击。数据网络使个人化的远程通信成为可能,并改变了商业通信的模式。

一个完整的用于发展网络技术、网络产品和网络服务的新兴工业已经形成,计算机网络的普及性和重要性导致不同岗位对具有更多网络知识的人才的大量需求。企业需要雇员规划、获取、安装、操作、管理那些构成计算机网络和因特网的软硬件系统。另外,计算机编程已不再局限于个人计算机,而要求程序员设计并实现能与其他计算机上的程序通信的应用软件。

二、计算机网络的发展阶段

在20世纪50年代中期,美国的半自动地面防空系统(Semi-Automatic Ground Environment,SAGE)开始了计算机技术与通信技术相结合的尝试,在SAGE系统中把远距离的雷达和其他测控设备的信息经由线路汇集至一台IBM计算机上进行集中处理与控制。世界上公认的、最成功的第一个远程计算机网络是在1969年由美国高级研究计划局组织研制成功的。该网络称为ARPANET,就是现在因特网的前身。计算机网络的发展大致可划分为四个阶段。

(一) 诞生阶段

20世纪60年代中期之前的第一代计算机网络是以单个计算机为中心的远程联机系统,典型应用是由一台计算机和全美范围内2 000多个终端组成的飞机订票系统。终端是一台计算机的外部设备,包括显示器和键盘,无CPU和内存。第一代网络随着远程终端的增多,在主机前增加了前端机(FEP)。当时人们把计算机网络定义为"以传输信息为目的而连接起来,实现远程信息处理或进一步达到资源共享的系统",但这样的通信系统已具备了网络的雏形。

(二) 形成阶段

20世纪60年代中期至70年代的第二代计算机网络,是将多个主机通过通信线路互联起来,为用户提供服务。典型代表是美国高级研究计划组织开发的ARPANET,主机之间不是直接用线路相连,而是由接口报文处理机(IMP)转接后互联的。IMP和它们之间互联的通信线路一起负责主机间的通信任务,构成了通信子网。通信子网互联的主机负责运行程序,提供资源共享,组成了资源子网。这个时期,网络概念为"以能够相互共享资源为目的互联起来的具有独立功能的计算机之集合体",形成了计算机网络的基本概念。

(三) 互联互通阶段

20世纪70年代末至90年代的第三代计算机网络是具有统一的网络体系结构并遵循国际标准的开放式和标准化的网络。ARPANET兴起后,计算机网络发展迅猛,各大计算机公司相继推出自己的网络体系结构及实现这些结构的软硬件产品。由于没有统一的标准，不同厂商的产品之间互联很困难，人们迫切需要一种开放性的标准化实用网络环境，于是两种国际通用的最重要的体系结构，即 TCP/IP 体系结构和国际标准化组织的 OSI 体系结构应运而生。

（四）高速网络技术阶段

20 世纪 90 年代末至今的第四代计算机网络，由于局域网技术发展成熟，出现光纤及高速网络技术、多媒体网络、智能网络等，整个网络就像一个对用户透明的大的计算机系统，发展为以因特网为代表的互联网。

三、互联网的发展趋势和挑战

（一）发展趋势

1. 超宽带大势所趋

数据流量增长所导致的带宽需求向来是通信网络向前发展的最大动力，而连接和应用也越来越成为新的参考维度。

贝尔实验室曾预测，2012 年至 2017 年，全球云计算数据中心的流量增长将超过 440%；到 2017 年全球使用互联网的人数将达 39 亿。随着视频流量、移动宽带和云、数据中心的增长，现有网络将无法满足承载需求，唯有部署新的宽带网络架构。

同时，作为信息社会最重要的基础设施，宽带、超宽带建设将撬动经济增长。以"宽带中国"为例，G 比特速率、泛在、智能是未来主要发展目标，将带动上万亿元的市场。

2. 移动终端主流化

随着移动终端的普及，移动互联网将成为人们上网的主要方式之一，移动终端将主流化。随着互联网设备普及，新应用、新业务纷纷涌现，聚餐可 AA 付款、购物有 O2O、出行找专车和拼车、住宿能就近查找。吃穿住行全覆盖的移动方式深深影响了人们的生活行为，优化了资源配置与分享，为广大用户提供了便利与实惠。

3. "硬"连接成为新潮流

新一代的智能产品丰富多样，涉及领域不断扩大。未来智能硬件产品，如可穿戴设备、移动医疗、智能家居、3D 打印机等将成为信息消费领域的新潮流，智能硬件创业的热潮正在到来。互联网企业不仅在做移动互联网，也在做智能硬件，构筑移动智网，智能硬件行业不断创新发展。

4. 传统媒体和新兴媒体进一步融合发展

传统媒体和新兴媒体在内容、渠道、平台、经营、管理等方面加速融合。为顺应互联网传播移动化、社交化、视频化趋势，传统媒体积极运用大数据、云计算等新技术，发展移动客户端、手机网站等新应用新业态，以新技术引领媒体融合发展；同时，适应新兴媒体传播特点，创新采编流程，优化信息服务，以内容优势赢得发展优势。

5. 大数据研究产业化

云计算技术的发展为大数据的应用提供了保障，精准化成为大数据时代的一个显著标志。分析样本不再需要随机抽取，通过技术可以进行全样本分析。这将为各个产业的发展提供良好的分析基础与更大的发展空间。

（二）互联网面临的挑战

目前互联网已经取得了巨大的成功，但在当前技术不断演进的时代，互联网也正面临着严峻的挑战。归纳起来，主要有三个问题。

首先，由于传统网络架构不够灵活，不能适应不断涌现的新业务需求，网络可持续发展的问题日益严峻，服务质量难以保证，产业价值链难以为继。具体而言，传统互联网当前正面临OTT（Over The Top，互联网公司越过运营商，发展基于开放互联网的各种视频及数据服务业务，强调服务与物理网络的无关性）业务的挑战。一方面，OTT业务爆炸式发展使得运营商骨干网的扩容缺乏有效的商业模式支撑，无人愿意无偿承担OTT业务的基础网络建设；而另一方面，没有完善的基础网络支撑，与之相关的OTT业务服务质量也难以保障，OTT业务也将失去明天。互联网服务提供商正期待着更好的网络服务质量。

其次，互联网流量飞速增长，信息冗余传输严重，网络难以适应未来信息海量增长的需求。当前，以移动互联网为代表的全球IP流量高速增长，将会给电信运营商网络基础设施带来巨大压力及挑战。这使运营商不得不持续增加投入进行频繁的网络扩容。但与此同时，现有网络存在问题也依旧严重，如跨ISP延迟严重，80%的网络都处于非健康状态。

最后，互联网与实体经济深度融合是发展的必然趋势，信息网络和传统行业深度融合发展具有巨大空间，但现阶段信息网络在实时性、安全性、灵活性等方面仍旧满足不了应用需求。目前，美国及日本均已在工业互联网、能源互联网等方面进行了积极的探索。而车联网及一系列"互联网+"产业也将对网络传输速度等提出更高的要求。未来网络能否满足日益提升的需求，正成为当前互联网面临的巨大挑战。

四、故事阅读

"蠕虫"病毒

1988年11月2日，太平洋彼岸发生的一个震惊世界的事件，不仅让许多中国人第一次听说了因特网，而且第一次知道了什么叫作电脑病毒。

就在这天晚上，与因特网相连的美国军用和民用电脑系统——东起麻省理工学院、哈佛大学、马里兰海军研究实验室，西到加州大学伯克利分校、斯坦福大学、NASA的Ames研究中心，乃至兰德公司研究中心的电脑网络同时出现了故障，至少有6 200台电脑受到波及，占当时因特网上电脑总数的10%以上。全球互联网络的这一部分，就像一条被击中头部的大蟒蛇那样顿时瘫痪，用户直接经济损失接近1亿美元，可能还不止。记录在美国高技术史上的这场最严重、规模最大的灾难事件，究其根源，竟出自一位23岁的研究生罗伯特•莫里斯（R. T. Morris）的恶作剧。具有讽刺意味的是，他的父亲老莫里斯就是美国国家安全局的数据安全专家，主要负责互联网络的安全防御。儿子在键盘上轻轻一点，不仅攻破了父亲精心构筑的防线，使互联网络停止运行达一天半，而且把自己送上法庭，断送了美好的前程。

莫里斯属于伴随电脑和网络长大的一代人。由于家庭的原因，他比别人更有条件接触电脑网络，继而爱到痴迷程度。从哈佛大学到康奈尔大学计算机科学系，只有整日泡在电脑前,这个孤僻的青年才能找到真实的自我。不知从何时起,他迷上了当时还鲜为人知的电脑病毒,要写一个能传染尽可能多的电脑病毒程序,使任何想要阻止它前进的人(也包括他的父亲)都无计可施。他也发现了网络操作系统 Unix 里的若干漏洞,自信有能力攻破网络安全防御系统。莫里斯的确拥有非凡的技术才能,他甚至应邀给美国国家安全局的人作过一场有关 Unix 安全问题的学术报告。

莫里斯后来在法庭上承认,他只是想进行一项实验,计划让一个不断自我复制的程序,从一部电脑慢慢"蠕动"到另一部电脑里,并没有恶意去破坏任何电脑网络。据莫里斯的好友保罗·格兰姆说,为了更加隐蔽,莫里斯是在康奈尔大学宿舍的电脑前,远程遥控麻省理工学院人工智能实验室的电脑开始发难的。那天傍晚,莫里斯最后完成了病毒程序的写作,按下回车键使其激活,便去吃晚饭。吃完饭后,按捺不住好奇又打开电脑,想观察一下自己的"杰作"。莫里斯突然发现大事不好:由于程序中的一个疏忽,病毒并非如他所想象的那样慢慢"蠕动",而是以疯狂的速度"繁殖",并失去了控制,不断攻击联网的 Sun 工作站和 DEC 的 VAX 小型机。

莫里斯这时才感到慌乱。他立即打电话给哈佛大学的另一位朋友安迪,请他立即向电子公告栏发一封 E-mail,详细告知控制病毒的方法。安迪随即发出了函件,并在结尾写道:"希望这些对你们有帮助,这只是一场玩笑而已。"很不幸,当时的网络在病毒的侵袭下已基本瘫痪,几乎没有人能收到这封函件。

这一夜,对加州大学伯克利分校、麻省理工学院等地的网络中心来说,真是一个不眠之夜,各地愤怒的电脑用户纷纷打来电话,要求他们帮助对付可怕的病毒。第二天,美国国内群情激愤,电脑网络界则紧急动员,由国防部长亲自下令成立应急中心,100 多位高级专家协同全国数以千计的电脑工程师夜以继日地清除故障。由于这起电脑病毒恶性事件,连美国总统大选结果的正确性也遭到怀疑,因为大选的日子已迫在眉睫。对此,一家为此次大选提供电脑的公司赶紧发表声明说,该公司的电脑没有与任何网络相连。

终于,1988 年 11 月 4 日美国国防部对外宣布:经过昼夜奋战,受病毒侵袭的网络现已恢复正常,所幸侵害尚未殃及核武器管理系统和存储重要军事机密的电脑系统。第二天,《纽约时报》头版头条的大字标题是《电脑病毒作者是国家安全局数据安全专家的儿子》,至此,人们才知道灾难的制造者名叫莫里斯。

在计算机领域,"莫里斯事件"引发了一场大讨论,专家们就法律、道德和反病毒技术发表了大量论文,也有人为这个程序究竟是"蠕虫"还是"病毒"争论不休。讨论也不仅仅局限在计算机领域,许多人开始对电脑病毒忧心忡忡,谈虎色变。1990 年 5 月 5 日,纽约地方法院正式开庭,判处莫里斯 3 年缓刑,罚款 1 万美元和 400 小时公益劳动。

然而,以"蠕虫"病毒为代表的"黑色幽灵"已被人放出,它再也不肯自动回到"铜胆瓶"中,至今仍在电脑和网络世界徘徊。

第 3 节 未来信息技术

一、光计算机

光计算机是由光代替电子或电流,实现高速处理大容量信息的计算机。其基础部件是空间光调制器，并采用光内连技术，在运算部分与存储部分之间进行光连接，运算部分可直接对存储部分进行并行存取。它突破了传统的用总线将运算器、存储器、输入和输出设备相连接的体系结构，运算速度极高、耗电极低，目前尚处于研制阶段。

"光子运算具有巨大的潜力，能够做常规计算无法办到的事。"德国达姆施塔特大学的科尔内利娅·登茨博士长期致力于光计算研究。她表示，采用光学技术不但可以极大地提升计算机的运算速度，而且可以让计算机系统模拟人脑的思维活动，并且比人脑的处理速度快数千倍，从而实现真正的人工智能。

（一）光计算机的发展

1. 光计算机萌芽阶段

电子计算机是于 20 世纪 40 年代诞生的。此后不久，科学家们便开始研制光计算机。电子计算机是以电子传送信息，而光计算机是以光子传送信息。计算机问世后，科学家们自然而然地想到使用光元素器件来制造光计算机，可是进展缓慢，一直没有结果。于是，当时世界上的光学权威，美国斯坦福大学的卓泽夫·古德曼教授认为，以最乐观的估计，光计算机的诞生也要迟至 21 世纪。1969 年，美国麻省理工学院的科学家揭开了研究光计算机的序幕。

2. 光计算机突破阶段

1982 年，英国赫罗特·瓦特大学物理系教授德斯蒙德·史密斯研制出光晶体管。1983 年，日本京都大学电气工程系佐佐木昭夫教授、腾田茂夫副教授也独立研制出光晶体管。1986 年，美国贝尔实验室发明了用半导体做成的光晶体管，功能与晶体管的功能一样，起到"开"与"关"的作用。然后，科学家运用集成光路技术，把光晶体管、光源光存储器等元件集成在一块芯片上，制成集成光路，与集成电路相似，最后，选用集成光路进行组装，就得到光计算机。

（二）光计算机部件

1. 光学数字信号处理器

光学数字信号处理器的运算速度达到了 8 万亿次/秒，是普通数字信号处理器的 1 000 倍。它的出现，"将使战争性质发生变革，其影响类似于坦克或飞机的问世"。

2003 年 10 月底，全球首个嵌入光核心的商用向量光学数字处理器——由以色列 Lenslet 公司研发的 Enlight 在美国波士顿军事通信展览会上露面，引起了业界莫大的关注。因为它的出现预示着计算机将进入光学时代。

2. 光存储技术

（1）光陷阱。澳大利亚国立大学的物理学家杰文·朗戴尔及其同事利用新型光陷阱首次成功地将一个光脉冲"冻住"了足足 1 秒钟的时间，这是以前最好成绩的 1 000 倍。将"冻住"光束的时间大大延长，意味着能据此找到实用方法来制造光计算机或量子计算机用的存储设备。

（2）全息存储技术。在一张 CD 大小的盘上保存更多的数据（千亿字节数量级）需要采取不同技术，如全息照相技术。我们可以把光线看成光波，就像水塘中的水波一样，光敏材料中的两股或多股光波在交汇点会产生特殊的干涉图案。全息照相存储的主要优势在于可记录三维信息和一次同时读出一整页数据,其结果是给我们带来了一种可以存储千亿字节数据,能以每秒10亿多比特传输数据,并能以不到100微秒的时间随机选取数据的新介质。

3. 光计算

光线传输编码信息不足为奇,因为全球通信全部依靠光缆来传输,但用光信号来处理数据和进行计算还是不切实际的。研究光计算机还是值得做的,因为使用光能增加计算机的速度和处理的数据量。

但对光的诱捕、存储以及操作依然非常困难。美国伊利诺伊州大学保罗·布劳恩等人的研究让我们更接近这一目标。他们已经研制出一种三维光学波导光子晶体,可以诱捕光,使其降低速度,并在锐角转角处让光弯曲,而不必担心光逃逸。同时,美国哈佛大学的米哈伊尔·卢金已经开发出一种光晶体管,可以让单个光子从一个光信号转换成另外一个光信号。

(三) 光计算机的成果展示

1990年,贝尔实验室推出了一台由激光器、透镜、反射镜等组成的计算机。尽管它的装置很粗糙,只能用来计算,但是,它毕竟是光计算机领域中的一大突破,这就是光计算机的雏形。

1990年1月29日美国电话电报公司贝尔实验室的科学家宣布,贝尔实验室以美籍华裔科学家黄庚珏为首的小组研制成功了第一代光计算机。这种计算机利用激光光束而非电波进行数据计算和资料处理,其运算速度比普通的电子计算机快1 000倍。世界计算机技术实现了革命性的突破。这种利用光作为载体进行信息处理的计算机被称为光计算机,又叫光脑,它是靠激光束进入由反射镜和透镜组成的阵列中来对信息进行处理的。

与电脑相似之处是,光脑也靠一系列逻辑操作来处理和解决问题。计算机的功率取决于其组成部件的运行速度和排列密度,光在这两个方面都很理想。激光束对信息的处理速度可达现有半导体硅器件的1 000倍。光束在一般条件下互不干扰的特性,使光脑能够在极小的空间内开辟很多平行的信息通道,密度大得惊人。一块截面为5分硬币大小的棱镜,其通过能力超过全球现有全部电话电缆的许多倍。

(四) 光计算机与电子计算机比较

1. 电子计算机的缺点

(1) 尽管在电子元器件中传输的是很弱的电流,但随着元器件的高度密集,不仅工作时产生的热量会急剧增加,而且相邻的元件也会彼此干扰。

(2) 电子计算机的元器件中,电子的运动速度约为每秒60千米。即便是在砷化镓器件中,电子的运动速度也不会超过每秒500千米。也就是说,电子在导体中最快的运动速度也不及光子流运动速度的10%,这就大大限制了运算速度的提高。而且当电子计算机的工作频率超过100兆赫,或每秒转换(运算)1亿次时,还会出现一些不正常的情况。

(3) 由于计算机的结构和功能日趋复杂化,组成运算电路的电子元件也日益增多。为了在有限的面积上容纳下更多的元件,人们早就将许许多多元件密集起来,做成一个个小方块,这类方块就叫集成块,或叫集成电路。每个集成块通过身上的插脚固定在位置上,并与整个电路相连。超大规模集成块的插脚很多,而且越来越多,目前最多的已有300只插脚。若干年后,也许会出现有上千只插脚的集成块,它们会占据很大的空间,以致无处安放它们。

2. 光计算机具有的优点

（1）超高速的运算速度。光计算机并行处理能力强，因而具有更高的运算速度。电子的传播速度是每秒593千米，而光子的传播速度却达每秒3×10^5千米。对于电子计算机来说，电子是信息的载体，它只能通过一些相互绝缘的导线来传导，即使在最佳的情况下，电子在固体中的运行速度也远远不如光速。尽管目前的电子计算机运算速度不断提高，但它的能力还是有限的。此外，装配密度的不断提高，会使导体之间的电磁作用不断增强，散发的热量也逐渐增加，从而制约了电子计算机的运行速度。而光计算机的运行速度要比电子计算机快得多，对使用的环境条件的要求也比电子计算机低得多。

（2）超大规模的信息存储容量。与电子计算机相比，光计算机具有超大规模的信息存储容量。光计算机具有极为理想的光辐射源——激光器，光子的传导是不需要导线的，而且即使在相交的情况下，它们之间也不会产生丝毫影响。光计算机无导线传递信息的平行通道，其密度实际上是无限的，一枚五分硬币大小的棱镜，它的信息通过能力竟是全世界现有电话电缆通道的许多倍。

（3）能量消耗小，散发热量低，是一种节能型产品。光计算机的驱动，只需要同类规格的电子计算机驱动能量的一小部分，这不仅降低了电能消耗，大大减少了机器散发的热量，而且为光计算机的微型化和便携化提供了便利的条件。科学家们正试验将传统的电子转换器和光子结合起来，制造一种"杂交"的计算机，这种计算机既能更快地处理信息，又能克服巨型电子计算机运行时内部过热的难题。

由于光子比电子运动速度快，光计算机的运行速度可高达每秒1万亿次。它的存储量是现代计算机的几万倍，还可以对语言、图形和手势进行识别与合成。目前，许多国家都投入巨资进行光计算机的研究。随着现代光学与计算机技术、微电子技术相结合，在不久的将来，光计算机将成为人类的普遍工具。

光计算机的许多关键技术，如光存储技术、光互联技术、光电子集成电路等都已经获得突破，最大限度地提高光计算机的运算能力是当前科研工作面临的攻关课题。光计算机的问世和进一步研制、完善，将为人类跨向更加美好的明天提供无限的可能。

二、人工智能

人工智能（Artificial Intelligence，AI）是研究、开发用于模拟、延伸和扩展人的智能的理论、方法、技术及应用系统的一门新的技术科学。

人工智能是计算机科学的一个分支，它试图了解智能的实质，并生产出一种新的能以类似人类智能的方式做出反应的智能机器。该领域的研究包括机器人、语言识别、图像识别、自然语言处理和专家系统等。人工智能诞生以来，理论和技术日益成熟，应用领域也不断扩大，可以设想，未来人工智能带来的科技产品，将会是人类智慧的"容器"。

人工智能可以模拟人的意识、思维的过程。人工智能不是人的智能，但能像人那样思考，也可能超过人的智能。

人工智能是一门极富挑战性的学科，从事这项工作的人必须懂得计算机科学、心理学、哲学和语言学。人工智能是内容十分广泛的学科，它由不同的领域组成，如机器学习、计算机视觉，等等。总的说来，人工智能研究的一个主要目标是使机器能够胜任一些通常需要人类智能才能完成的复杂工作。但不同的时代、不同的人对这种"复杂工作"的理解是不同的。

(一) 定义详解

人工智能的定义可以分为两部分，即"人工"和"智能"。"人工"比较好理解，争议也不大。有时我们会考虑什么是人力所能及的，或者人自身的智能程度有没有高到可以创造人工智能的地步，等等。但总的来说，"人工系统"就是通常意义下的人工系统。

关于什么是"智能"，问题就多了。这涉及诸如意识（Consciousness）、自我（Self）、思维（Mind）（包括无意识的思维（Unconscious-mind））等问题。人唯一了解的智能是人本身的智能，这是普遍认同的观点。但是我们对自身智能的了解都非常有限，对构成人的智能的必要元素也了解有限，所以就很难定义什么是"人工"制造的"智能"了。因此人工智能的研究往往涉及对人的智能本身的研究。关于动物或人造系统的智能也普遍被认为是人工智能相关的研究课题。

人工智能在计算机领域得到了愈加广泛的重视，并在机器人、经济政治决策、控制系统、仿真系统中得到应用。

美国斯坦福大学的尼尔逊教授对人工智能下了这样一个定义："人工智能是关于知识的学科——怎样表示知识以及怎样获得知识并使用知识的科学。"而美国麻省理工学院的温斯顿教授认为："人工智能就是研究如何让计算机去做过去只有人才能做的智能工作。"这些说法反映了人工智能学科的基本思想和基本内容，即人工智能是研究人类智能活动的规律，构造具有一定智能的人工系统，研究如何让计算机去完成以往需要人的智能才能胜任的工作，也就是研究如何应用计算机的软硬件来模拟人类某些智能行为的基本理论、方法和技术。

人工智能是计算机学科的一个分支，20世纪70年代以来被称为世界三大尖端技术之一（空间技术、能源技术、人工智能），也被认为是21世纪三大尖端技术（基因工程、纳米科学、人工智能）之一。这是因为近30年来它获得了迅速的发展，在很多学科领域都获得了广泛应用，并取得了丰硕的成果。人工智能已逐步成为一个独立的分支，在理论和实践上都已自成系统。

人工智能是研究让计算机来模拟人的某些思维过程和智能行为（如学习、推理、思考、规划等）的学科，主要包括计算机实现智能的原理、制造类似于人脑智能的计算机，使计算机能实现更高层次的应用。人工智能涉及计算机科学、心理学、哲学和语言学等学科，可以说几乎涉及自然科学和社会科学的所有学科，其范围已远远超出了计算机科学的范畴。人工智能与思维科学的关系是实践和理论的关系，人工智能是处于思维科学的技术应用层次，是它的一个应用分支。从思维观点看，人工智能不仅限于逻辑思维，而且要考虑形象思维、灵感思维才能促进人工智能的突破性发展。数学常被认为是多种学科的基础科学，数学也进入语言、思维领域，人工智能学科也必须借助于数学，因为数学不仅在标准逻辑、模糊数学等范围发挥作用，一旦进入人工智能学科，它们将互相促进、共同发展。

(二) 发展阶段

1956年夏季，以麦卡赛、明斯基、罗切斯特和申农等为首的一批具有远见卓识的年轻

IT企业文化与职业素养

科学家聚在一起，共同研究和探讨用机器模拟智能的一系列有关问题，并首次提出了"人工智能"这一术语，它标志着"人工智能"这门新兴学科的正式诞生。IBM公司"深蓝"电脑击败了人类的国际象棋世界冠军便是人工智能技术的一个完美体现。

从1956年正式提出至今60多年来，人工智能学科取得了长足发展，成为一门广泛的交叉和前沿学科。总的说来，人工智能的目的就是让计算机能够像人一样思考。如果希望制造出一台能够思考的机器，那就必须知道什么是思考，进一步讲就是什么是智慧。什么样的机器才是智慧的呢？科学家已经造出了汽车、火车、飞机、收音机，等等，它们模仿我们身体器官的功能，但是能不能模仿人类大脑的功能呢？到目前为止，我们也仅仅知道大脑这个装在我们头颅里面的东西是由数十亿个神经细胞组成的器官，我们对这个器官知之甚少，模仿它或许是天下最困难的事情了。

计算机出现后，人类开始真正有了一个可以模拟人类思维的工具，在其后的岁月中，无数科学家为这个目标努力着。如今人工智能已经不再是几个科学家的专利了，全世界几乎所有大学的计算机系都有人在研究这门学科，学习计算机的大学生也必须学习这门课程。在大家不懈的努力下，如今计算机似乎已经变得十分聪明了。大家或许不会注意到，在一些领域计算机已经帮助人类做了许多原来只属于人类的工作，计算机以它的高速和准确为人类发挥着作用。人工智能始终是计算机科学的前沿学科，计算机编程语言和其他计算机软件都因为有了人工智能的发展而得以存在。

（三）研究价值

繁重的科学和工程计算本来是人脑承担的，如今计算机不但能完成这种计算，而且比人脑计算得更快、更准确。因此当代人已不再把这种计算看作"需要人类智能才能完成的复杂任务"。可见"复杂工作"的定义是随着时代的发展和技术的进步而变化的，人工智能这门学科的具体目标也必然随着时代的变化而发展。它一方面不断获得新的进展，另一方面又转向更有意义、更加困难的目标。

通常"机器学习"的数学基础是"统计学""信息论"和"控制论"，还包括其他非数学学科。这类"机器学习"对"经验"的依赖性很强。计算机需要不断地从解决一类问题的经验中获取知识、学习策略，在遇到类似的问题时，运用经验知识解决问题并积累新的经验，就像普通人一样。我们可以将这样的学习方式称为"连续型学习"。但人类除了会从经验中学习之外，还会创造，即"跳跃型学习"。这被称为"灵感"或"顿悟"。一直以来，计算机最难学会的就是"顿悟"。或者再严格一些来说，计算机在"学习"和"实践"方面难以学会"不依赖量变的质变"，很难从一种"质"直接到另一种"质"，或者从一个"概念"直接到另一个"概念"。因此，这里的"实践"并非人类的实践。人类的实践过程同时包括经验和创造。

这是智能化研究者梦寐以求的东西。

2013年，帝金数据普数中心数据研究员S. C. Wang开发了一种新的数据分析方法，该方法导出了研究函数性质的新方法。作者发现，新数据分析方法给计算机学会"创造"提供了一种方法。在本质上，这种方法为人的"创造力"的模式化提供了一种相当有效的途径。这种途径是数学赋予的，是普通人无法拥有但计算机可以拥有的"能力"。从此，计算机不仅精于算，还会因精于算而精于创造。计算机科学家们应该坚决果断地剥夺"精于创造"的计算机过于全面的操作能力，否则计算机真的有一天会"反捕"人类。

当回头审视新方法的推演过程和数学的时候，作者拓展了对思维和数学的认识。数学简洁，清晰，可靠性、模式化强。在数学的发展史上，处处闪耀着数学大师们创造力的光辉。这些创造力以各种数学定理或结论的方式呈现出来，而数学定理最大的特点就是建立在一些基本的概念和公理上，以模式化的语言表达出包含丰富信息的逻辑结构。应该说，数学是最单纯、最直白地反映着（至少一类）创造力模式的学科。

三、虚拟现实

虚拟现实（VR）技术是一种可以创建和体验虚拟世界的计算机仿真系统。它利用计算机生成一种模拟环境，是一种多源信息融合的、交互式的三维动态视景和实体行为的系统仿真，能使用户沉浸到该环境中。

（一）简介

虚拟现实技术是仿真技术的一个重要方向，是仿真技术与计算机图形学、人机接口技术、多媒体技术、传感技术、网络技术等多种技术的集合，是一门富有挑战性的交叉技术前沿学科和研究领域。虚拟现实技术主要包括模拟环境、感知、自然技能和传感设备等方面。模拟环境是由计算机生成的、实时动态的三维立体逼真图像。感知是指理想的虚拟现实应该具有一切人所具有的感知，除计算机图形技术所生成的视觉感知外，还有听觉、触觉、力觉、运动等感知，甚至还包括嗅觉和味觉感知等，也称为多感知。自然技能是指人的头部、眼睛转动，手势或其他人体行为动作，由计算机来处理与参与者的动作相适应的数据，并对用户的输入做出实时响应，再分别反馈到用户的五官。传感设备是指三维交互设备。

（二）特征

（1）多感知性。指除一般计算机所具有的视觉感知外，还有听觉感知、触觉感知、运动感知，甚至还包括味觉、嗅觉感知等。理想的虚拟现实应该具有一切人所具有的感知功能。

（2）存在感。指用户感到作为主角存在于模拟环境中的真实程度。理想的模拟环境应该达到用户难辨真假的程度。

（3）交互性。指用户对模拟环境中物体的可操作程度和从环境得到反馈的自然程度。

（4）自主性。指虚拟环境中的物体依据现实世界物理运动定律动作的程度。

（三）关键技术

虚拟现实是多种技术的综合，包括实时三维计算机图形技术、广角（宽视野）立体显示技术、对用户头（眼）的跟踪技术，以及触觉/力觉反馈、立体声、语音输入输出技术等。下面对这些技术分别加以说明。

1. 实时三维计算机图形

相比较而言，利用计算机模型产生图形图像并不是太难的事情。如果有足够准确的模型，又有足够的时间，我们就可以生成不同光照条件下各种物体的精确图像，但是这里的关键是实时。例如在飞行模拟系统中，图像的刷新相当重要，同时对图像质量的要求也很高，再加上非常复杂的虚拟环境，问题就变得相当困难。

2. 广角（宽视野）立体显示

人看周围的世界时，由于两只眼睛的位置不同，得到的图像略有不同，这些图像在脑子里融合起来，就形成了一个关于周围世界的整体景象，这个景象中包括了距离远近的信息。当然，距离信息也可以通过其他方法获得，例如眼睛焦距的远近、物体大小的比较等。在 VR 系统中，双目立体视觉起了很大作用。用户的两只眼睛看到的不同图像是分别产生的，显示在不同的显示器上。有的系统采用单个显示器，但用户带上特殊的眼镜后，一只眼睛只能看到奇数帧图像，另一只眼睛只能看到偶数帧图像，奇、偶帧之间的不同也就是视差。视差产生了立体感。

3. 对用户头（眼）的跟踪

在人造环境中，每个物体相对于系统的坐标系都有一个位置与姿态，用户也是如此。用户看到的景象是由用户的位置和头（眼）的方向来确定的。

跟踪头部运动的虚拟现实头套。在传统的计算机图形技术中，视场的改变是通过鼠标或键盘来实现的，用户的视觉系统和运动感知系统是分离的，而利用头部跟踪来改变图像的视角，用户的视觉系统和运动感知系统之间就可以联系起来，感觉更逼真。另一个优点是，用户不仅可以通过双目立体视觉去认识环境，而且可以通过头部的运动去观察环境。

在用户与计算机的交互中，键盘和鼠标是目前最常用的工具，但对于三维空间来说，它们都不太适合。在三维空间中因为有六个自由度，我们很难找出比较直观的办法把鼠标的平面运动映射成三维空间的任意运动。现在，已经有一些设备可以提供六个自由度，如 3Space 数字化仪和 SpaceBall（空间球）等。另外一些性能比较优异的设备是数据手套和数据衣。

4. 触觉/力觉反馈

在一个 VR 系统中，用户可以看到一个虚拟的杯子，你可以设法去抓住它，但是你的手没有真正接触杯子的感觉，并有可能穿过虚拟杯子的"表面"，而这在现实生活中是不可能的。解决这一问题的常用装置是在感觉手套内层安装一些可以振动的触点来模拟触觉。

5. 立体声

人能够很好地判定声源的方向。在水平方向上，我们靠声音的相位差及强度的差别来确定声音的方向，因为声音到达两只耳朵的时间有所不同。常见的立体声效果就是靠左右耳听到在不同位置录制的不同声音来实现的，所以会有一种方向感。在现实生活里，当头部转动时，听到的声音的方向就会改变。但目前在 VR 系统中，声音的方向与用户头部的运动无关。

6. 语音输入输出

在 VR 系统中，语音的输入输出也很重要。这就要求虚拟环境能听懂人的语言，并能与人实时交互。而让计算机识别人的语音是相当困难的，因为语音信号和自然语言信号有其"多边性"和复杂性。例如，连续语音中词与词之间没有明显的停顿，同一词、同一字的发音受前后字词的影响，不仅不同人说同一词会有所不同，就是同一人发音也会受到心理、生理和环境的影响而有所不同。

使用人的自然语言作为计算机输入目前有两个问题：首先是效率问题，为便于计算机理解，输入的语音可能会相当啰唆；其次是正确性问题，计算机理解语音的方法是对比匹配，而没有人的智能。

（四）技术应用

1. 医学

VR 在医学方面的应用具有十分重要的现实意义。在虚拟环境中，可以建立虚拟的人体模型，借助于空间球、HMD（头戴式显示器）、感觉手套，学生可以很容易了解人体内部各器官结构，这比现有的采用教科书的方式要有效得多。

2. 娱乐

丰富的感觉能力与 3D 显示环境使得 VR 成为理想的视频游戏工具。由于在娱乐方面对 VR 的真实感要求不是太高，故近些年来 VR 在该方面发展最为迅猛。如芝加哥开放了世界上第一台大型可供多人使用的 VR 娱乐系统，其主题是关于 3025 年的一场未来战争；英国开发的称为"Virtuality"的 VR 游戏系统，配有 HMD，大大增强了真实感。

3. 军事与航天

模拟训练一直是军事与航天工业中的一个重要课题，这为 VR 提供了广阔的应用前景。美国国防部高级研究计划局（DARPA）自 20 世纪 80 年代起一直致力于研究称为 SIMNET 的虚拟战场系统，以提供坦克协同训练，该系统可连接 200 多台模拟器。另外利用 VR 技术，可模拟零重力环境，代替非标准的水下训练宇航员的方法。

4. 工业仿真

当今世界工业已经发生了巨大的变化，大规模人海战术早已不再适应工业的发展，先进科学技术的应用显现出巨大的威力，特别是虚拟现实技术的应用正对工业进行着一场前所未有的革命。虚拟现实技术已经被世界上一些大型企业广泛地应用到工业的各个环节，对企业提高开发效率，加强数据采集、分析、处理能力，减少决策失误，降低企业风险起到了重要的作用。虚拟现实技术的引入将使工业设计的手段和思想发生质的飞跃，更加符合社会发展的需要，可以说在工业设计中应用虚拟现实技术是可行且必要的。

5. 文物古迹保护

利用虚拟现实技术，结合网络技术，可以将文物的展示、保护提高到一个崭新的阶段。首先可将文物实体通过影像数据采集手段，建立起实物三维或模型数据库，保存文物原有的各项型式数据和空间关系等重要资源，实现濒危文物资源的科学、高精度和永久的保存。其次可利用这些技术来提高文物修复的精度和预先判断、选取采用的保护手段，同时可以缩短修复工期。大范围内的文物资源可通过计算机网络来整合统一，文物可利用虚拟技术更加全面、生动、逼真地展示，从而脱离地域限制，实现资源共享，真正成为全人类"拥有"的文化遗产。虚拟现实技术可以推动文博行业更快地进入信息时代，实现文物展示和保护的现代化。

6. 游戏

三维游戏既是虚拟现实技术重要的应用方向之一，也为虚拟现实技术的快速发展起了巨大的需求牵引作用。尽管存在众多的技术难题，虚拟现实技术在竞争激烈的游戏市场中还是得到了越来越多的重视和应用。可以说，电脑游戏自产生以来，一直都在朝着虚拟现实的方向发展。虚拟现实技术发展的最终目标已经成为三维游戏工作者的崇高追求。

7. 教育

虚拟现实技术应用于教育是教育技术发展的一个飞跃。它营造了"自主学习"的环境，使传统的"以教促学"的学习方式被学习者通过自身与信息环境的相互作用来得到知识、技能的新型学习方式所取代。

四、其他计算机

（一）高速超导计算机

所谓超导，是指有些物质在接近绝对零度（相当于-269℃）时，电流流动是无阻力的。超导计算机是使用超导体元件的高速计算机。

这种电脑的耗电量仅为用半导体元件制造的电脑的几千分之一，它执行一个指令只需十亿分之一秒，比半导体元件快10倍。以目前的技术制造出的超导电脑用集成电路芯片只有3~5立方毫米大小。

（二）生物计算机

生物计算机主要是以生物电子元件构建的计算机。它利用蛋白质的"开关"特性，用蛋白质分子为元件制成的生物芯片构成，其性能是由元件与元件之间电流启闭的开关速度来决定的。用蛋白质制造的电脑芯片，存储点只有一个分子大小，所以它的存储容量可以达到普通电脑的10亿倍。由蛋白质构成的集成电路，其大小只相当于硅片集成电路的十万分之一，而且运转速度更快，只有10^{-11}秒，大大超过人脑的思维速度。生物电脑元件的密度比大脑神经元的密度高100万倍，传递信息的速度也比人脑思维的速度快。

生物芯片传递信息时阻抗小、能耗低，且具有生物的特点，具有自我组织、自我修复的功能。它可以与人体及人脑结合起来，听从人脑指挥，从人体中吸收营养。

（三）DNA计算机

科学家研究发现，脱氧核糖核酸（DNA）有一种特性，能够携带生物体各种细胞拥有的大量基因物质。数学家、生物学家、化学家以及计算机专家从中得到启迪，正在合作研制未来的液体DNA电脑。这种DNA电脑的工作原理是以瞬间发生的化学反应为基础，通过和酶的相互作用，将反应过程进行分子编码，把二进制数翻译成遗传密码的片段，每个片段就是著名的双螺旋的一个链，然后对问题以新的DNA编码形式加以解答。

和普通的电脑相比，DNA电脑的优点首先是体积小，但存储的信息量却超过现在世界上所有的电脑。它用于存储信息的空间仅为普通计算机的几百万分之一。其信息可存储在数以百万计的DNA链中，1升的DNA电脑只需几天时间就可以完成迄今为止所有计算机曾经进行过的运算。其次是能最大限度地减少能耗。DNA电脑的能耗，仅为普通电脑的十亿分之一。最后就是功能的强大。它的每个DNA链可以各自进行运算，这意味着DAN计算机能同时"试用"巨大数量的可能的解决方案。

（四）神经元计算机

人类神经网络的强大与神奇是人所共知的。将来人们在研究人体神经系统结构和功能的神经生物学家及神经解剖学家的帮助下研制出数学模型，然后制造能够完成类似人脑功能的计算机系统的人造神经元网络，至此，计算机将获得真正的人工智能。

神经元计算机比较有前途的应用领域是国防。它可以识别物体和目标,处理复杂的雷达信号,决定须击毁的目标。神经元计算机的联想式信息存储、对学习的自然适应性、数据处理中的平行重复现象等性能都将异常快捷有效。

(五) 量子计算机

科学证明,个体光子通常不相互作用,但是当它们与光学谐振腔内的原子聚在一起时,它们相互之间会产生强烈影响。光子的这种特性可用来发展利用量子力学效应的信息处理器件——光学量子逻辑门,进而制造量子计算机。

在理论方面,量子计算机的性能能够超过任何可以想象的标准计算机。量子计算机潜在的用途将涉及人类生活的每一个方面,从工业生产线到公司的办公室,从军用装备到学生课桌,从国家安全到银行自动柜员机。

(六) 人脑控制计算机

现在使用的计算机,一般都是通过计算机键盘或鼠标器输入指令进行工作的,另外还有少部分声控电脑。未来,电脑能通过分析使用者思维时发出的生物信号来实现人脑控制。这项技术是从长期被用来诊断大脑疾病的脑电图记录衍生而来的。

目前,研究脑电波控制计算机的一个重大挑战是:如何使计算机从人脑电波中分辨人的思维是"是"还是"否"。关键是科学家们目前对脑部细胞就某些思想释放出的电荷以及它们之间的关联所知甚少。另外,某个信息可能同时被其他信息所遮盖,这对计算机收集和分析信息造成相当大的困难。

专家们认为,由于这种实验技术耗资巨大而且非常复杂,很难投入实际应用。他们说完全随人脑反应的计算机的研制还需几十年的时间,也许永远都是科学幻想。但在今后十几年内,有可能开发出比较实际的能帮助残疾人通信或操作一些用具的系统。

总结与思考

本篇主要介绍了信息技术发展的历史与未来发展趋势。从信息技术的定义、特征谈起,让大家对信息技术范畴有明确的认识。计算机、计算机网络技术发展的历史,充满了冒险与创新,未来随着微电子技术、计算机技术、网络技术和通信技术的进步,信息技术将朝全面化、个性化和更加智能化的方向发展,并在方方面面对人类的生产生活产生十分重要的影响。

(1) 现在是大数据的时代,你对信息与数据是如何理解的?
(2) 你了解我国信息技术的发展经历吗?
(3) 对《中国制造2025》关于新信息的描述你是否了解?

第二篇
IT 典型企业文化

第三章

IT 企业文化特征和构建

第 1 节　企业文化

一、企业文化的概念

企业文化又称公司文化，始于 20 世纪 80 年代。目前在我国使用最多的表述为："企业文化是指在企业长期的实践活动中所形成，并且为组织成员普遍认可和遵循，具有组织特色的价值观念、团体意识、行为规范和思维模式的总和。"

企业文化由三个层次构成：一是表面层的物质文化，称为企业"硬文化"，包括厂容，厂貌，机械设备，产品造型、外观、质量等；二是中间层的制度文化，包括领导体制、人际关系以及各项规章制度和纪律等；三是核心层的精神文化，称为企业"软文化"，包括各种行为规范、价值观念、企业的群体意识、职工素质和优良传统等，是企业文化的核心，被称为企业精神。

企业文化在企业成立之初就形成了，并随着企业的发展不断演变发展。这些文化以各种形式存在并主要以创业者的智慧呈现。

企业文化有六大核心要素：产品文化、企业使命、企业价值观、企业精神、企业愿景、理念体系。

（1）产品文化：指历史传承下来的蕴含在产品中的智慧，是企业对社会需求的理解，可以是一种功能描述、一种愿望的表达或一种美的展示。

（2）企业使命：是在体现社会价值的前提下对企业生产经营的意义的描述，是企业就"我们将做什么"对社会的承诺。

（3）企业价值观：是企业评价其成员行为优劣的标准。

（4）企业精神：是企业发展过程中形成的企业成员共同接受的内心情感，是克服困难发展事业的内心态度、意志和思想境界。

（5）企业愿景：是对企业成员经过努力可以达到企业未来状态的描述，表达了企业群体的梦想，是企业行为的动力。

（6）理念体系：是企业在发展过程中总结出来的成功经验，是处理各种事务的原则。

企业文化六要素相互联系，密不可分。可以用一句话进行总结：产品为根，使命为本，愿景指方向，精神是魂，理念是魄，价值引航程。

二、企业文化的功能

之所以在企业管理科学中，人们注重企业文化的研究和建设，把培育良好的企业文化作为致富和成功的法宝，就是因为企业文化作为管理的软件，能发挥物质资源等硬件起不到的作用。依据企业经营管理的实践，企业文化的功能主要表现在以下几个方面。

（一）凝聚功能

企业文化，特别是作为企业文化核心的企业精神与企业价值观，对一个企业的生存与发展之所以关系极大，一个重要原因是，它是企业的凝聚力、向心力之所在。换言之，它具有一种凝聚功能。

企业文化的凝聚功能越来越受到人们的重视，它可围绕企业目标，凝聚成极大的集体合力，产生奋发向上的群体意识，空前地唤起人们的主观能动性，最有成效地推动企业的发展。人们越来越体会到，单靠发号施令，很难实现企业的奋斗目标。企业的根本动力源自员工由某种共同意识（以及其他一些精神要素）所激发出来的积极性、创造性和工作热情。人们发现，企业管理中的分析、控制、决策技术，定量化，合理化等抽象的理性管理方法对企业发展固然有重要作用，但企业文化所塑造的人们的共同价值观念、共同意识则发挥出更大的作用，显示出一种把全体员工凝聚在一起、形成一种强大的生产合力的功能——凝聚功能。

（二）激励功能

激励是当今企业管理的一种职能，激励理论已成为企业经营管理的重要理论之一。激励是基于企业内外环境的刺激和影响而诱发起人这个有机体产生一种自勉力、奋发进取精神和献身事业的责任感及行为的心理过程。人们的这些精神和行为，对实现自我目标和企业目标有着极大的强化、激发和推动作用。在企业中我们经常发现，广大员工对企业目标的献身精神和从事生产劳动的态度是有极大差异的。有的人具有强烈的进取精神和实现企业目标的愿望，并在行动上有所体现，能出色地完成本职任务；有的人有一点进取意识，但不强烈，工作一般，只要能完成任务就满足了；有的人进取的愿望极差，对完成企业目标感到是负担，甚至厌恶和憎恨，经常完不成任务。激励的任务就是要使这些处于不同精神状态的员工都能为企业整体和为实现自己所在的组织单位的目标作出贡献。

美国管理学家道格拉斯·麦克雷戈曾把激励因素分为外附激励和内滋激励两类。前者是来自领导者和高层管理者对一般管理者和生产者的激励；后者是员工们自身基于外部刺激而发自内心的激励力量。我们认为，企业文化在实质上是一种内滋激励，它能综合发挥目标激励、领导行为激励、竞争激励、奖惩激励等多种激励的作用，从而激发出企业内各部门和所有劳动者的积极性，这种积极性同时也成为企业发展的无穷力量。

（三）约束功能

企业文化不是一般的企业规章制度，它没有固定的条文来进行约束。但是，企业文化是一种约定俗成的东西，是一个企业内部员工必须共同遵守的一种行为规范和思想道德准绳。企业的厂规、厂纪、厂风、厂貌都会对员工产生潜移默化的影响，使员工自觉地按照这些要求来规范自己的行为。

在企业文化建设过程中，还有微妙的文化渗透和企业精神的感染激励，在员工中间形成一种具有约束力的倾向，从而规范企业员工的群体行为。当企业内部少数人的行为变为大多数人的自觉行为以后,一种相当稳定的、无形的精神力量就会在员工中间形成,从而促使良好的企业风气形成,对于企业的各级员工都是一种无形的约束。

当企业中个别员工的思想、行为与这种企业中约定俗成的东西不协调或不一致时,这种氛围的感染便会对他造成一种压力,使他不得不与大多数人趋同,进而调整自己的思想行为,以达到与企业整体环境的协调一致。

(四) 推动企业管理

企业文化是企业在管理实践过程中,在寻求企业变革和发展中形成的,企业文化的建设要与不断加强的企业科学管理相一致。企业文化是企业科学管理更高层次的一种新型管理思想和管理方式。从某种意义上讲,企业文化是企业科学管理的发展和完善,通过这种发展和完善,企业的管理更加出色、有效和富于活力。

企业文化使企业管理者突破了以往纯理性的圈子,使其管理活动有更深刻的思想性、丰富的人情味,具有了时代特色和人文精神。企业文化对企业管理的推动作用大致有六个方面:

(1) 推动企业管理的重点转向以人为中心的现代化管理。企业文化以人为中心,以人的意识形态为主体,以多种形式来鼓舞人的感情、平衡人的心理、维系人的忠诚、激发人的智慧、调动人的积极性、挖掘人的内在潜力,使之能够自觉地为企业而奋斗。

企业文化有利于企业领导进一步确立员工是企业主人的观念,尊重、关心和爱护企业员工,不断改善和提高领导的艺术。另一方面也利于企业员工增强主人翁责任感,积极主动地参与企业的管理,为企业的发展献计献策,充分发挥工作的积极性、主动性和创造性,达到推动企业进一步向前发展的目的。

(2) 企业文化的核心内容是企业精神和企业价值观。企业文化建设通过培育企业精神,使之成为企业全体员工的共识,从而引导和规范员工的群体行为,增强企业内部的凝聚力、亲和力和向心力。

(3) 企业文化强调的是以人为本的管理方式。这一管理思想的存在,有助于企业管理者理顺企业内部人与物的关系,注重企业员工心理需要、价值地位及企业用户的价值取向,改变过分注重硬件管理的误区,建立"软硬结合",以"软"管理、"软"约束为核心的企业管理结构和管理模式;不断调动企业员工的工作积极性,使企业全体员工各司其职、各尽其能,充分发挥主观能动性,从而实现企业管理功能的整体优化,充分挖掘企业的内部潜能。

(4) 企业义化是独特的,企业文化建设有助于培育企业的个性。企业文化的重要特征之一,就是企业具有鲜明、独特的个性。通过企业文化建设,能树立良好的企业形象,有助于开拓市场,在市场竞争中立于不败之地。

(5) 企业文化在企业的生产、经营、管理过程中,体现出了企业的宏观管理和员工的微观自我管理、自我约束控制的结合。这种结合有利于企业实现自己的经营战略,并由此产生一种新型的文化管理模式,把企业的经营战略与文化建设有机地结合起来,把企业管理中的软件和硬件结合起来。

(6) 通过企业文化建设,企业调整管理组织,改革管理制度,培育管理人才,形成良好的企业人文环境。

（五）推动企业生产

开展企业文化建设，就是通过文化教育来提高员工的整体素质，形成一系列广大员工所认可和接受的意识、观念、道德标准、行为规范等，从而在员工中形成与企业同甘共苦的整体意识，开发员工的智力因素，调动广大员工的工作积极性、主动性和创造性，以增强企业的凝聚力，提高企业的生产管理水平，不断更新企业产品，实现企业进步，进而增强企业的实力，促进企业的发展。

另外，进行企业文化建设，可以使企业在进行产品生产的同时，不断完善售前售后服务，建立起完善的生产服务体系，从而在提高企业生产水平的同时，促进企业发展的良性循环，推动企业经济效益的提高。

作为从事商品生产经营的独立经济实体，企业要发展，最根本的一条途径就是提高企业的劳动生产率。只有劳动生产率提高了，企业才有生存和发展的动力，企业效益才会得到提高。一个不致力于提高本单位劳动生产率的企业，只能在激烈的市场竞争中败下阵来。

在市场竞争中，没有任何一个企业是可以依赖特权和优待来维持生存的。企业生存发展，主要依靠的是内力，外界的力量可以在一定程度上推动或阻碍，却不能起到关键的、决定性的作用。只有内力不断增强，企业才会有旺盛的生命力。

企业发展的原动力是企业劳动生产率的提高，那么什么是促使企业劳动生产率提高的根本因素呢？当然是劳动者。企业发展的真正动力源泉不是物质技术装备的优良，也不是生产工艺水平的提高，而是企业生产经营主体——企业员工的生产积极性、主动性和创造性。只有企业中的每一个分子动起来了，企业才能具有自我改造、积累、完善和发展的能力。

在人的因素中，劳动者的工作时间、劳动者个人所达到的技术等级、劳动者岗位责任的明确程度、不同劳动或不同工作岗位之间的联系状况等是已知因素，但也有惰性因素对劳动者积极性和创造性的阻碍、企业成员个人目标与企业目标间的不和谐等未知因素。我们不能因为这些因素是未知的而忽视它，因为已知因素和未知因素会共同作用，对企业效率产生影响。

企业文化建设注重对人的培养，协调企业成员个人目标、个人信念同企业目标、企业信念间的关系，使二者能得以并存。企业文化的整合功能使企业成员不断调整自己的个人目标，使自己的个人目标与企业整体目标由不协调到逐渐协调，由疏远到接近，最后达到共通和融合。通过企业文化建设，企业成员的个人目标与企业整体目标达到了协调，企业成员的工作动力就会提高，工作积极性得以调动，企业上下就会同心协力，尽可能地消除了工作中惰性因素的影响，使劳动生产率不断提高，推动企业不断发展。

第2节　IT企业文化特征和构建

一、IT企业文化的特征

企业被区分为不同的行业，不同行业的企业文化侧重点不同。IT企业具有高新技术企业的普遍特征：高投入、高智力、高风险、高收益；也有不同于其他高新技术企业的特征：

追求全面性和整合性、重视用户安装基础、具有独特的竞争性以垄断市场。IT 企业本身的特征表现在文化上，除了具有坚强、乐观、进取心强等特征之外，还具有以下特征。

（一）注重人力资源管理的创新

通过公司治理实现对知识劳动的强激励和多形式激励是 IT 企业成长的制度特征，是强调知识密集型企业对知识员工的管理所要创造的文化要求。企业不仅是一个组织，而且是一个温暖的大家庭。企业应使员工把个人的生命价值与企业经济价值融为一体，使其创造性、主动性受到尊重和鼓励，使其对企业有真正的忠诚感，成为企业责任和荣誉的承担者，形成文化的合力。因此企业在人力资源管理上就应表现出更加多变的形式创新。"每个员工的成功就是公司的成功"，这是思科（Cisco）公司创新人力资源管理的成功经验。

（二）重视营造鼓励学习的文化氛围

技术生命周期短、更新快是 IT 企业成长的生产特征。"学习得更快"的能力其实质是一种创新能力。在未来的竞争中，企业唯一持久的竞争优势就是具备比竞争对手学习得更快的能力和创新能力。这就是许多著名企业要为员工营造创新的氛围，致力于创建学习型企业的原因。中国最成功的企业家之一、联想集团创始人柳传志曾经说过："想来想去，联想很多的竞争优势里面，最具核心竞争力的还是学习能力。"

（三）注重知识管理

要建立良好的企业文化就必须创造知识环境，建立知识体系，让员工按照企业需要的思维进行工作，这就是知识管理。IT 企业员工追求自主化、个性化、多样化，具有很强的开放性、文化性、创造性。IT 行业高智力的特点决定了企业的管理应从人本管理提升到文化管理，注重人文化、科学化、现代化。企业在管理工作中应适当授权，让员工在平等公平的原则下参与对话、决策和建设，为员工创造一个和谐美好的生活环境，以及能够施展各自特长的广阔的发展空间，充分发挥他们的积极性、主动性和创造性，使他们在实现企业最大目标的同时实现自我价值。微软公司的"创新、开放、尊重以及多元包容"文化正是其注重知识管理的体现。

（四）重视投资者

与传统企业相比，IT 企业具有更长的研发阶段、更高的研发成本、更短的产品生命周期。投资人是未来变化的主要设计者和实施者，可以推动也可以阻碍企业的发展，他们必须成为发展过程的主人，所以 IT 企业更加注重投资者的作用。

（五）重视合作联盟的建立

IT 企业成长离不开竞争和创新。"模块化"运作在 IT 企业组织结构上有一定的反映。而外部企业由于在分工上的不同而形成的集群模式，使他们在基于资源互补、互相依赖的前提下，表现出一种竞争与合作并存的形态。因此，企业为适应在集群中的位置建立起竞合的文化，建立起更多的合作联盟。

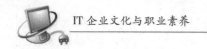

（六）更加强调以客户为核心

随着信息产业的发展，作为 IT 产品的使用者——客户，会提出越来越高的要求。这就要求 IT 企业必须提供针对特定问题的综合解决方案，加之 IT 行业重视用户安装基础的特点，使之完全建立起以"客户为核心"的企业文化。海尔"真诚服务到永远"就是这种文化的体现。

（七）对外部环境的发展变化极为敏感

政策与法规的支持是 IT 企业成长的体制特征，对市场环境适应度高的企业文化能够促进企业经营业绩的提高。社会变迁、思维模式、价值观、行为方式的变化都会影响 IT 企业生存。因此，IT 企业更需要建立起与外部环境相适应的文化。IBM 的"随需应变"策略就是这种文化的体现。

二、IT 企业文化对提升企业核心竞争力的作用

（一）IT 企业要建设创新型企业文化，树立自主创新的经营理念

IT 企业的核心竞争力是技术创新和管理创新，要提升和保持企业的核心竞争力就要建立创新型企业文化，把企业的价值观念定位于树立自主创新的经营理念，让每个员工都有创新理念，保持创新动力，建立创新思维。整个企业要营造一种创新氛围，鼓励创新，实践创新，以提升企业核心竞争力，提高企业经营业绩。

（二）企业文化引发创新构思的形成

自主创新是从新思想和新概念开始，通过不断地解决各种问题，最终使一个有经济价值和社会价值的新项目得到成功应用的复杂过程。在以人为本的企业文化中，企业既要以员工为本，又要以用户为服务目标，根据客户的要求和市场需求的变化来构思自主创新的活动。创新构思需要具有冒险性、挑战性的思维方式，需要克服因循守旧。以人为本的企业文化将尊重自然、尊重人和对社会承担责任引进了对企业自主创新评估与选择的准则之中，这样就能够使企业自主创新尽可能服从社会与人的全面发展的需要。

（三）企业文化推动创新技术的开发及试制

构思形成后，自主创新进入关键性环节，即技术开发阶段。技术开发阶段，是指将选定的科技新构想进行技术难点攻关和中间试验，使其技术物化、完善化、体系化的过程。在技术开发过程中，企业内外始终构建良好的信息资源获取和传递机制，企业内部各个部门之间、企业和其他单位之间保持相互信任和真诚合作，充分利用企业内外的人力、物力资源，就成为自主创新成功的前提和基础。

（四）企业文化扩散自主创新的成果

自主创新的扩散过程开始于技术发明或技术成果的首次商业化应用之时，与该技术随后的整个商业化应用过程自始至终相互联系。创新扩散的类型一般包含企业内部的扩散、企业

之间的扩散和全社会的扩散。在以人为本的企业文化中，企业本身就是一个学习型组织，它通过培养员工的学习精神，使员工能相互学习，又能向外部学习，给本组织注入新鲜血液。以人为本的企业文化，将企业塑造成学习型组织，能使企业增强自主创新成果的扩散能力，使企业中的个人逐渐超越自我，从而得到更加全面的发展。

三、IT企业文化构建

（一）提倡创新的价值观

IT企业文化中有两点是不可或缺的，那就是活力和时代精神。技术型的企业也是以盈利为基础的，它必须具备整体的持续学习能力、创新能力，并不断新陈代谢，保持有张有弛的活力。活力是自发的，它是企业文化的高级体现，使企业能够不断地接受环境的冲击和考验，从而具备免疫能力。

在美国硅谷Yahoo公司办公室的墙上贴着一些获得了专利的古怪发明的草图，如便携式的鸟笼，其用意就是告诉Yahoo的员工：只要花些心思，我们一定能够创造出更大的发明。这些贴在墙上的草图正在促成一项叫作"创意工厂"的计划，其目的是希望能够在Yahoo公司催生出更多的创新思想。这项计划鼓励员工对公司从产品到培训的各方面提出更多的改进意见。

而Google公司也在做着类似的事情：工程师们可以每周花上一天的时间去研究自己感兴趣的项目。这样做的效果非常明显，它带来了新服务，比如说Google News，根据公司的调查结果显示，现在已经吸引了每月1 000万名用户访问。

（二）营造吸引人才的氛围

知识是IT企业的重要资源，而作为这一资源的载体"知识性员工"，无疑是IT企业必须牢牢把握的对象。对于在企业中起关键作用的知识性员工，IT企业应从人力资源制度开始，制定符合这类人群需要的薪酬体系、培训机制以及福利制度，在制度中体现组织对知识性员工的重视；同时，更需要提供舒适的工作环境，创造良好的学习环境，营造一个全体员工共同学习和进步的企业文化氛围。

如北大青鸟集团的企业文化，执行总裁徐祗祥回答得十分直观，即"事事有人做，人人有事做，人人有贡献。各层领导要冲锋在前，骨干与员工要英雄有用武之地。谁英雄，谁好汉，结果面前比比看。根据功劳来评价一个人对于公司的贡献和价值"。这种企业文化是对人才的激励，目的是鞭策人们改变传统习惯，有压力有动力，以实际行动爱企业，有建树。

（三）重视执行力建设

无论是IT行业还是传统行业，无论是建立还是破除一种什么样的企业文化，都离不开执行。这种执行在企业文化建设的初期表现为对一种理念的强迫执行。在日积月累中慢慢演化为一种内在理念与自觉的行动意识。

执行力就是实实在在地履行好自己的职责，按质保量准时完成自己的工作。追本溯源，执行力的好坏就是责任心高低的问题。一个企业要想有较强的执行力，必须在整个企业管理系统中搭建起一个科学、合理、有效的管理平台。好的规章制度和强有力的人力资源管理是保证执行力的基础。

例如，微软公司的价值观既是公司多年来在工作实践中、发展过程中长期积累的精神财富，也是公司根据竞争环境的需要不断调整、不断完善的结果。微软公司今天的价值观主要包括：诚实和守信，公开交流，尊重他人，与他人共同进步；勇于面对重大挑战；对客户、合作伙伴和技术充满激情；信守对客户、投资人、合作伙伴和雇员的承诺，对结果负责；善于自我批评和自我改进、永不自满等。

以上这些价值观不仅仅是纸面上的文字，微软公司在日常工作中也时刻注意提醒员工遵守这些基本的工作准则，并要求员工把这些价值观转换成可以付诸实践的具体目标。

当前，世界经济正跨入信息社会，物质资产的地位逐渐降低，文化资产日渐成为一种新的资本形式，特别是IT业发展迅速，企业要在文化建设方面持续投入，才能获取发展的内在动力。

第3节 硅谷文化和中关村文化

一、美国硅谷文化

硅谷是美国科技产业的发祥地，也是当代高科技企业最集中的地方。硅谷的成功不仅在于它拥有大量的风险资本，以及因毗邻著名的学府而拥有众多的高素质人才，更在于它在发展过程中所创立的独特的、激励创新的硅谷文化。

硅谷对美国新经济的贡献不仅表现在经济增量上，更主要的还在于它发展了完善的市场机制和创立了有利于创新的文化。硅谷人在创业中营造了硅谷文化，而硅谷文化又进一步吸引、凝聚了各方优秀人才进入硅谷。实际上从长远看，硅谷文化凝聚人才、发展经济的示范效应和深远影响大大超过了其经济指标的增长。这种潜在影响是一种难以用数字表明的巨大财富和精神因素。美国各州也力求仿效硅谷，推出了一系列举措，实行经济结构调整，意在美国新经济崛起的过程中，博取称雄地位。而在其整个发展过程中，"文化"的作用更应引起我国科技企业的关注和思考。

（一）硅谷文化的基本内涵

硅谷文化的基本内涵，概括起来就是"繁荣学术，不断创新；鼓励冒险，宽容失败；崇尚竞争，平等开放；讲究合作，以人为本"。

1. 繁荣学术，不断创新

学术的自由发展是高新技术产业发展的催化剂和助推器。民主、宽松、自由的学术环境有利于人们交流思想、沟通信息。在交流过程中思想碰撞产生的火花，必然会启迪新思想、新创意。这些新思想、新创意往往会演化为高新技术的萌芽和新产业的起点。可见，繁荣的学术是硅谷一切高新技术产业发展的共同基础。在硅谷发展过程中斯坦福大学等知名学府不仅源源不断地为之输入了各类人才，也把大学良好的学风和学术传统带到了硅谷，孕育了硅谷开放的学术研究、学术探索风气，从而为硅谷提供了人才、智力和技术诸方面的强大支持。

不断创新，则体现了硅谷人时时事事处处敢为天下先的创新精神。硅谷聚集了一大批来自世界各地的优秀创新人才，这些知识型移民带来了各国各地的文化，而多种文化的不断交织交融，形成了特有的创新理念，这些新理念有力地推动了制度创新和环境创新。在这种创新氛围的影响下，硅谷人的思想越发活跃，眼光越发敏锐，人们都分秒必争地力求把一些好的创意转变成新技术、新产品和新服务，并占领市场。可以说，硅谷人无时无刻不在追求创新，这已几乎成为硅谷人工作、生活的全部。正是这种不懈的追求促成了硅谷人才辈出，新技术、新产品层出不穷的新图景、新局面。

2. 鼓励冒险，宽容失败

在硅谷，人们乐观向上的进取精神以及同业间、社会上的竞争都在不断激励人们勇于闯荡、敢于冒险。近年来日臻完善的风险投资机制更是激发了硅谷人的冒险精神。越来越多的硅谷人体验到冒险与机会同在。没有冒险，就不可能有新的发展机会。而硅谷人在这种闯荡、冒险的创业中，又难免会有失败的体验，这与局外人那种安分求稳、守株待兔的心态，是难以同日而语的。正因如此，硅谷人对失败极为宽容，他们对"失败是成功之母""创业的失败孕育着成功""失败对人的发展是一种财富"普遍持认同的明智态度，这也成为他们冒险创新的一种内在精神动力。然而，在世界的许多地方，工作、技术或决策中的失误、失败往往被视为一种耻辱或污点，甚至会断送一个人的前程。这种观念必然助长、促成人们害怕失败、不敢冒险的保守心理。在硅谷，许多公司会主动奖赏甘冒风险、积极参与的有胆有识者，却不去惩罚冒险的失败者。硅谷文化对失败的宽容，大大激发了员工大胆尝试、勇于探索的创新热情。应该说，硅谷这种鼓励冒险、宽容失败的特有文化氛围是人类智慧发展、文明发展达到一个新层次的升华。

3. 崇尚竞争，平等开放

当今世界充满了竞争，高新技术领域的竞争尤为激烈。在硅谷，每个公司乃至每个人无时无刻不在感受着竞争、拼搏于竞争。在公正的市场竞争法则下，人们既着力于自身能力和水平的不断提高，又注重在竞争中向对手学习，尊重对手，在平等中交流。在竞争交流中产生的一些创意，往往也较容易得到赞助或风险资本的支持。这种海纳百川的精神风格，使硅谷人可以毫无顾忌地充分发表个人的意见和观点，同事或上司不仅会予以鼓励，还会在充分评价的基础上，认真吸纳有价值的意见和建议。硅谷的高开放性也促成了人才的高流动性，这种高开放性、高流动性，对吸引、凝聚高素质的人才，充分发挥他们的创造潜力至关重要。

4. 讲究合作，以人为本

硅谷人不仅具有强烈的个体创新精神和竞争精神，同时他们也十分看重团队精神。人们普遍感悟到，在高新技术迅猛发展的当代，任何事业的成功都不可能像过去那样，仅依靠个人奋斗就能实现，而必须依靠协同、合作和群体的力量。《财富》杂志一位记者参观硅谷后指出："那里的公司之间有一种让人惊诧的合作，其紧密程度不亚于日本人，这种合作源于个人间的交流。"

硅谷高新技术产业得以蓬勃发展，根本上得益于人才的凝聚，而人才的凝聚则依靠"以人为本"的理念。人才受到普遍尊重，人的价值得到全面体现，让员工有更多更公平的机会靠自己的才能富起来，则是硅谷成功的最大秘诀。公司普遍实行持股分红制度，公司员工既是劳动者，又是所有者，这种激励机制大大强化了员工的主人翁意识，有效激发了员工

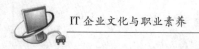

的创造潜力和工作上的投入和追求。

（二）硅谷文化的本质特征

通过以上分析，硅谷文化至少包括以下五个方面的本质特征：

（1）硅谷文化是一种求异求新的文化。硅谷人的创新意识和创新活动构成了硅谷文化的核心内涵。这个文化内核又感染、影响了一切新到硅谷来的人。可以说，硅谷充满了求异求新的气息，创新思维、创新活动无时不在、无处不在。

（2）硅谷文化是一种豁达的移民文化。在硅谷有这样一种说法："硅谷就是由 IC 组成的。这不是指的集成电路，而是指印度人（Indians）和中国人（Chinese）。"这个说法道出了硅谷的移民基础。事实上，硅谷还凝聚了除中、印之外的大量各国高科技产业的优秀人才。多种、多样、多元文化的融合，已形成了硅谷多姿多彩、活力无限的移民文化。

（3）硅谷文化是一种人性、个性自由发展的文化。这里的自由不是无法无序，更不是无法无天。这里的文化包含了责任、义务、法制、平等、公正的共同准则和社会公德，是在透明的市场机制下，冲破一切传统文化的束缚，在大家理性共识的基础上逐渐发展起来的。

（4）硅谷文化是一种源自学术的文化。硅谷的诞生起源于斯坦福大学的教授和学生在这里的创业。这些开创先河的人带来了学术的种子，使硅谷成为学术充分融入产业、产业又依托学术发展的"风水宝地"。创业者在创新过程中深知学术之重要、之可贵，他们珍惜这个传统，且代代相传，使硅谷一直充满学术气息。可以说，没有学术就没有硅谷，是学术孕育了硅谷文化。

（5）硅谷文化是一种以人为本的文化。"以人为本"强调了人在经济社会活动中的核心作用和根本地位，强调了人的价值——每个人的价值能得以自我实现，强调了每个人得以全面自由发展的机会和条件。应该说，硅谷文化是"以人为本"这个理念的一种充分体现。

二、中关村文化

中关村位于北京市海淀区，是中国第一个国家级高新技术产业开发区，第一个国家自主创新示范区，第一个国家级人才特区，是我国体制机制创新的试验田，也被誉为"中国的硅谷"。

"中关村"是高新技术的代名词和独具特色的文化品牌。在中关村发展过程中相继诞生了联想、方正、新浪、搜狐等一批科技产业领军企业，同时也孕育了柳传志、王志东、王小兰、李彦宏、雷军等一代又一代的创业者。

（一）中关村文化的内涵

1. 创新创业

知识创造价值是目前全世界都在研究的一个问题。日本有创价协会，美国、欧洲也有类似的机构，正在对知识创价的各种机理和模式进行探索，但目前尚未取得新的经验和成熟的成果。美国人研究学习型组织，日本人研究创造知识的公司，都在世界上取得很大成功并成为一个流派。日本人的研究认为，一个公司需要应用知识和创造知识，并且公司只有靠创造知识才能够发展。知识创造价值，从某种意义上也可以说是科技成果转化。

创新创业这个词最早出现于中关村,是从中关村传到全国的。早期,创业被认为是艰苦奋斗、拼命工作,而现在创业被理解为自主自由地创建、发展自己的公司和事业,这便是中关村创造的一种文化。将创新创业连起来说便是中关村文化的核心。更概括地说,用两个字来形容中关村文化就是"创业",用四个字来形容就是"创新创业"。

2. 宽容失败,孵化成功

宽容失败是中关村的突出特点,这个特点大家都能深刻感受到。在中关村创业,经常会是屡创屡败、屡败屡创,但中关村总是对失败宽容,正是这种宽容鼓励了更多创新意识和创业者的出现,也形成了现在的中关村文化。

孵化成功是指中关村的环境、政府为企业创业成功起到一个孵化的作用,同时孵化器单独为孵化创造了机制。多年来中关村为创业者创造了许多新机制,让创业者能够创业成功。这些机制有法律方面的、风险投资方面的,也有技术市场交易方面的,共同为创业者的成功创造了条件。

3. 和而不同,协作积聚

中关村是一种集中的经济,在这种集中的经济中各个企业都有自己的个性。企业的个性是企业发展的根本,但是有个性的同时,企业又将企业之间、企业和科研院所及大学之间的协作作为一种主要的模式。

长城企业战略研究所在一项调研中发现了一个规律:到民营企业去调研,调研过程基本是一路绿灯,并且能很快找到与调研内容相应的人;而到外资企业去调研,却总是被前台挡住,而且半个小时后还找不到相应的人。由此可以看出中关村的企业有更好的协作性、开放性、更适应全球化;相反跨国公司却设立众多门槛,在文化超前性方面不如中关村的企业。很多硅谷的原创性公司原本是非常开放的,但到了中关村后,不知是何缘故,反而做得不如中关村的企业更加开放、更加具有协调性。由此也可以看出,"和而不同,协作积聚"是中关村文化的又一核心内容。

4. 以人为本,诚信至上

中关村的企业人员构成是以知识分子为主。知识分子有一种普遍的个性,那就是总把人格放在首位,个人人格必须受到尊重。这便形成一种中关村先天的特征:以人为本,诚信至上。

中关村的企业以民营企业为主,而民营企业必须讲信誉,不讲信誉它就无法生存,这也暗示了中关村具备良好的信誉基础。也正因如此,相对于国内其他地区来说,中关村是诚信状况良好的一个地区。诚信已成为中关村的优势,并处于继续加强的地位,也为中关村的未来带来更大的发展契机。这也决定了在今后,中关村必须依托国内的法律体系,率先在建立诚信方面做更多的工作,并使之成为或继续成为中关村文化的核心内容。

总的来说,中关村文化包括洋溢着科学精神的企业文化、知识含量极高的商业文化、充满青春活力的校园文化、积淀深厚的历史文化、现代气息浓郁的社区文化、以创新为总目标的制度文化、知识经济时代的人居环境文化以及优秀的外来文化,等等。中关村文化是以创新为灵魂,以知识和技术的传播与转化、资本和人才的流动、高科技商品的流通为血液,以价值的实现为动力,以知识为基础的蓬勃向上的文化。它不仅包含了古今中外的文化精粹，更重要的是在融会贯通的基础上实现着创新，并由此形成了独特的文化风格。

（二）中关村文化的本质特征

（1）开放性是中关村文化突出的特征。中关村文化中的创新精神是在紧紧围绕改革旧的机制体制和对外开放中充分表现出来的。

（2）科学性是中关村文化的一个重要特征。科学是中关村文化的土壤，改革开放与科技进步共同构成了中关村发展的动力，而科学技术则是中关村经济和文化最大的增长点。

（3）现代性是中关村文化的另一特征。中关村文化遵循着科学精神，按照改革开放的路径，追寻着一切现代的先进的东西，向着现代化的目标稳步发展前进。它扬弃过去的、传统的文化，滋润、催生现代文明。

（4）务实性是中关村文化的又一特征。求真务实的作风是新时期重新确立党的实事求是思想路线以来逐步形成的。中关村文化也是在这一时期萌芽并逐步成长的。中关村文化求真务实的特色与自觉学习美国硅谷文化也是分不开的。硅谷文化的精髓是求真务实、勇于创新。务实是目的，创新既是目的又是手段，因为创新还包含着价值的实现。从那些归国留学人员身上，我们可以清楚地看到这种精神。

（5）创新是中关村文化的核心价值。创新是高新技术产业发展的根本，是知识价值的充分体现，是中关村文化最重要的本质。

三、阅读材料

学习企业文化对于高职学生就业发展的意义

以就业为导向是高校，尤其是高职院校人才培养的重要指导思想。以就业为导向，不仅要培养学生适应职业需要的知识和技能，也需要培养学生具备适应企业管理制度的能力和素质。也就是说，大学生在学好文化知识和职业技能的同时，必须具备适应企业文化的能力和素质。因此学习并认识企业文化应成为大学生的必修课。

企业文化的核心是企业的价值理念，是在企业的发展过程中逐步积淀成型、不断完善发展的，是企业个性化的根本标志和体现。经过企业文化滋养的毕业生会在其求职就业及未来的发展中展现出超乎想象的巨大潜能。具体来说企业文化对于高职毕业生的意义在于以下几个方面：

（一）有益于高职毕业生根植于企业环境

"企业文化是企业员工，至少是企业高层管理者们所共同拥有的价值观和行为方式。"企业文化是员工与企业之间的黏合剂。优良的企业文化被员工广泛地认同与传承，是企业发展的前提条件，也是员工个人进步的前提。无论精神文化、制度文化还是物质文化、行为文化，最终的落脚点都是人，也就是企业的员工。我们培育出来的高职毕业生，广泛了解、认同、践行企业文化，能够在意识上产生职业行为的文化自觉，能够主动融入企业发展的洪流，与企业同呼吸、共命运，能够迅速根植于企业环境中茁壮成长。同时，对于企业来说也就更容易接纳这些具有企业文化素养的高职毕业生。

（二）有益于提高高职毕业生的企业归属感

推进企业文化与校园文化的融合，实现学生与企业员工的无缝对接，会使学生对即将入职的企业自然地产生一种归属感。一般来说，归属感属文化心理的概念。它是指个体或集体对一件事物或现象的认同程度，并与这件事物或现象发生关联的密切程度。对于不同的对象，归属感的维度往往是不同的。简单地说，归属感就是员工永远以自己身为这个企业中的一员为荣。对高职学生加强企业文化的培育，能使他们提前感受企业文化、熟悉企业的生产流程，提高对企业的忠诚度和归属感。

近年来，心理学家对归属感问题进行了大量研究，认为缺乏归属感的人会对自己从事的工作缺乏激情，责任感不强；社交圈子狭窄，朋友不多；业余生活单调，缺乏兴趣爱好。反之，有了归属感的人会热爱生活，满意度高，充满活力，处处为企业的生存发展着想，尽职尽责，积极地、创造性地开展工作。

（三）有益于提升高职毕业生职业发展的核心竞争能力

企业文化是企业的灵魂，直达企业管理的中心部分，深入企业管理的深层问题。高职毕业生掌握了企业文化，也就掌握了职业发展、参与竞争的利器，能够看清和把握企业发展的未来。企业文化是企业人才诞生、成长、发展的助推器，掌握了企业文化的员工竞争力会得到大幅度提升。目前企业最看重的是员工的职业素质。企业文化的培育可帮助学生及早熟悉企业的规章制度，接受企业精神的熏陶，实现从感性认识到理性认识的飞跃，逐步养成良好的职业素质，为参与竞争打下基础。高职毕业生缺乏对企业文化的深刻了解和认识，就难以适应企业管理，难以协调好人际关系，也就失去了竞争力。

（四）有益于缩短人才培养和人才需求之间的差距

目前我国的高等教育，尤其是高等职业教育，一定程度上存在着教育内容与企业发展需求相脱节的情况。高职学生在校期间主要接受的是校园文化和社会主义先进文化及一般性的社会文化，对于具有独特性的企业文化较为陌生。适当的企业文化培育可以使高职学生毕业后进入企业，能有一种似曾相识的亲切感。了解企业文化内容、掌握企业文化真谛，会使高职院校在人才培养上缩短与企业人才需求之间的差距，使高职毕业生顺利实现由学生到企业员工的华丽转身，尽早尽快地融入企业，迅速成长，做到一入职场就能上手，成为符合企业要求的合格员工，及早为企业的发展作出贡献。

（五）有益于准确识别优劣文化，抵制不良文化的侵袭

全球经济一体化，对外交往的加强，使目前科学技术的发展与利用是跨国界的、商品流通是跨国界的、资本流动是跨国界的、信息共享是跨国界的。文化交流的日益频繁，特别是互联网的应用，使各类文化异彩纷呈，让人目不暇接，但也良莠混杂。企业文化的培育，可以引导高职毕业生明辨是非，能够迅速、有效地分辨出文化的优劣，自觉弘扬优秀文化、抵制不良文化的侵蚀，用优秀文化滋养自己，培养文明习惯，增强法治观念，树立正确的世界观、人生观、价值观，形成良好品德。

（六）有益于提升个人品位，协调人际关系

企业文化是文化百花园里的一朵奇葩。企业文化的培育可以使高职毕业生了解多样的文化形式，拓宽自己的文化视野，提升自己的文化品位，与企业有一致的文化认同，可以共同造就和谐的企业发展环境，形成良好的人际关系。而良好的人际关系可以使人心情愉悦，彼此尊重，相互学习，共同进步；可以帮助我们结交更多的良师益友，拓展我们的学习途径，促进个人更快地成长；同时也有利于团体的发展，打造出一个团结奋进的集体，形成巨大的合力，为企业、为社会文明程度的提升作出更大的贡献。

第四章

典型 IT 企业文化

第 1 节 联想的企业文化

一、联想简介

联想集团是1984年中科院计算所投资20万元人民币,由11名科技人员创办的,是一家信息产业多元化发展的大型企业集团,是富于创新性的国际化科技公司。联想集团分为两大总部:一个是联想集团全球行政总部,位于北京市海淀区的联想中国大厦;另一个是2004年中国联想集团收购美国IBM PC业务时在纽约设立的总部,称为联想国际。2004年中国联想集团收购美国IBM PC业务后,在中国北京和美国北卡罗来纳州的罗利设立了两个运营中心,通过联想自己的销售机构、联想业务合作伙伴以及与IBM的联盟,新联想的销售网络遍及全世界。联想在全球有27 000多名员工。

联想集团建立了以中国北京、日本东京和美国罗利三大研发基地为支点的全球研发架构,在中国,联想拥有设在北京、深圳、上海和成都的四大研发机构。联想集团拥有包括众多世界级技术专家在内的一流研发人才,他们曾赢得数百项技术和设计奖项,并拥有2 000多项专利,开创了诸多业界第一。2014年4月1日,联想集团成立了四个新的、相对独立的业务集团,分别是PC业务集团、移动业务集团、企业级业务集团、云服务业务集团。

作为全球电脑市场的领导企业,联想从事开发、制造并销售可靠、安全、易用的技术产品及优质的专业服务,帮助全球客户和合作伙伴取得成功。联想公司主要生产台式电脑、服务器、笔记本电脑、打印机、掌上电脑、主板、手机、一体机电脑等产品。联想电脑销量从1996年开始一直位居中国国内市场首位。2004年,联想集团收购IBM PC事业部。2013年,电脑销售量跃居世界第一,成为全球最大的个人计算机生产厂商。2014年10月,联想集团宣布已经完成对摩托罗拉移动的收购。

联想在北京、上海和广东惠阳各建有一个现代化的生产基地,电脑年生产能力达到500万台;同时在厦门设有大规模的手机生产基地,在国外设有欧洲区、美洲区,在美国、英国、荷兰、法国、德国、西班牙、奥地利共有七家子公司。

在美国《财富》杂志公布的2008年度世界500强企业排行榜中,联想集团首次上榜,排名第499位,年营业额167.88亿美元。2013年度《财富》世界500强企业排行榜中,联想集团排名大幅提升,从2012年的第370名上升至第329名,年营业额达340亿美元。2014年又上升至第286名。

IT企业文化与职业素养

二、企业文化

联想的成功在于根据企业所处阶段的不同对企业文化进行相应的调整，即伴随联想一次次的转型，文化也在进行一次次的嬗变。

（一）初创文化

1. 目标导向——服务文化

创业早期，企业处在求生存的阶段，联想就已经以服务客户为目标导向了。把客户放在至上的位置，围绕为客户提供更高的价值开展经营，获得了很大的成功，企业的服务文化也得到了发展。

联想提出"客户就是皇后"的口号，把服务客户放到了企业经营的重要位置。早期的联想还提出了"求实进取""做公司就是做人""5%的希望变成100%的现实"等积极的理念，对促进企业的发展起到了很大的作用。

2. 规则导向——严格文化

1996年到1998年，联想的目标转移为求发展、求规模、求效益，要加强打造核心竞争力，适应发展的需要。杨元庆在1997年提出了"认真、严格、主动、高效"的严格文化，是对管理的进一步规范。严格精准的管理风格提高了联想的管理水平，保证了联想继续高速地发展。

3. 支持导向——亲情文化

1999年到2000年，随着企业规模的扩大，公司引入了与时代同步的新人。2000年5月，联想提出"平等、信任、欣赏、亲情"为主题的亲情文化，在企业内部营造亲情的氛围，从意识上倡导，从实际中改变。联想实行了无"总"称谓，从取消称呼"总"开始，拉近与员工的距离。杨元庆带头对员工说，请叫我元庆。

规范的管理通过亲情文化协调，增加了企业的向心力、凝聚力。人心齐了，企业能力也就上去了。自倡导亲情文化起，联想进入了诚信共享阶段。

4. 创新导向——创新文化

服务文化、严格文化、亲情文化代表了联想过去和现在的文化主流，而创新文化则是面向未来。

推出创新文化有三个原因：一是老业务的危机。过去是靠创新获得了竞争优势，今天更需要创新来保住领先的位置。二是新业务的危机。联想进行了战略转变，在过去产品业务的基础上又发展服务业务，没有做过的业务自然需要创新。三是人的需要。不断进入的新人在思想上有所不同，企业文化要成为他们的共识也需要创新。

联想一直在不断地创新，如今为了适应新时期、新格局的需要，联想将创新上升到了一个新的高度。

（二）联想的新文化

2000年11月，联想对联想文化做了一次全面的整合提升，在已有文化的基础上，推出了符合时代发展的新文化。

新文化汲取了过去文化的精髓，也提出了符合企业发展需要的新理念，共同构建了新的企业文化。新文化主要有以下核心理念：

（1）核心价值观——服务客户、精准求实、诚信共享、创业创新。
（2）企业精神——求实、进取、创新。
（3）企业道德——诚信为本。
（4）做事风格——认真、严格、主动、高效。
（5）做人风格——平等、信任、欣赏、亲情。
（6）企业使命——为客户，提供信息技术工具和服务，使人们的工作生活更加简便高效、更加丰富多彩；为社会，服务社会文明进步；为股东，回报股东长远利益；为员工，创造发展空间，提升员工价值，提高工作生活质量。
（7）核心目标——高科技的联想，服务的联想，国际化的联想。

企业文化是企业为达到经营目的而产生，并在企业的经营过程中共同遵循、反映企业意志的价值理念。这些价值理念在长期经营过程中，由众多的理念共同构建而成，通过各种方式显现出来。联想文化是联想经营管理深层次的反映，通过积累总结而成，是联想在各个阶段的文化精华。

三、材料阅读

材料1 "王子犯法，与庶民同罪"

创业之初，联想为了提高会议效率，就定了一个规矩：大家开会不准迟到，谁迟到就要自觉罚站一分钟。被罚站的第一个人是吴文洋，被罚的员工一身汗，柳传志也一身汗。因为吴文洋是计算所老科技处长，是柳传志的老领导。柳传志对吴文洋说："老吴，今天你在这儿站一分钟，今晚我到你家，给你站一分钟。但现在你必须罚站，不这样，今后会议没法开，所有的人都忙，都有理由迟到。"吴文洋的脸立刻变得通红，但他真站了一分钟。那一分钟柳传志的背上也冒了汗。柳传志承认自己被罚站过三次，他说："其实不算多，我开会最多，迟到机会最多。有一次，电梯坏了，我被困在里面，拼命敲门，叫人请假，可周围没人。"

材料2 一瓶水调解一场官司

为了产品赶时间上市和节约模具开发成本，公司有一款产品的外观设计上虽然标有红外输出端口，但实际上没有这项功能。虽然产品说明书、宣传彩页和实际操作的界面中都有明确提示本产品不支持红外输出功能，但有一天，法务部还是接到一个法院的开庭传票。一个用户偶然翻阅杂志时看到了这款产品的实物照片，以为配带红外输出的功能，于是就购买了这款产品。在使用中，用户发现这款产品没有红外输出功能。用户认为这是欺诈，提出了2万元的赔偿要求，联想没有答应。一审开庭时，联想法务部提出了几个解决方案，但用户根本不理睬。经过审理，一审法院判决驳回用户的诉讼请求。接到判决，公司又和用户进行沟通，但是用户坚持认为：联想这样做就是欺诈，他一定要上诉并把官司打到底。

二审要开庭了。夏天的炎热和心情的紧张，使法务部史江红口干舌燥，法院里的水桶空了，她只能跑到街对面去买水。掏钱的时候，她想起用户好像也没有带水，于是便多买了一瓶带给他。史江红也曾害怕用户不给自己面子而拒绝喝水，但她还是鼓起勇气把水放到了用户面前的桌子上。用户看见史江红递过来的那瓶水,马上抬起头惊讶地看了看史江红。史江红所假想的用户拒绝接受那瓶水的情形并没有发生。用户情不自禁地摸了摸那瓶水,想说什么但是还没有来得及说,法官就宣布开庭了。

当法官询问双方是否同意调解时,还没有等联想方开口,用户就抢先说:我同意。这让法务部员工吃了一惊。紧接着提出的调解方案更让他们吃惊:用户不再提欺诈,也不再坚持双倍赔偿。他们和用户很快就原价退机达成一致,并且迅速地办理了法院的有关手续。

走出法庭以后,双方很友好地握手道别时,用户说:"你们帮我更换成具有红外功能的升级产品行吗?其实联想的产品还是挺好用的……"这大大出乎史江红的意料!

在联想看来,史江红并不是用那一瓶水打动了客户,而是她设身处地地去体验客户的真实感受,真正地尊重和理解客户。联想的信誉和无形资产也正是这样一点点积累起来的。

"让服务成为员工的DNA",这绝不是一句空话。在这个故事里,联想人做到了,且得到了很大的收获。电脑、家电行业发展至今,比技术,更比服务。海尔的口号是五星级服务,它卖的不仅是产品,更是服务,它的价格是同类商品中最高的,但海尔确有一大批终身顾客。联想在1996年就已达到国内占有率第一,与海尔不同的是,联想的对手更加强大。为了将已有的顾客变为终身顾客,联想也选择了服务这条路。

第2节 华为企业文化

一、华为简介

华为技术有限公司是一家生产销售通信设备的民营通信科技公司,总部位于广东省深圳市龙岗区坂田。华为于1987年在深圳正式注册成立,其产品主要包括通信网络中的交换网络、传输网络、无线及有线固定接入网络和数据通信网络及无线终端产品,为世界各地通信运营商及专业网络拥有者提供硬件设备、软件、服务和解决方案。2014年10月9日,Interbrand在纽约发布的最佳全球品牌排行榜中,华为排名第94,这也是中国大陆首个进入Interbrand Top100榜单的企业。2015年,华为被评为新浪科技2014年度风云榜年度杰出企业。2014年在《财富》世界500强企业排行榜中,华为排名第285,与上年相比上升了30名。企业现有13 000余名员工。

为适应信息行业发生的革命性变化,华为作出面向客户的战略调整。华为的创新从电信运营商网络向企业业务、消费者领域延伸,协同发展云端业务,积极提供大容量和智能化的信息管道、丰富多彩的智能终端以及新一代业务平台和应用,给世界带来高效、绿色、创新的信息化应用和体验。华为向电信运营商提供统一平台、统一体验、具有良好弹性的Single解决方案,支撑电信网络无阻塞地传送和交换数据信息流,帮助运营商简化网络及其平滑演进和端到端融合,快速部署业务和简单运营,降低网络资本支出和运营成本。同时,华为专业服务解决方案与运营商深度战略协同,应对无缝演进、用户感知、运营效率和收入提升等领域的挑战,助力客户商业卓越。

华为聚焦ICT(Information and Communication Technology,信息和通信技术)基础设施领域,围绕政府及公共事业、金融、能源、电力和交通等客户需求持续创新,提供可被合作伙伴集成的ICT产品和解决方案,帮助企业提升通信、办公和生产系统的效率,降低经营成本。

华为产品和解决方案已经应用于全球 100 多个国家，服务全球运营商 50 强中的 45 家及全球 1/3 的人口。华为在国内及美国、印度、瑞典、俄罗斯设立了 17 个研发中心，每个研发中心的侧重点及方向不同。华为采用国际化的全球同步研发体系，聚集全球的技术、经验和人才来进行产品研究开发，使其产品一上市，技术就与全球同步。

华为在全球设立了 36 个培训中心，为当地培养技术人员，并大力推行员工本地化。全球范围内的本地化经营，不仅加强了华为对当地市场的了解，也为所在国家和地区的社会经济发展作出了贡献。

二、企业文化

华为不仅在经济领域取得了巨大发展，而且形成了强有力的企业文化。因为华为人深知，文化资源生生不息，在企业物质资源十分有限的情况下，只有靠文化资源，靠精神和文化的力量，才能战胜困难，获得发展。

（一）民族文化、政治文化的企业化

华为人认为，企业文化离不开民族文化与政治文化，中国的政治文化就是社会主义文化。华为把中国共产党的纲领分解为可操作的标准，来约束和发展企业高中层管理者，以高中层管理者的行为带动全体员工的进步。华为管理层在号召员工向雷锋、焦裕禄学习的同时，又奉行"绝不让雷锋吃亏"的原则，坚持以物质文明巩固精神文明，以精神文明促进物质文明来成就千百个雷锋成长。华为把实现先辈的繁荣梦想、民族的振兴希望、时代的革新精神作为自身义不容辞的责任，铸造华为人的品格，坚持宏伟抱负的牵引原则、实事求是的科学原则和艰苦奋斗的工作原则，使政治文化、民族文化与企业文化融为一体。

（二）双重利益驱动

华为人坚持为祖国昌盛、为民族振兴、为家庭幸福而努力奋斗的双重利益驱动原则。这是因为没有为国家的个人奉献精神，就会变成自私自利的小人，只有坚持集体奋斗不自私的人，才能结成一个团结的集体；同样，没有促成自己体面生活的物质欲望，没有以劳动来实现欲望的理想，就会因循守旧、故步自封，进而滋生懒惰。因此，华为提倡正当的"欲望驱动"，使群体形成蓬勃向上、励精图治的风气。

（三）同甘共苦，荣辱与共

团结协作、集体奋斗是华为企业文化之魂。成功是集体努力的结果，失败是集体的责任，不将成绩归于个人，也不把失败视为个人的责任，一切都由集体来承担。除了工作上的差异外，华为的高层领导不设专车，吃饭、看病一样排队，付同样的费用，上下平等。华为无人享受特权，大家同甘共苦，人人平等，集体奋斗，任何个人的利益都必须服从集体的利益，将个人努力融入集体奋斗之中。自强不息，荣辱与共，胜则举杯同庆、败则拼死相救的团结协作精神，在华为得到了充分体现。

（四）《华为公司基本法》

从 1996 年年初开始，公司开展了《华为公司基本法》的起草活动。《华为公司基本法》归纳、总结了公司成功的管理经验，确定了华为二次创业的观念、战略、方针和基本政策，构筑了公司未来发展的宏伟架构。华为人依照国际标准建设公司管理系统，不遗余力地进行人力资源的开发与利用，强化内部管理，致力于制度创新，优化公司形象，积极拓展市场，建立了具有华为特色的企业文化。

附 《华为公司基本法》摘要

（1）核心价值观

◇ 追求

第一条 我们的追求是在电子信息领域实现顾客的梦想，并依靠点点滴滴、持之以恒的艰苦追求，使我们成为世界级领先企业。

◇ 员工

第二条 认真负责和管理有效的员工是我们公司最大的财富。新生知识、新生人格、新生个性，坚持团队协作的集体奋斗和绝不迁就有功但落后的员工，是我们事业可持续成长的内在要求。

◇ 技术

第三条 广泛吸收世界电子信息领域的最新科研成果，虚心向国内外优秀企业学习，独立自主和创造性地发展自己的核心技术和产品系列，用我们卓越的技术和产品自立于世界通信列强之林。

◇ 精神

第四条 爱祖国、爱人民、爱事业和爱生活是我们凝聚力的源泉。企业家精神、创新精神、敬业精神和团结合作精神是我们企业文化的精髓。我们绝不让雷锋们、焦裕禄们吃亏，奉献者定当得到合理的回报。

◇ 利益

第五条 我们主张在顾客、员工和合作者之间结成利益共同体，并力图使顾客满意、员工满意和合作者满意。

◇ 社会责任

第六条 我们以产业报国，以科教兴国为己任，以公司的发展为所在社区作出贡献。为伟大祖国的繁荣昌盛，为中华民族的振兴，为自己和家人的幸福而不懈努力。

（2）基本目标

◇ 顾客

第七条 我们的目标是以优异的产品、可靠的质量、优越的终生效能费用比和周到的服务满足顾客的最高需求，并以此赢得行业内普遍的赞誉和顾客长期的信赖，确立起稳固的竞争优势。

◇ 人力资本

第八条 我们强调人力资本不断增值的目标优先于财务资本增值的目标。具有共同的价值观和各具专长的自律的员工，是公司的人力资本。不断提高员工的精神境界和相互之间的协作技巧，以及不断提高员工独特且精湛的技能、专长与经验，是公司财务资本和其他资本增值的基础。

◇ 核心技术

第九条　我们的目标是在开放的基础上独立自主地发展具有世界领先水平的通信和信息技术支撑体系。通过吸收世界各国的现代文明，吸收前人、同行和竞争对手的一切优点，依靠有组织的创新，形成不可替代的核心技术专长，持续且有步骤地开发出具有竞争优势和高附加值的新产品。

◇ 利润

第十条　我们将按照我们的事业可持续成长的要求，设立每个时期的足够高的利润率和利润目标，而不单纯追求利润的最大化。

(3) 公司的成长

◇ 成长领域

第十一条　只有当我们看准了时机和有了新的构想，确信能够在该领域中对顾客作出与众不同的贡献时，才进入新的相关领域。

公司进入新的成长领域，应当有利于提升我们的核心技术水平，有利于增强已有的市场地位，有利于共享和吸引更多的资源。顺应技术发展的大趋势，顺应市场变化的大趋势，顺应社会发展的大趋势，就能使我们避免大的风险。

◇ 成长的牵引

第十二条　机会、技术、产品和人才是公司成长的主要牵引力。这四种力量之间存在着相互作用。机会牵引人才，人才牵引技术，技术牵引产品，产品牵引更多更大的机会。加大这四种力量的牵引力度，促进它们之间的良性循环，并使之落实在公司的高层组织形态上，就会加快公司的成长。

◇ 成长速度

第十三条　我们追求在一定利润率水平上的成长的最大化。我们必须达到和保持高于行业平均的增长速度和行业中主要竞争对手的增长速度，以增强企业的实力，吸引最优秀的人才，实现公司各种经营资源的最佳配置。在电子信息产业中，要么成为领先者，要么被淘汰，没有第三条路可走。

◇ 成长管理

第十四条　我们不单纯追求规模上的扩展，而是要使自己变得更优秀。因此，高层领导必须警惕长期高速增长有可能给公司组织造成的紧张、脆弱和隐藏的缺点，必须对成长进行有效的管理。在促进公司迅速成为一个大规模企业的同时，必须以更大的管理努力，促使公司更加灵活和更为有效，始终保持造势与务实的协调发展。

我们必须为快速成长做好财务上的规划，防止公司在成长过程中陷入财务困境而使成长遭受挫折，财务战略对成长的重要性不亚于技术战略、产品战略和市场战略。

我们必须在人才、技术、组织和分配制度等方面，及时地做好规划、开发、储备和改革，使公司获得可持续的发展。

三、材料阅读

打造学习型组织

华为总裁任正非曾在《我的父亲母亲》中提到了自己年轻时的一段经历。他写道："父亲说了几句话，'记住知识就是力量，别人不学，你要学，不要随大流，学而优则仕是几千年证明了的真理，以后有能力要帮助弟妹'。背负着这种重托，我在重庆枪林弹雨的环境下，将樊映川的高等数学习题集从头到尾做了两遍，学习了许多逻辑、哲学……还自学了三门外语，当时已达到可以阅读大学课本的程度。"

注重学习的任正非往往能用科学的原理从更深层次分析问题，制定战略。这样的企业家往往能带着企业走得更快，走得更远。这一特点在企业管理方式上的影响是巨大的。

在任正非的带领之下，华为成为一个真正的学习型组织。在通信行业，技术更新速度之快、竞争之激烈是其他行业所不能比拟的。如果华为学习能力不够强大，就一定会被淘汰。所以，任正非一直强调，世上有许多欲速则不达的案例，作为华为人必须丢掉速成的幻想，学习日本人踏踏实实、德国人一丝不苟的敬业精神。

第3节 腾讯的企业文化

一、腾讯简介

腾讯计算机系统有限公司成立于1998年11月。1999年2月，腾讯自主开发了基于因特网的即时通信网络（互联网）工具——腾讯即时通信（Tencent Instant Messenger，简称TIM或QQ），并于2004年6月16日在香港联交所主板上市。2014年，腾讯总营收789.32亿元，净利润238.1亿元。全球性社交营销代理机构WeAreSocial于2014年11月对世界大型网络社交平台进行调查排名，在其列出的世界五大社交网络中，腾讯公司旗下QQ、QQ空间和微信进入前五名。

腾讯多元化的服务包括：社交和通信服务QQ及微信、社交网络平台QQ空间、QQ游戏平台、门户网站腾讯网、腾讯新闻客户端和腾讯视频等。在满足用户的交易需求方面，专门为腾讯用户设计开发的C2C拍卖网已经上线，并和整个社交平台无缝整合。

二、企业文化

（一）愿景：最受尊敬的互联网企业

不断倾听和满足用户需求，引导并超越用户需求，赢得用户尊敬；通过提升企业地位与品牌形象，使员工具有高度的企业荣誉感和自豪感，赢得员工尊敬；推动互联网行业的健康发展，与合作伙伴共同成长，赢得行业尊敬；注重企业责任、关爱社会、回馈社会，赢得社会尊敬。

（二）使命：通过互联网服务提升人类生活品质

使产品和服务像水和电一样源源不断融入人们的生活，为人们带来便捷和愉悦；关注不同地域、不同群体，并针对不同对象提供差异化的产品和服务；打造开放共赢平台，与合作伙伴共同营造健康的互联网生态环境。

（三）价值观：正直，进取，合作，创新

正直：遵守国家法律与公司制度，绝不触犯法律高压线；做人德为先，坚持公正、诚实、守信等为人处世的重要原则；用正直的力量对周围产生积极的影响。

进取：尽职尽责，高效执行；勇于承担责任，主动迎接新的任务和挑战；保持好奇心，不断学习，追求卓越。

合作：具有开放共赢心态，与合作伙伴共享行业成长；具备大局观，能够与其他团队相互配合，共同达成目标；乐于分享专业知识与工作经验，与同事共同成长。

创新：创新的目的是为用户创造价值；人人皆可创新，事事皆可创新；敢于突破，勇于尝试，不惧失败，善于总结。

（四）经营理念：一切以用户价值为依归

注重长远发展，不因商业利益伤害用户价值；关注并深刻理解用户需求，不断以卓越的产品和服务满足用户需求；重视与用户的情感沟通，尊重用户感受，与用户共成长。

（五）管理理念：关心员工成长

为员工提供良好的工作环境和激励机制；完善员工培养体系和职业发展通道，使员工获得与企业同步成长的快乐；充分尊重和信任员工，不断引导和鼓励，使其获得成功的喜悦。

三、材料阅读

腾讯的"铿锵三人行"

马化腾创办腾讯，最开始是两个人，除自己外，另一个是他在深圳大学的同学张志东，两个人同在计算机系。马化腾和张志东创办公司一个月后，腾讯的第三个创始人曾李青加入。

马化腾1993年从深圳大学毕业后进入润讯公司，当时的工资是1 100元。如果你了解传呼行业，一定知道润讯。20世纪90年代初，对传呼业来说是一个特殊的时代，从事这一行的企业一般都有相关的背景。由于相对垄断，中国最早的一批传呼企业过的简直就是天堂般的日子。而作为其中的龙头老大润讯传呼又是当时特殊中的特殊。润讯最盛的时候，一年有20亿元的收入，毛利超过30%。润讯公司当时是全深圳福利最好的单位，每天都为自己的2万名员工提供免费午餐。马化腾虽然在润讯只是一个很普通的工程师，但其所经历的正是润讯神话最光辉的时期，因此，润讯无疑开阔了马化腾的视野，给了马化腾在管理上的启蒙。

马化腾的启动资金有传言来自炒股，说曾经把10万元炒到70万元。对此，马化腾本人

没有正面回应过，但马化腾承认自己曾经靠开发股票卡发过一笔小财。

马化腾虽然家庭富裕，但其创业资本更多的来自自己的积累，之所以以50万元创业，是因为这是当时开公司的最低门槛。马化腾把自己的公司起名为腾讯，意味深长，一方面，自己的名字有个"腾"字，公司和自己多有相关；另一方面，腾也有腾飞发达的意思，至于"讯"，更多的是因为老东家润讯对马化腾的影响。

张志东本科毕业后去了华南理工大学读计算机硕士学位，毕业后回到深圳，加入当时深圳著名的黎明电脑公司。黎明电脑公司因为给深沪两市提供证券交易软件而红极一时，至今依然健在，并拿到过茅道临所代表的华登风险的投资。黎明电脑公司的创办者邓一明也是深圳IT业的大人物之一，后来帮助腾讯公司找钱并成为腾讯12名个人股东之一的天使投资人刘晓松当年也在黎明电脑公司工作。

张志东是个计算机天才，在深圳大学，张志东和马化腾都属于计算机技术拔尖的一拨，但张志东是其中最拔尖的，即便放到深圳整个计算机发烧友的圈子里，张志东都是翘楚。

张志东是个工作狂人，基本没什么业余爱好，唯一的兴趣是喜欢下象棋，工作空隙会抽空上网杀上一盘。张志东在黎明电脑公司的时候工作就很努力，经常加班到很晚，加到凌晨两三点也是常有的事情。黎明电脑公司一位当年张志东的同事曾经讲述过他们对张志东恶作剧的段子：当时加班晚了，只要走手续第二天上班是可以请假晚到的，这几个兄弟看到张志东加班很晚后，第二天早上天一亮就给张志东家打电话，和他聊天，把张志东聊得睡不着了，然后告诉张志东他们都请过假了，今天不去了，并鼓动张志东也不要去上班了。这种情况下，张志东依旧准时出现在公司。

张志东个子不高，比马化腾和曾李青要矮上一个头，圆脸，说话总带微笑，但讨论技术问题时会有些偏执，有时也会激动得脸红脖子粗。熟悉张志东的人都把张志东叫"冬瓜"，取张志东的"东"字的谐音，也与其身材有一定的暗合。但随着腾讯的长大，张志东也逐渐位高权重，旁人逐渐把称呼改成"瓜哥"或喊他的英文名Tony，以示尊敬。

张志东也很值得尊敬，其技术上的炉火纯青，即便是他的对手，都对这点佩服得五体投地。QQ的架构设计于1998年，20年过去了，用户数从之前设计的百万级到现在的数以亿计，整个架构还能适用，真的难能可贵，甚至可以说不可思议。张志东值得尊敬的另一个原因是其对物质上的追求极低，在腾讯创始人纷纷在澳大利亚买别墅、开游艇，高管集体团购宝马的情况下，张志东一直开着20多万元的中档车。

对此，一位张志东的多年密友解释说，东哥不靠这些来证明自己。张志东的确不需要靠这些来证明自己。张志东是腾讯第二大个人股东，腾讯上市之初他持有的股份超过6%，按照腾讯最高市值1 200亿港元计算，张志东的身价理论上接近70亿港元（实际不到，因为他不断做着套现，但应该也是数十亿港元）。而即便不在腾讯，以张志东最终做出用户上亿的产品来衡量，张志东在猎头市场上也至少值10亿元，只是实在想不出谁能出得起这个价钱。

曾李青中学就读于广州华南师范大学附中，本科读的是西安电子科技大学，柳传志也出自该校。曾李青大学学的是通信，因此毕业后被分到深圳电信，顺理成章，波澜不惊。曾李青是深圳乃至全国第一个宽带小区的推动者。这个项目是个系统集成项目，就是去买设备，然后加价卖给地产商。这个项目差点夭折，原因是电信设备提供方要的钱和地产商能承担的价格都是120万元。但曾李青很想把这个项目做成，最后还真做成了。为了这个项目能通过,曾李青把财务、行政和采购等相关部门的人叫在一起,给大家算了一笔账:先跟设备提供商签订设备购买协议,约定在实施工程的一年中,根据工程的进度和当时的设备时价来付款,他提醒大家,这个工程要做一年,一年的时间内统筹得好,这120万元的设备最多80万元就能拿下,然后抓紧和地产商签协议,让他们先付款,先收入120万元再说,所以这个项目稳赚。那时是20世纪90年代中期,曾李青以类似做期货的方式做系统集成的手法让人不得不佩服。

曾李青是腾讯第三大个人股东。媒体上关于马化腾最早创业的五个合作伙伴,或是中学同学,或是大学同学的说法,属于以讹传讹。曾李青和马化腾既不是中学同学,也不是大学同学,他们的交集是由于马化腾的姐姐马建南是曾李青在深圳数据局的同事,而且也有多年的交情。根据多名腾讯员工的描述,曾李青是腾讯五个创始人中最好玩、最开放、最具激情和感召力的一个,与温和的马化腾、爱好技术的张志东相比,是另一个类型。不过,1998年秋天,激情满怀的曾李青很郁闷。深圳电信与深圳本地的两家大企业赛格集团、特区发展集团联合投资的龙脉公司走到了尽头。作为龙脉市场部经理的曾李青遭遇了人生的最低谷,他思前想后,决定去找当时的深圳电信局局长许文艳,想请局长帮他出主意,是回局里好,还是就此离开电信局下海,曾李青的困惑是回局里发展前途不大,离开又有些不舍得。许文艳帮曾李青拿定主意,认为曾李青大开大合的性格回局里不太合适,还是以向单位交钱的方式停薪留职下海,许文艳还向曾李青推荐去找马化腾。

曾李青记得他们三个人第一次就公司成立的事情见面是在他深圳电信的那间小办公室里,他们简单地分了下工:马化腾负责战略和产品,张志东负责技术,曾李青负责市场。在外界看来,曾李青的确比马化腾更像老板,两个人身高相差无几,但曾李青要比马化腾富态很多,在穿着上也明显更商务一些,在语言表达和人际沟通方面也要强许多。因此,每次两个人结伴出去谈商务合作,曾李青总是被误认为是大老板,而外表清秀、给人大学男生印象的马化腾总是被认为是公司的运营助理或秘书。真实的情况是马化腾、张志东和曾李青都是老板,马化腾是最大的老板。

第4节 百度的企业文化

一、百度简介

百度是全球最大的中文搜索引擎、最大的中文网站。2000年1月由李彦宏创立于北京中关村,致力于向人们提供简单、可依赖的信息获取方式。"百度"二字源于中国宋朝词人辛弃疾的《青玉案·元夕》中的词句"众里寻他千百度",象征着百度对中文信息检索技术的执着追求。

1999年年底,身在美国硅谷的李彦宏看到了中国互联网及中文搜索引擎服务的巨大发展潜力,抱着技术改变世界的梦想,毅然辞掉硅谷的高薪工作,携搜索引擎专利技术,于2000年1月1日在中关村创建了百度公司。公司主要经营网络信息服务,产品有搜索服务、导航服务、社区服务、游戏娱乐、软件工具、百度移动类产品。如今的百度,已成为中国最受欢迎、影响力最大的中文网站。

百度拥有数千名研发工程师,组成了中国乃至全球最优秀的技术团队。这支队伍掌握着世界上最先进的搜索引擎技术，使百度成为中国掌握世界尖端核心技术的高科技企业，也使中国成为美国、俄罗斯和韩国之外，拥有搜索引擎核心技术的国家。

截至 2009 年，根据美国著名市场调研机构 ComScore 公布的全球搜索引擎市场份额调查报告显示，百度以 6.9% 的市场份额首次超过互联网搜索领域的传统巨头雅虎，跃升为全球第二大搜索引擎。根据国内权威调研机构艾瑞咨询发布的 2009 年第二季度中国搜索引擎请求量监测数据，百度是中国最大的搜索引擎（占 75.7%）。

2015 年 1 月 24 日，百度创始人、董事长兼 CEO 李彦宏在百度 2014 年年会暨成立 15 周年庆典上发表的主题演讲中表示，15 年来，百度坚持相信技术的力量，始终把简单可依赖的文化和人才成长机制当成最宝贵的财富。他号召百度全体员工，向连接人与服务的战略目标发起进攻。

二、企业文化

（一）永远保持创业激情

这是百度的创业文化基础。百度勤俭的创业作风倡导每个百度人能够最有效地利用资源，任何事情都专注于目标和结果，而非奢华的形式。百度力求保持这种简洁的公司文化，无论今后百度如何发展和壮大，都要以恒久的激情保持创业时期的那种没有繁文缛节的条文约定、扁平的组织结构、以结果为导向的高效决策方式。

（二）每一天都在进步

这是百度的品质文化基础。百度公司及员工具有不断追求进步与发展的优秀品质，不断地总结过去，永无止境地提升。过去不等于未来，无论过去多么辉煌，仍需百倍努力，为明天更高的目标奋斗，并相信学习是提升自我价值的根本途径。百度人都以对自我负责的学习态度面对瞬息万变的竞争危机和挑战。

（三）容忍失败，鼓励创新

这是百度的创新文化基础。百度人具有积极的创新心态，乐于创新，敢于创新。诚然，尝试中的失败是有责任的，但对于创新过程中的挫折和风险，百度人能够从失败中归纳总结经验，吸取教训，百折不挠地尝试和探索，这也正是由于百度公司能够以包容的态度给予尝试者改进的机会。

（四）充分信任，平等交流

这是百度的沟通文化基础。百度的沟通方式永远都是开放的、直接的和有效的，从而才会有务实和坦诚的一致行动。百度是个充分授权的公司，百度管理的各个层面都以信任、责任和良好的沟通为正确决策的前提，以务实的精神落实每一项决策工作。

（五）百度有着浓厚的硅谷气息

百度每个员工都有股票期权，员工穿着随便，没有上下班打卡的要求，上班时网上聊天被视为正常，都叫李彦宏的英文名罗宾。李彦宏在美国网络公司 Infoseek 工作期间，观察到这个高速发展的公司很多案例都值得借鉴，他像整理自己的信息情报资料一样，把看到的东西放在自己头脑里。比如，在互联网公司的高速发展中，工作压力总使人崩溃，同事们会打赌：下一个会是谁？当年招李彦宏入职 Infoseek 公司的工程师正好就是让人跌破眼镜的"下一个"。这个温和的中年人如往常一样拿着可乐边喝边上班，然后径直将可乐罐啪地放在上司的桌上，叫嚷起来：我要休假！

在百度实施防备谷歌进攻的"闪电"计划时，李彦宏在办公室里给工程师们支起了行军床。在那样的重压之下，同事们都挺过来了，大家开玩笑说：中国的工程师只知道扛活，几乎不知道什么叫崩溃。李彦宏说，对于一家技术性的公司，要发生什么，我基本上都知道。

李彦宏认为，公司发展到现在，有50%得益于这种硅谷式的文化——轻松、有创造力。

三、材料阅读

李彦宏给百度员工的一封邮件

（2012年11月，百度公司创始人、董事长兼CEO李彦宏在百度内部网上发了一封以《改变，从你我开始》为题的公开信）

改变，从你我开始

在战略上，首先是 Rectify the underinvestment problem（排除投资不足的问题）。我们过去几年赚了很多钱，但是我们投入不够，大家每次看我们财报说我们50%的利润，当我们的业务还在快速成长时，我们不应该快速追求净利润，我们应该把更多的钱投到更多的新业务和创新上。In addition to the core business, enhance the enabler and protector（除了核心业务，提升投资和保护者）！除了我们的核心业务之外，还要去投资哪些东西可以使用户更多地使用百度搜索？比如说浏览器，你有比较大的市场份额，你就能够通过用户引导搜索，这方面我们投入不多。你有这么好的市场地位，如果有人想来抢，他抢得到，就有问题了，你需要有一些东西来保护自己。

再就是我们需要的 Willing to disrupt ourselves（自我反省）。有些我们的固有优势，随着时间推移跟市场变化会被削弱，而这个时候抗拒市场的变化会很危险，不如革自己的命。既然发现用户的搜索行为从 PC 往移动上迁移，我们就应该主动引导用户更早地迁移到无线上，这样我们就可以借助 PC 上的优势，把移动做起来，而不是拼命维持现状，想把用户留在 PC 上。比如说在销售这个领域，我们销售很可能说让客户把钱花在搜索推广上，变现很强，但是用户的使用习惯在迁移，我们如果不引导客户迁移，将来的日子就会很危险。

Managers need to understand the strategy at his/her level（经理们需要明白在他们这个级别上的战略）。

过去我们觉得战略是 CEO 层面的东西，其实不完全是。最大的战略是 CEO 层面的，但是每一个产品每一个业务都有自己的战略，你负责的业务和产品，甚至你负责的功能你要清楚它的周边环境是什么，它的战略是什么，你要知道随着市场变化，这样的东西应该发生什么变化。

鼓励狼性，淘汰小资

执行上我们也有很多要变革。我们将百度文化叫"简单可依赖"，但是随着时间推移，怎么样做到简单、做到可依赖，这是不一样的。现在我观察到的问题有两点：一个是我们需要去鼓励狼性，一个是淘汰小资。狼性这个词儿是另外一家公司发明的，借过来用。借过来也确实是有一定的顾虑，这词儿在有些人看来不是一个百分之百正面的词儿，或者说在很多人看来这个跟百度文化是不相符的，是有冲突的。但是他们对狼性的三个定义，对现在的百度非常合适：敏锐的嗅觉、不屈不挠奋不顾身的进攻精神、群体奋斗。

这三点肯定都是正面的，肯定都是百度应该有的。这三点跟我们"简单可依赖"的文化没有冲突。我们需要有敏锐的嗅觉，需要有不屈不挠奋不顾身的进攻精神，需要群体奋斗。其实早期的百度就是这样，交给你的活你不仅能干到公司里最好，还能干成中国最好，干成世界最好。而那个时候困难要比现在多很多，交给你不掉链子你才可依赖，你没有干好怎么叫可依赖？

"淘汰小资"，这个 PPT 我在总监会上讲过，讲过了之后可能有一些 Estaff 和总监往下传达过这些东西，后来 HR 也做了一些采访，感觉大家对这个"小资"其实是有比较大的争议的。什么是小资？我的定义是：有良好的背景、流利的英语、稳定的收入，信奉工作只是人生的一部分，不思进取，追求个人生活的舒适才是全部。

尤其争议比较大的是第一句话，良好的背景、流利的英语，他们说 Robin 你不就是这样的人吗？我说正因为我是这样的人我才敢说要淘汰这种人。

大家可能觉得经过这几年的发展，百度变成很大的公司，变成很优越的公司，招来的人都不错，北大清华毕业，条件也挺好，世面都见得不错。但是我告诉大家，这样的背景不一定是你的优势，因为你的生存环境太舒适了，就好像恐龙，经过很多年长得很大，但是条件变得很恶劣时却活不下去。反而是那些农村出来的，家里没有什么钱，靠自己的努力一点一点打拼出来的人，生存能力更强。所以总监会上讲完了之后，大家都跟我说 Robin 要不要改一下？我说不用改，我就是要让这批人明白，这些个条件，不是你的优势，反而有可能变成你的劣势。因为你过去过得太好了，一旦环境变化，一旦竞争变化，这是可怕的。

包括我的孩子，我说你一定要吃苦，你没吃过苦，将来不可能干成什么事儿。所以说，淘汰小资是呼唤狼性，呼唤狼性就是要胡萝卜加大棒。要让所有员工更明确：如果想找一个稳定的工作，不求有功但求无过地混日子，请现在就离开，否则我们这一艘大船就要被拖垮。

减少管理层级，提升效率

减员增效，就是要减少单纯做管理的人数，高工要写 code，管理者要懂业务。我做过一个统计，T5 以上的人写 code 都比较少，T5 是基本上进来两年的时间，刚刚学会一个 code 就不写了，因为他们要带很多新人，没时间自己写了。那我们就要减少 junior people 的数量。对那些努力程度不够的、没有了激情的要让他走人，我们把省下来的钱加到那些真正想干活出成绩的员工身上。减少会议，及时拍板，每件事情都要有明确的决策人，有 deadline，有人去跟进。

使命和文化高于KPI。过去我对e-Staff这么要求，后来我对每一层员工每一层经理都要这样要求。经常会说这个东西不是那个部门的KPI，所以他不好好干，也不着急。我们整个公司都要倡导文化使命高于KPI的理念，符合我们文化和使命的东西你就要去做，就要去配合。

所以回来还是要说，整个中国互联网、世界互联网，或者整个市场经济的环境，其实都是符合物竞天择适者生存规律的。我听说恐龙脚上踩到一个瓢，几个小时以后它的脑子才能够反应过来，这样不管你长到多大，你都会灭绝。而我们不能做恐龙，我们要做一个强者，转变观念，做一个云和端都很强的公司，用创新和激情实现百度的二次腾飞。谢谢！

第5节 阿里巴巴的企业文化

一、阿里巴巴简介

阿里巴巴集团创立于1999年，总部设在杭州，旨在赋能于企业改变营销、销售和经营的方式。集团为商家、品牌及其他企业提供基本的互联网基础设施以及营销平台，让其可借助互联网的力量与客户互动。

集团的业务包括核心电商、云计算、数字媒体和娱乐以及创新项目和其他业务。集团通过所投资的关联公司菜鸟网络，参与物流和本地服务行业，同时拥有蚂蚁金融服务集团的利润分成权益，该金融服务集团主要通过中国领先的第三方网上支付平台支付宝运营。

阿里巴巴集团以商品交易额计是全球最大的零售商务公司。截至2017年6月30日，共有4.66亿名年度活跃的消费者通过其旗下的中国零售平台，接触到数以百万计的商家和品牌。

阿里巴巴集团的长远战略目标是服务全球20亿消费者，并帮助全世界1 000万家小企业生存、成长和发展。集团的三大战略包括：

全球化：集团通过公司旗下的中国零售平台、阿里巴巴国际交易市场及全球速卖通，促进中国与全球市场之间的贸易。集团的长远目标是建立虚拟、无国界的e-WTP全球商贸平台。

农村化：集团旨在通过农村淘宝项目，让农村居民享受到多元化的优质产品和服务，同时帮助农民向城市消费者销售农产品，增加收入。

数据化：世界正在迅速从信息技术（IT）经济转型为数据技术（DT）经济。集团将通过数据智能、机器学习和深度学习技术的应用来实施数据战略，并投资云计算平台以支持自身和第三方的业务。

阿里巴巴集团包括多家子公司：阿里巴巴、淘宝网、支付宝、淘花网、阿里软件、阿里妈妈、中国万网、口碑网、阿里云、中国雅虎、一淘网、淘宝商城、中国万网、聚划算等。

淘宝网

淘宝网成立于2003年5月10日，由阿里巴巴集团投资创办，目前业务跨越C2C（Consumer to Consumer，消费者对消费者）、B2C（Business to Consumer 商家对消费者）两大部分。淘宝网经过6年的发展，截至2009年年底，拥有注册会员1.7亿，2009年的交易额为2 083亿元人民币，2010年达4 000亿元人民币，是亚洲最大的网络零售商圈。

淘宝商城

2010年11月1日，淘宝商城从淘宝网中分拆并独立。淘宝商城是亚洲最大购物网站淘宝网全新打造的B2C网站。淘宝商城整合数千家品牌商、生产商，为商家和消费者之间提供一站式解决方案，提供100%品质保证的商品、7天无理由退货的售后服务，以及购物积分返现等优质服务。

阿里云

2009年9月，阿里巴巴集团在10周年庆典上宣布成立子公司"阿里云"，该公司专注于云计算领域的研究和开发。阿里云也成为继阿里巴巴、淘宝网、支付宝、阿里软件、中国雅虎等之后的阿里巴巴集团第八家子公司。

支付宝

支付宝（Alipay）最初是作为淘宝网公司为解决网络交易安全所设的一个功能。该功能为最先使用的"第三方担保交易模式"，由买家将货款打到支付宝账户，由支付宝通知卖家发货，买家收到商品确认后指令支付宝将货款打给卖家，至此完成一笔网络交易。支付宝于2004年12月独立为浙江支付宝网络技术有限公司，是阿里巴巴集团的关联公司。支付宝公司于2010年12月宣布用户数突破5.5亿。

一淘网

一淘网立足淘宝网丰富的商品基础，放眼全网提供导购资讯。一淘商品搜索是一个全新的服务体验。网站主旨是解决用户购前和购后遇到的种种问题，为用户提供购买决策，更快找到物美价廉的商品。

淘花网

淘花网成立于2010年6月29日，由华数淘宝数字科技有限公司（以下简称华数淘宝）创办。淘花网的使命是"做中国领先的数字内容交易平台"。淘花网数字内容种类主要包括视频、文档、电子书、网络小说、音乐和图片等。

阿里软件

阿里软件（上海）有限公司（以下简称阿里软件）是阿里巴巴集团继成立阿里巴巴、淘宝网、支付宝、中国雅虎后，于2007年1月8日成立的第五家子公司，致力于为中国4 000多万中小企业提供买得起、用得上、用得爽的在线软件服务。

中国雅虎

中国雅虎是雅虎于1999年9月在中国开通的门户搜索网站。2005年8月，中国雅虎由阿里巴巴集团全资收购。

口碑网

口碑网里淘宝网旗站，致力于打造生活服务领域的电子商务第一品牌。网站为消费者提供评论分享、消费指南，是商家发布促销信息、进行口碑营销、实施电子商务的平台。

阿里妈妈

阿里妈妈是阿里巴巴旗下的一个全新的互联网广告交易平台，主要针对网站广告的发布和购买。它首次引入"广告是商品"的概念，让广告第一次作为商品呈现在交易市场里，让买家和卖家都能清清楚楚地看到。广告不再是一部分人的专利，阿里妈妈让买家（广告主）和卖家（发布商）能轻松找到对方。

中国万网

中国万网成立于1995年,是中国领先的互联网应用服务提供商。中国万网致力于为企业客户提供完整的互联网应用服务,服务范围涵盖基础的域名服务、主机服务,企业邮箱、网站建设、网络营销、语音通信等应用服务,以及高端的企业电子商务解决方案和顾问咨询服务,以帮助企业客户真正实现电子商务应用,提高企业的竞争能力。

聚划算

聚划算是团购的一种形式,由淘宝网官方开发平台并由淘宝官方组织的一种线上团购活动形式,是一种网站策划人员的销售手段。

二、企业文化

阿里巴巴集团及其子公司基于共同的使命、愿景及价值体系,建立了强大的企业文化作为业务基石。集团的业务成功和快速增长有赖于集团尊崇企业家精神和创新精神,并且始终如一地关注和满足客户的需求。新员工加入阿里巴巴集团的时候,须于杭州总部参加全面的入职培训和团队建设课程学习,该课程着重于公司的使命、愿景和价值观,而集团也会在定期的培训、团队建设训练和公司活动中再度强调这些内容。无论公司成长到哪个阶段,这强大的共同价值观让集团可以维持一贯的企业文化。

阿里巴巴集团的使命:让天下没有难做的生意。

阿里巴巴的愿景:分享数据的第一平台;员工幸福指数最高的企业;"活102年"。

阿里巴巴集团拥有大量市场资料及统计数据,为履行对中小企业的承诺,正努力成为第一家为全部用户免费提供市场数据的企业,希望它们通过分析数据,掌握市场先机,继而调整策略,扩展业务。同时希望自己成为员工幸福指数最高的企业,并成为一家"活102年"的企业,横跨三个世纪(阿里巴巴于1999年成立)。

阿里巴巴的价值观:客户第一、员工第二、股东第三。

阿里巴巴集团拥有的六个核心价值观是阿里巴巴企业文化的基石和公司DNA的重要部分。这六个核心价值观为:

(一)客户第一——客户是衣食父母

(1)尊重他人,随时随地维护阿里巴巴的形象。

(2)微笑面对投诉和受到的委屈,积极主动地在工作中为客户解决问题。

(3)在与客户交流过程中,即使不是自己的责任,也不推诿。

(4)站在客户的立场思考问题,在坚持原则的基础上,最终达到客户和公司都满意。

(5)具有超前服务意识,防患于未然。

(二)拥抱变化——迎接变化,勇于创新

(1)适应公司的日常变化,不抱怨。

(2)面对变化,理性对待,充分沟通,诚意配合。

(3)对变化产生的困难和挫折,能自我调整,并正面影响和带动同事。

(4)在工作中有前瞻意识,建立新方法、新思路。

(5)创造变化,并带来绩效突破性的提高。

（三）团队合作——共享共担，平凡人做非凡事

（1）积极融入团队，乐于接受同事的帮助，配合团队完成工作。

（2）决策前积极发表建设性意见，充分参与团队讨论；决策后，无论个人是否有异议，必须从言行上完全予以支持。

（3）积极主动分享业务知识和经验，主动给予同事必要的帮助，善于利用团队的力量解决问题和困难。

（4）善于和不同类型的同事合作，不将个人喜好带入工作，充分体现"对事不对人"的原则。

（5）有主人翁意识，积极正面地影响团队，改善团队士气和氛围。

（四）诚信——诚实正直，言行坦荡

（1）诚实正直，表里如一。

（2）通过正确的渠道和流程，准确表达自己的观点；表达批评意见的同时能提出相应建议。

（3）不传播未经证实的消息，不背后不负责任地议论事和人，并能正面引导，对于任何意见和反馈"有则改之，无则加勉"。

（4）勇于承认错误，敢于承担责任，并及时改正。

（5）对损害公司利益的不诚信行为正确有效地制止。

（五）激情——乐观向上，永不放弃

（1）喜欢自己的工作，认同阿里巴巴企业文化。

（2）热爱阿里巴巴，顾全大局，不计较个人得失。

（3）以积极乐观的心态面对日常工作，碰到困难和挫折的时候永不放弃，不断自我激励，努力提升业绩。

（4）始终以乐观主义的精神和必胜的信念，影响并带动同事和团队。

（5）不断设定更高的目标，今天的最好表现是明天的最低要求。

（六）敬业——专业执着，精益求精

（1）今天的事不推到明天，上班时间只做与工作有关的事情。

（2）遵循必要的工作流程，没有因工作失职而造成的重复错误。

（3）持续学习，自我完善，做事情充分体现以结果为导向。

（4）能根据轻重缓急来正确安排工作优先级，做正确的事。

（5）遵循但不拘泥于工作流程，化繁为简，用较小的投入获得较大的工作成果。

三、材料阅读

阿里巴巴企业文化是怎么"长"出来的

卢 洋

1. 开场白：我在阿里巴巴13年

大家下午好，大家都知道淘宝有花名，鹰王是我的花名，源自《倚天屠龙记》里面的白眉鹰王。我在2000年加入阿里巴巴，是从底层一线员工一路做上来的，我毕业十几年来，一共干过两份活，一份是在国企干了3年，然后跑到了阿里巴巴。

我是在湖畔花园面试的，从阿里巴巴第一次搬进写字楼，搬进华星科技大厦的时候，一直到现在，我在公司待了13年，乌黑的头发变成了一头白发，这个特征也比较好记，也经常闹一些笑话：我带着儿子在小区里面溜达，小区里面小朋友见到我会叫爷爷。我想以后要开家长会的时候，估计老师也会说爷爷又来了。

今天40分钟的时间，我在思考，跟大家交流些什么？我以"阿里巴巴的企业文化怎么'长'出来的"为题，跟各位交流一下阿里巴巴企业文化的由来。后面我会用阿里巴巴三个阶段的小故事，让大家慢慢体会。

2. 核心观点：阿里巴巴文化是慢慢"长"出来的

我的观点就是这一句话：阿里巴巴的文化和价值观不是设计出来的，是随着公司的发展慢慢"长"出来的，当它拥有自己味道的时候，再把"有意思的地方"因势利导，进而做成体系结构。

所以，有一些公司到阿里巴巴来学习的时候，看到阿里巴巴现在的文化，好像整个体系都是支撑整个文化的土壤，但当他用这套体系硬套在自己公司的时候，却往往找不到自己公司的DNA到底是什么。

下面，我用在阿里巴巴经历的一些事，让大家来体会一下，我们的文化是怎么一点点"长"出来，最后才体系化的，而不是一开始有一帮人，马云那么一帮人坐在那儿，自己把整个阿里巴巴文化应该是怎么样，去给它设计出来的。正如大家所熟悉的淘宝武侠倒立和店小二文化，是不是一开始就有这么一帮人设计出来的呢？这个是怎么来的？我给大家分享一下。

总体上来说，我们到目前为止，经历的有代表性的其实是三个阶段的三种文化。

3. 阿里巴巴文化第一阶段：校园文化

第一个阶段是在1999年刚开始的阶段，当时其实就是一个"可信、简单、亲切"的校园文化。之所以会出现这么一种校园文化，这源于马云的个人背景。马云是杭电英语老师，阿里巴巴的18个创始人大部分是他当年的学生。

当时虽然都是在创业办公司，但在平常像在学校一样，就是老师跟学生的关系。

我于2000年3月份加入公司，工号是76号。公司在1999年的时候只有几十个人。那个时候形成了初期的"可信、简单、亲切"的这么一种校园文化。

4. 阿里巴巴文化第二阶段：铁军文化

阿里巴巴文化在开始大规模成形的时候，经历了后面两个阶段。我们在2001年B2B公司成立的时候，有两大主力产品，一个是"中国供应商"，是针对企业出口的。现在有很多阿里巴巴B2B企业现在进行转型，从外贸改成内销，做成电商之后，有很多企业是这样的类型。还有一个产品是针对中国市场的，叫"诚信通"。一个是直销队伍，一个是电销队伍，当时公司的主要营收都来自这两个产品。那个时候销售主导形成了一种销售铁军的文化，高执行力、高激励。铁军文化就是在那个时期形成的。

5. 阿里巴巴文化第三阶段：互联网文化

在2003年淘宝网成立后，完全是另外一个不同群体的人，干了一件完全不同的事儿，又一种新的文化在慢慢诞生，而这个文化更接近互联网文化，而原来那个文化虽然我们做的还是电商，虽然做的是B2B，但是用我们现在开玩笑的话说，是劳动密集型的、非互联网的传统模式。

只有到淘宝网成立之后，所产生的文化才开始带有互联网的特色，这是因为组成人群的特点不同而形成的。

6. 阿里巴巴文化之"土话"来源

当时我们在做销售的时候，其实阿里巴巴有很多土话，这些土话也许你从外面的书上不一定能看到，都是阿里巴巴自己内部一路下来，基于当时的环境、情景、人群形成的，经常是李琪、马云等灵光一闪，突然冒出一句话，在公司内部传诵而演变成的。

其中有一句话，当时马云告诉所有销售人员，他来开个会，发现做销售的，一说到营业额，眼睛碧绿的，他说"味道不对"。他说一个销售如果左眼是美金、右眼是英镑，那可能这个销售天天盯着口袋里面的钱，就是想方设法把口袋里面的钱弄出来，这样的销售是做不好销售的。

阿里巴巴的定位是希望能帮客户先赚钱，让客户口袋里面的5块钱变成50块钱，再拿他口袋里面5块钱。这些道理不难，但是具体怎么做，我给大家讲一个故事。

7. 阿里巴巴的故事：什么是言出必践？

我们的销售遍布在全国各个办事处，年底的时候，会评出全年全国的前三名，评出来Top Sales，这个荣誉和光环是无与伦比的，他会享受到最高待遇，不但有非常高的期权奖励，还享受尊贵的帝王般的待遇；另外所有年度的Top Sales要在所有销售的大场子分享他的成功经验。

有一年，我记得是在2004年的时候，有一位当时的年度销售第一名，他是浙江的销售员，他上去进行分享。大家都知道销售的特点，第一，很有激情，第二，他说话一激动就会夸张。他在台上分享故事，说跟客户怎么搞好关系，说他那个客户，老板其实什么都不管，都是由下面的一个秘书来负责，他每天就是陪着老板秘书吃饭、玩，他的意思就是说他搞定了秘书。就是因为把秘书搞定了，所以老板就续约了。他其实在吹牛，吹牛的意思就是说他怎么搞定老板下面的关键人，就能把这件事搞定。

他讲完之后，按照一般人来说，这么一个年度销售，已经用业绩证明他是公司最牛的销售，他在台上分享的案例和故事，即使有错的地方，可能老板私下骂他一顿就OK，但是我们当时的销售总裁在他讲完之后就上去了，当着所有销售的面做了三个决定：一是他刚才说的那个客户不再属于他，剥夺他对这个客户的所有权；二是这个客户的业绩将从他的当年的业绩和提成中全部扣除；第三，下次他再犯类似的错误，立刻Fire掉。

这三个决定让这个销售在下面脸都白了，这个惩罚对于他来说，扣除几万块钱还是小事，关键是在这么多人面前，本来是兴高采烈地很牛地分享自己的成功故事，结果最后却像是一个批斗会。但是就是这一件事让所有销售都明白公司要的是什么，而且公司是言出必践，不管在什么场合。

8. 阿里巴巴的故事：员工为什么要跳西湖？

这也是一个Top Sales的故事。这个年度销售跟马云前一年打了一个赌，因为他在前一年是年度第四，他很郁闷，没能有机会上台领奖，前一年全国销售的第一名年销售额是200多万元。那一年，全国销售年度前十名的销售员去三亚度假，他在那里非常激动地跟马云说,他第二年的目标是要做1 440万元,他还算了一些自己的账,把马云他们给吓了一跳,结果马云和Savio花很长时间让他冷静下来,回归到现实,他说要做到600万元。

马云跟他打赌说:如果做到这个数字,那么全世界任何一个地方,由你点,我请你吃饭,但是我还有一个前提,你业绩做到了,那不算,你必须让你的客户续签率达到80%,也就是说你不是杀鸡取卵,你不是为了业绩不择手段,甚至可能存在着暗地里欺骗客户的情况。续签率也就意味着客户的满意,如果做不到80%的续签率,你自己说怎么办,后来销售想了想说:跳西湖。大冬天要去跳西湖,这个赌约就在那儿了。

第二年这个销售用了跟第一年完全不同的销售手法,真的做到了600多万元,这个里面后来还出了一句销售的老话,叫"心有多大,舞台就有多大",因为无数奇迹在那里诞生。后来马云自己履行承诺,请他吃饭,他第一次要出国,办护照,想去美国,还被拒签了,后来他找了另外一个地方,马云请他吃了饭。但是那年的续签率,他做到了78%,少了两个点,马云说功过不能相抵,功是功,过是过,不能因为你做出600多万元的奇迹,就把过抹掉了。

那天刚好是我结婚,喝完酒,大家都挺开心的,他趁这天去跳西湖,还有摄像机,上面写着浙江电视台,当时探照灯打着,西湖类似保安一样的人在阻挠,我们说是在拍电视,没事儿,让他有机会跳,跳的时候,还让他的经理陪同,经理要脱得只剩下一条短裤陪同。大家清楚地知道这就是续签率不到、服务不到位,一个Top Sales和Top Sales经理要承担责任。后来这个视频拍下来了,在内部广泛流传。

2月7号,气温之低,销售跳下西湖不到两分钟,人快冻僵了,马上上来,上来之后说了很有感触的一番话,是此时此刻关于服务客户的体会,是在水底下思考出来的。

这两个故事后来在所有销售当中流传,其实像这样的故事,当它成为一种佳话被传诵的时候,也就是一种文化在流传,它清楚地告诉我们所有人,在这家公司心有多大,舞台就有多大,它坚持的是客户第一。

9. 阿里巴巴故事:如何让销售快乐?

我再说说第三个故事,关于如何让销售快乐地工作。当时我们的销售是直销。现在做电商,起得比鸡早,睡得比狗晚,最苦的人可能就是现在的电商,那个年代最苦的人就是那帮销售。

我作为区域经理,每天晚上睡觉时间是2点到3点,早上一起来,还要负责区域的所有事,那个时候还没有行政,没有销售协调,没有任何人帮你干活,所有做爹做妈的活都区域经理一个人干了,还不赚钱。当时销售承受的压力非常大,怎么样让销售保持着所谓永不放弃的精神、保持乐观的心态就成了一个问题。

你说在我那个年龄,虽然做了区域经理,也就是二十六七岁,马云提出让天下没有难做的生意,这家公司要成为102年的公司,对我来说,那个时候有那么大的影响力吗?没有,我那个时候没有什么使命感,也不会为了这个而拼命,因为那个对我没有感觉,我只知道这家公司不做伤天害理的事,这家公司做的事儿能够帮助一些人,我觉得挺有意义的。

但是,能让我留在这家公司的,就是它的氛围。虽然我们不赚钱,但是我们似乎能看到未来的希望,更重要的是每天工作非常开心,虽然两三点睡,但是大家在一起,一帮弟兄在一起,那种开心是我们所有人留下来的很重要的一个原因。

10. 阿里巴巴的高管为什么给销售写诗?

那个时候公司在寻找各种方法，让我们在工作中得到快乐。

作为公司当时的高管，像Savio，他有一个爱好，喜欢写写书法，有的时候喜欢写写诗，当时有销售冲百万俱乐部，第一个销售进入百万俱乐部的时候，他就给销售写了一首打油诗："夏末秋初胜未分，各地群雄竞争临，日进一单黄夫子，百万会员第一人。"

当时我带这个销售，他只是一个高中毕业生，做到了第一个百万俱乐部，他很兴奋，公司高管还给他题了一首诗，他长这么大还没有人给他题过诗的，他也很兴奋，回了一首打油诗："南粤大炮轰轰响，无数老板直叫爽，阿里春风吹过处，报关出货收钱忙，顶级团队巧布阵，前锋同人齐拍掌，若问全年Top奖，独领风骚定属黄。"

这首诗一出来之后，全国销售都轰动了，想要进入百万俱乐部的销售都找Savio预订，后来Savio给每个百万俱乐部的销售都写了打油诗，而且写得越来越好，都是藏头诗。后来还出了一本诗集在销售中流传。

11. 阿里巴巴管理者是如何成长的？

我们要什么样的管理者？其实阿里巴巴当时刚刚开始的时候，管理人员，包括销售的区域经理，跟大家现在遇到的困境是一样的。我们那时候有一句话叫"八个缸子七个盖"——八个坑位只有七个人，全国区域又在不断扩大。我到广州做区域经理是第一次做管理工作，而且是第一次离家，我这种类型的人很多。

那个时候我们一帮人在外面，刚刚做管理的时候，其实也没接受过什么管理技巧的培训。我到现在还是那句话，管理做到一定分上的时候，增加一些技巧，能够提升管理效率，但是只关注管理技巧，你一定走不远，公司的文化和土壤比什么都重要。

那个时候，我们去做管理就是那么几句话，撑着自己往前走，在那个区域，要开人，要招人，要忙活一堆事，所有乱七八糟的事，不是能用技巧应对的，困难是每一天都要面对的。我们的老板在杭州，我们怎么在当地做那个头、怎么做，有这么一句话："不难要你干什么？"每一次困难的时候，我们就想到这句话，不难，放一台录音机就行了，把老板的话录进去，放在那里就行了，"要你干什么"。

12. 阿里巴巴管理者遇到困难怎么办？

"男人的胸怀是委屈撑大的"，这是马云老说的，我们经历过的。有这些话，有些事那个郁闷期、纠结期一过，也就想开了，慢慢地，大家把这些问题就会当作一种工作中的快乐了。

前天还感觉自己是天底下最委屈的窦娥，过两天"So TM What"，就过了。管理者要自己学会舔伤口，还要给别人舔伤口，自己委屈了，自己舔一舔伤口，下面的这帮弟兄出问题，你要帮他们解决问题，其实就是这么几句话让我走过了管理的初始阶段。

13. 阿里巴巴文化进入淘宝时代

我再说说淘宝文化。其实淘宝的文化，一开始这些花名、倒立、武侠怎么出来的，很多是事后再赋予这些文化更高层次的意义的，一开始谁能想到那么深的意义。

花名：淘宝一开始就是一个BBS，它其实就是要进入一个社区中，每一个人要去注册一个论坛里的用户ID，这个时候因为原来我们那帮人中，马云也喜欢金庸，有大家这么一帮人趣味相投，开始用武侠小说的名字来注册，什么小宝啦，这些就开始出来了。

花名形成气候之后大家会发现，它还能起到另外一个作用，就是类似于外资企业的英文名，因为员工如果见到老总，直呼他姓名，不好意思，呼不出来，叫他什么总，我们怎么听着都别扭，但是叫一个人的花名，你就觉得又亲切，又平等，又没有什么顾忌的，就形成这么一个传统。后来大家没想到这些武侠小说的人名就是那么几百个，最后连卖茶叶蛋的花名都用了，现在我们取花名都遇到了困难，好在我们都开放，不局限于武侠，只要你自己觉得能代表你性格个性就行，就相当于外号一样。

倒立：一帮人关在屋子里没事干，筋骨又痒，一个人会倒立，他就倒上去了，大家觉得好玩，就有两个人倒、三个人倒，开始一堆人倒，他们要比赛，开始叠罗汉，比谁罗汉叠得多，比谁坚持的时间长，倒着倒着，发现了它新的含义，当人倒上去的时候，人的脑袋被充血，充血的时候，整个人看外面，原来那么熟悉的办公室，突然发现已经感觉不一样了，倒立看世界，换一个角度看世界，创新文化的意义就出来了。

帮派：这个是怎么出来的呢？其实原来就是传统的组织结构模式下，所有的人跟人之间是直线的，但是在淘宝后来会发现要做很多的工作，跨部门之间的协同越来越多，这种协同工作你要都靠老板们出面、主管们出面很难，那么这帮小二，当时又有"百年大计""百淘小二"出来，他们一个班、一期的学员还是很有感情的，平常因为一些项目的合作，大家都很有感情，这些人就成了一个帮派。

然后，逍遥派、武当派，这些派就出来了，那么这些出来的时候，包括团队建设费，这些预算就开始往民间的帮派去了，你们只要整得出花样，你们只要搞得出提案，公司就给你们钱，你们来搞，民间的这些帮派组织就这么起来了。后来还有武林大会，各个分舵的舵主出来了，这就是当时的一些场景。

淘宝的这些文化，就是当初大家一群人觉得好玩，淘宝网总裁三丰，他的老婆就是他当年在淘宝社区里面泡的，这是当年的一个大卖家，因为他们经常要跟客户聊天，聊着聊着，就成他老婆了。当初最早的时候，小二跟客户沟通比现在要亲切万分。

"裸聊"：这些也是现在慢慢被发展起来的，公司越来越大，层级越变越多，要打通这些界限，就有了"裸聊"。比如说子公司总裁在哪一天，带着所有议题和感兴趣的一线员工过来，敞开聊，对公司有什么意见，在那一刻敞开聊，而且现场作决定，这就是所谓的"裸聊"，没有等级界限的区别。

如果公司里没有一种开放透明的文化作背景，这类事是做不起来的。大家跟老总坐在那儿，层级多的话，那只有一件事，就是低着头不声不响，听老总发言，听完发言走人，只能这一种场景。

猪头卡：阿里巴巴有内网，内网里面所有员工都在那发表意见，我们还有一个玩的东西叫猪头卡，你对这个人有意见，就发猪头卡。公司总裁基本都被搞过猪头，高层发言不对，要被扣分，像淘宝原来的总裁老陆，一次发言，被人使劲扣，这也是公司内部的一种民主平等的文化和土壤，这就是看你当这些事儿发生之后，你的总裁、你的管理者是一个什么态度。

阿里日：大家都知道这是集体婚礼日，这是由于非典形成的。阿里日那一天，亲属过来，也可带着宠物到公司，去年举行的集体婚礼，有400多对新人。

赛马：公司投钱，你有好的主意，你有好的项目，你只要能纠集一帮人来，你来做。

晋升：你可以提出自主晋升，面试。

考核：随时随地360度考核，它在尝试着激发每一个人的潜能，让每个人感觉到自己被尊重，每个人都是主人，互联网文化的核心就是去权威化、去中心化，让每一个个体释放出自己的潜能，这才能让公司形成自己的创新文化，这就是淘宝最典型的文化，这也就是我们现在的阿里人。

14. 总结：文化一定不是设计出来的

最后，我还是那句话，"文化不是设计出来的，而是'长'出来的"。

发掘企业当中一群志同道合的人，他们身上所拥有的特点，以及大家所共同爱好的一些东西，让它成为传统，并且赋予它意义，同时让薪酬、福利慢慢配套，让每个人感受到公司背后传递的那种文化和土壤，这个东西比做管理技巧的培训要重要一百倍。

（来源：http://www.yixieshi.com/29230.html.）

第6节 微软的企业文化

一、微软简介

微软（Microsoft）是一家总部位于美国的跨国科技公司，是世界个人计算机软件开发的先导，由比尔·盖茨与保罗·艾伦创办于1975年，总部设立在华盛顿州的雷德蒙德市，以研发、制造、授权和提供广泛的电脑软件服务业务为主。microsoft一词由microcomputer和software两部分组成。其中，micro的来源是microcomputer（微型计算机），而soft则是software（软件）的缩写，是由比尔·盖茨命名的。

微软最为著名和畅销的产品为Microsoft Windows操作系统和Microsoft Office系列软件，目前是全球最大的电脑软件提供商。

微软在1999年12月30日创下了6 616亿美元的人类历史上上市公司最高市值纪录，如果算上通货膨胀，相当于2012年的9 130亿美元。由于1999年受到美国国会反垄断控制调查，微软股价极度受挫，不然预估能突破8 500亿美元。

截止至2013年，微软公司几乎占据了市场的每一个空间，所以微软的贡献是不能用金钱来衡量的。微软在2013年世界500强企业排行榜中名列第110位，2014年名列第104位。

二、微软在中国

微软中国是美国微软公司在中国设立的分公司，1992年微软进入中国设立北京代表处以来，已形成以北京为总部，在上海、广州、武汉、深圳设有分公司的架构。微软在中国已经跨越了三大发展阶段。1992年至1995年是微软在中国发展的第一阶段。在这一阶段，微软主要是发展了自己的市场和销售渠道。1995年至1999年是微软在中国发展的第二阶段。微软在中国相继成立了微软中国研究开发中心、微软全球技术支持中心和微软亚洲研究院这三大世界级的科研、产品开发与技术支持服务机构，微软中国成为微软在美国总部以外功能最完备的子公司。从2000年开始，微软进入了在中国发展的第三阶段。微软中国加大对中国软件产业的投资与合作，在自身发展的同时，也促进了中国IT产业发展自有知识产权。

2014年3月2日，微软中国在其官方微博发表声明，称4月8号Windows XP正式退役后，微软中国将对中国XP用户提供独有的安全服务。

6月22日，腾讯联合微软中国通过应用宝正式发布安卓手机端Office应用，开启双方在国内安卓移动市场的首次合作。

三、企业文化

微软的企业文化主要表现在以下一些方面。

(一) 微软的宗旨

微软公司最初提出的口号是"让每张桌上有一台计算机",后来是"用微软的软件使人的力量更强大",今天,微软的企业宗旨是"协助全世界的人和全世界的企业发挥出他们最大的潜能"。

这说明,微软公司的经营宗旨是随着时代的发展而不断变化的。同理,微软的企业文化也在不断地完善和发展。最能体现微软企业文化精髓的是比尔·盖茨先生的一句话:"每天清晨当你醒来时,都会为技术进步及其为人类生活带来的发展和改进而激动不已。"

(二) 舒适的办公环境

微软的企业文化首先体现在微软秀丽的企业园区和舒适的办公环境上。微软对工作和生活的基本态度是顺应自然和享受自然。在微软,每人一间办公室,每间办公室都可以根据自己的爱好进行装饰。这充分体现了微软以人为本,对人的关怀,其目的就是让大家怀着很轻松、很愉快的心情工作,不以工作为负担,而以工作为享乐。

(三) 开放、随和、效率和结果

(1) 开放随和的牛仔裤文化。在微软公司里,员工的穿着很随便,牛仔裤和T恤衫反而成了微软的主流装束。在微软的办公室里,经常可以碰到穿奇装异服的人。在两个办公楼之间有个空中走廊,摆了很多游戏机,员工可以一边玩一边聊,或者互相对打,交流各自工作的进展。

(2) 实行弹性工作制。众所周知,微软实行弹性工作制,即不一定要按时上下班。微软把弹性工作制发扬光大,成为企业文化的一个重要组成部分。

(3) 做事最注重结果。对一个软件公司来说,软件产品能否被消费者接受,能否占有足够的市场份额,这才是最重要的事情。在这样的基础上,微软的所有管理策略和企业文化建设,都是围绕着如何提高公司产品质量和市场竞争力来进行的。

(四) 以人为本

(1) 以人为本。以人为本是微软的企业文化中最鲜明、最重要的一个方面。微软的企业文化处处体现了以人为本的人文关怀理念。前面提到的,为企业员工创造最舒适的办公环境,为每个员工提供独立的办公室、弹性工作制以及在办公区域放置娱乐设施等等,这些都是把人放在第一位加以考虑的结果。微软的员工每年都有一天可以带自己的子女到办公室来体验生活,让孩子从小就看到微软是一个关心人、尊重人的企业。

(2) 用股权对员工进行奖励。在微软创建之初,比尔·盖茨就没有独占整个企业的意思,而是把股权拿出来跟大家分享,没想到这样的管理方式使微软发展得如此之快,他自己也成了世界上的第一富人。

（五）微软的人才观

（1）敬业精神。做微软人必须敬业，拥有好的职业道德是在微软工作的基础，这是微软非常强调的一点。

（2）团队精神。做微软人，必须学会成为团队的一分子，为团队贡献力量。

（3）责任心。做微软人，要学会不轻易承诺，一旦答应了就要做到，就要做好。

（4）工作热情。没有热情就不可能做好工作，微软人喜欢在激情中高效率地工作。

（5）解决问题的能力。如果不能解决工作中遇到的新问题，也就不适合在微软这样充满创新精神的公司做事。

（6）快速学习能力。技术在不断更新，微软也在不断更新。微软人必须在工作中不断学习新的东西，不然就会落伍。

（7）创新精神，努力工作，聪明地工作。强调的是聪明地工作。因为聪明的人在工作之前，会把手头的工作按照轻重缓急排一个顺序，看看哪些可以同时做，哪些可以采用更好的方法来做，而不是随便拿起一件就做，做完一件再想另一件。

（8）独立工作能力。在微软，不能总是依赖自己的同伴，这已经成了一条重要的经验。微软人必须学会独立解决问题、独立完成工作，这样才能真正为公司创造价值。

（六）团队精神

团队精神是最能将微软的企业文化与微软强大的竞争力、创造力联系在一起的。微软的团队精神：

成败皆为团队共有。

互教互学。

互相奉献和支持。

遇到困难，互相鼓励，及时沟通，用团队智慧来解决问题。

承认并感谢队友的工作和帮助。

甘当配角。

欣赏队友的工作。

（七）交流的艺术

微软的交流方式多种多样。比如，微软的团队非常盛行白板文化，有问题就拿出来，写在白板上，随时讨论，白板成了大家开动脑筋、集思广益的最好媒介；电子邮件则是微软员工最常用的交流手段，随时通过电子邮件与工作同伴或其他相关人员讨论问题、保持联系，这已经成了微软人的工作习惯之一；此外，电话、个别讨论、开会讨论等等都是微软的交流方式。

（八）管理的风格

以人为本、团队精神、有效交流构成了微软企业文化的三大支柱，而艺术地管理则是培育并维护企业文化的根本保证：

领导要有远见卓识。

没有永远的老板。

我不同意你,但我支持你。

不事必躬亲——好领导的标志之一。

员工忠诚——好领导的结果。

(九) 责任心及主人翁精神

微软注重培养员工的责任心,要求员工主动工作和思考,以自己为公司和产品的主人翁。这样,员工就会在工作中全力以赴,不会单纯为了工资而工作。

(十) 激情

微软的文化是充满激情的。微软的领导、微软的员工都非常有活力、有激情。

微软的员工非常喜欢自己从事的工作。在微软,工作是一种乐趣,工作不是负担,也不只是挣钱的手段。而且自己努力工作,也能感染身边的同事,让所有人都积极投入工作中去,这也是热爱公司的一种表现。

四、材料阅读

材料1 史蒂文斯的感谢信

美国某城市有一位史蒂文斯先生,有一天突然失业了。他是一个程序员,在软件公司做了8年,他一直以为将在这里做到退休,然后拿着优厚的退休金颐养天年。然而,公司却突然倒闭了。史蒂文斯的第三个儿子刚刚出生,重新工作迫在眉睫。然而一个月过去了,他没找到工作。除了写程序,他一无所长。终于,他在报上看到一家软件公司要招聘程序员,待遇不错。他拿着履历,满怀希望地赶到公司。应聘的人数超乎想象,很明显,竞争将会异常激烈。经过简单交谈,公司通知他一个星期后参加笔试。凭着坚实的专业知识,笔试中他轻松过关,两天后面试。他对自己8年的工作经验无比自信,坚信面试不会有太大的问题。然而,考官的问题是关于软件业未来的发展方向,这些问题他竟从未认真思考过,因此,他被告知应聘失败了。史蒂文斯觉得公司对软件业的理解,令他耳目一新。虽然应聘失败,可他感觉收获不小,有必要给公司写封信,以表感谢之情,于是提笔写道:贵公司花费人力、物力为我提供了笔试、面试的机会,虽然落聘,但通过应聘我大长见识,获益匪浅。感谢你们为之付出的劳动,谢谢!

这是一封与众不同的信,落聘的人没有不满,毫无怨言,竟然还给公司写来感谢信,真是闻所未闻。这封信被层层上递,最后送到总裁办公室。总裁看了信后一言不发,把它锁进抽屉。三个月后,新年来临,史蒂文斯先生收到一张精美的新年贺卡。上面写着:尊敬的史蒂文斯先生,如果您愿意,请和我们共度新年。贺卡是他上次应聘的公司寄来的。原来,公司出现空缺,他们想到了品德高尚的史蒂文斯。这家公司就是美国微软公司,现在闻名世界。十几年后,史蒂文斯先生凭着出色的业绩一直做到了副总裁。

虽然人人都知道感恩是一种美德,然而在一个日益商品化和市场化的社会中,在一个金钱变得日益无所不能的环境里,我们似乎正在忘记感恩。如果以感恩的心态面对一切,即使遭遇失败,人生也会变得异常精彩。感恩,是富裕的人生,它是一种深刻的感受,能够增强个人的魅力，开启神奇的力量之门，发掘出无穷的智能。凡是生活得不开心的人，都应该学会感恩！

材料2　搬一把椅子走进微软

1998年，微软为了进一步扩展在中国的业务，决定公开高薪招聘一名中国公司总经理。微软是世界软件巨头，加上优厚的报酬，一时间应者云集。

经过初试，又经过几轮面试，最后入围的只有三个人。一个是毕业于名牌大学的博士，有好多科研发明；另一个应聘者正在另一家大公司任要职；而第三个人则任职于IBM，但她的学历很糟糕，甚至没上过大学。

最后的面试在一间很大的屋里，微软中国的几位负责人坐在一张大桌子后面，等面试快开始时，才发现少了一把供应聘者坐的椅子。工作人员正要去外面搬椅子，一位面试官说："就这样吧，没有椅子也好。"

第一个进去面试的是那位博士。一位面试官说："你好，请坐！"博士四周看看，并没有发现椅子，充满笑意的脸立刻转为尴尬和茫然。"请坐下来谈。"另一位面试官说道。博士更加不知所措了，"没关系，我就站着谈吧。"面试不一会儿就结束了。

接下来是在大公司任要职的那位。面试官还是要求坐下来谈，他谦恭地笑道："可能是工作人员的疏忽吧，没关系，我还是站着谈吧。"一位面试官似乎恍然大悟："请原谅我们工作上的失误，那就委屈你一下吧。"面试只谈了五六分钟。

最后面试的是那位女士。她四处看了一下没有椅子，微笑着说："您好，我可以去外面搬一把椅子进来吗？"一位面试官笑着答应："为什么不可以呢？"最后，面试进行了近一个小时。

三天后，面试结果出来了，出任总经理的是最后一位应聘者。很多人很不解，她没有什么显赫的学历，又是一位女士，能胜任这样重要的职位吗？

微软中国的负责人给出的答案很详细：连自己搬一把椅子的勇气都没有，这样的人怎么可能开拓市场？没有自己的思想和见解，一切经验和学识都毫无价值。

事实也证明这位负责人的判断是正确的。这位女士就是仅用七个月就完成全年销售额130%、成功帮助微软打开中国市场的"打工皇后"吴士宏。

第7节　惠普的企业文化

一、惠普简介

惠普公司（Hewlett-Packard Development Company，简称HP）总部位于美国加利福尼亚州的帕罗奥多（Palo Alto），是一家全球性的资讯科技公司，主要专注于打印机、数码影像、软件、计算机与资讯服务等业务。1939年，在美国加州帕罗奥多市爱迪生大街367号的一间狭窄车库里，两位年轻的发明家比尔·休利特（Bill Hewlett）和戴维·帕卡德（David Packard）以手边仅有的538美元创建了惠普公司，开始了硅谷的创新之路。惠普创业的车库如今已被美国政府命名为硅谷的诞生地。

惠普公司2002年与康柏公司合并，是全球仅次于IBM的计算机及办公设备制造商，下设三大业务集团：信息产品集团、打印及成像系统集团和企业计算及专业服务集团。

2014年10月6日，惠普宣布公司将分拆为两家独立的上市公司。两家新公司分别名为惠普企业和惠普公司，前者从事面向企业的服务器和数据储存设备、软件及服务业务，后者从事个人计算机和打印机业务。

惠普在2014年已发展成全球排名第50位的大型跨国公司。惠普在长达70多年的经营中，雄厚强大的企业文化系统在促进企业业绩增长方面起到了关键作用。

二、惠普在中国

惠普在中国拥有较长的历史。1985年，中国惠普有限公司（简称中国惠普）成立。它是中国第一家高科技中美合资企业，总部位于北京，在上海、广州、沈阳、南京、西安、武汉、成都、深圳等都设有分公司。中国惠普在大连设有惠普全球呼叫中心，在重庆设有生产工厂。

在中国，惠普奉行"在中国为中国"的经营战略，力争为推动中国的经济和社会发展作出贡献，以实现中国和惠普的共同发展与进步。

中国惠普已在国内设立了九大区域总部、28个城市办事处、37个支持服务中心、超过200个金牌服务网点、2家工厂、1个全球软件开发中心、1个全球运营支持中心以及惠普商学院、惠普IT管理学院和惠普软件工程学院，现有员工3 000多人。中国惠普业务范围涵盖IT基础设施、全球服务、商用和家用计算机以及打印和成像等领域，客户遍及电信、金融、政府、交通运输、能源、航天、电子、制造和教育等各个行业。

惠普国际软件人才及产业基地是惠普软件集团在中国最重要的战略布局之一。在中国市场，人才的问题是制约惠普未来发展的最核心因素。一方面用人的成本以每年10%～20%的速度增长，另一方面，高校培养的学生除了生源层次不同，学的东西几乎相同，能为惠普所用的人才依然有限。在高校毕业生和企业之间始终有一道难以逾越的鸿沟，致使即使进入企业的毕业生也无法在短期内直接被企业所用。为了使高校毕业生缩短与企业用人要求的差距，惠普软件集团启动了"中国人才产业战略"，投资与政府合作建设大规模的软件产业基地，通过持续培养掌握惠普企业级软件核心技术的高端人才去支撑和发展惠普的全球市场，这才是惠普软件产业可持续发展的最根本问题。中国惠普与山东省济宁市政府联合成立的"惠普—济宁国际软件人才及产业基地"是惠普软件集团在华北区域（山东、北京、天津、河北）唯一的国际软件人才及产业基地。该基地主要包含软件人才实训中心、国际软件测试和IT资源服务中心、产品展示中心和产业基地四大部分。

三、企业文化

（一）核心价值观

企业发展资金以自筹为主，提倡改革与创新，强调集体协作精神。

（二）惠普之道

惠普之道是惠普公司的价值观、公司宗旨、规划和具体做法等因素结合在一起形成的一套独特的经营管理之道。在惠普公司，为顾客服务的思想，首先表现在提出新的思路和技术

IT 企业文化与职业素养

上，在此基础上开发重要产品。顾客意见的反馈是很重要的，有助于公司设计和研制出满足顾客实际需要的产品。惠普公司的创始人之一戴维·帕卡德在 1995 年出版的《惠普之道》(*The HP Way*) 一书中对其进行了详细的介绍。惠普对卓越企业的理解主要包括两方面：首先是追求不断成长和健康的财务绩效，其次是要以创新的想法做产业的领导者。惠普的创始人之一比尔·休利特以通俗的语言，提出自己的管理哲学，也是后人眼中惠普之道的精髓：只要企业提供合适的环境，相信员工必然全力以赴。他指出了企业文化中变与不变的双重要素：不变的是追求卓越的精神及目标，变化的是企业创造合适环境的做法。

惠普之道有五个核心价值观，它们像是五个连体的孪生兄弟，谁也离不开谁。每个惠普人对五个核心价值观都倒背如流：

（1）相信、尊重个人，尊重员工。

（2）追求最高的成就，追求最好。

（3）做事情一定要非常正直，不可以欺骗用户，也不可以欺骗员工，不能做不道德的事。

（4）公司的成功是靠大家的力量来完成，并不是靠某个人的力量来完成。

（5）相信不断的创新，做事情要有一定的灵活性。

在经济大潮剧烈波动的大环境下，帕卡德领导着惠普稳健地向前发展，没有出现过大的失误，没有出现过丑闻，没有大规模地裁员，但也没有出现过特别激动人心的时刻。在硅谷这个充满生机、冒险、赌博的科技地带，还有这样一个以公正和诚实精神为经营之根本的常青树，是非常难得的。

惠普文化锁住了惠普 12 万员工的绝大多数。与惠普打过交道的人，都会感到惠普的做派与别家公司不一样，它更加和蔼可亲，更加有大家风范。很多公司一旦发展壮大后，总裁就开始有很多特殊待遇，比如私人飞机，但惠普历任总裁都没有。

惠普之道作为惠普独特的企业文化，体现了惠普以人为本的管理精神，受到了惠普员工及广大客户和合作伙伴的广泛赞誉。

惠普之道自 70 多年前创立以来，一直在随着时代的变迁，相应地衍生演化着新的内涵。

1999 年，面对市场环境的变化，在秉承惠普之道核心价值观的基础上，惠普更加强调注重客户及市场、速度及弹性、团队及协作精神以及有意义的创新。

2002 年与康柏合并后，惠普吸收了康柏企业文化中的优势和长处，继续强调对个人的尊重与信任、追求卓越的成就与贡献、谨守诚信经营原则、团队合作和鼓励创新等核心价值。

作为惠普公司 70 多年来的立身之本，惠普之道是推动企业向前发展的动力源泉，而不断对惠普之道进行创新，是企业获得持续成功的关键。

四、材料阅读

陈翼良谈惠普文化的利爪

（陈翼良，中国惠普第四任总裁，任期为 1997—2000 年。陈翼良毕业于美国加利福尼亚大学，获得经济管理学硕士学位，1994—1997 年担任中国惠普公司财务及行政总监。在他任职期间，中国惠普公司的年营业额达到了 10 亿美元，完成了仪器仪表业务与 IT 业务分离的重要转型。）

陈翼良在第一次接触惠普时,感到惠普很特别。他回忆说,面试我的经理非常和善,不像银行或其他大公司的人那样爱摆架子。我感觉在未来与这些人会很容易相处,当时我还感到惠普很尊重人,也很会照顾人。比如,跟我面谈的经理非常尊重我,在安排我去美国总部面试时,他把一切都安排得好好的,早上还有一个人专门到我住的旅馆来接我去吃早餐,而后开着车送我到公司。我从他们的行为举止中,感到他们非常想吸引我到惠普来。

当时惠普公司的管理已举世闻名,但在世界500强中,惠普还仅排在第150位,员工只有5万人。当时的惠普有一个理论:在新招来的员工中,5年后大概只有50%的人留下;10年后大概只有25%的人会留下。比如10年前惠普招了4个人,5年以后就剩下2个人,10年后就剩下1个人。可是留下来的这个人,肯定已对惠普文化坚信不疑,行为举止也是惠普化的,这样的人肯定会为惠普作出很多有益的贡献。

在中国台湾惠普的10年中,陈翼良历任销售代表、销售部经理、财务暨管理总监和市场部总经理。在此期间,他创造了连年超额完成销售定额的佳绩,并荣获惠普公司颁发的最佳经营管理奖。1992年陈翼良被调回美国总部升任业务发展部经理,1994年4月被派往中国大陆任中国惠普财务及行政总监,1997年11月又升任中国惠普公司总裁。

虽然陈翼良在惠普苦熬17年才坐上中国惠普总裁的位置,但陈翼良认为选择在惠普做事情很值得,他每一次在惠普内部调动工作,都学到不少的东西,而现在惠普的员工已从当初的5万人发展到12万人,在世界500强企业中,惠普已从第150位跃升到第13位。

惠普从来不把惠普之道挂在墙壁上,也很少大张旗鼓地进行宣扬,但惠普之道却能对惠普公司进行管理,也能让堂堂惠普大总裁普莱特全球访问时从来不坐专机;甚至让中国惠普总裁陈翼良说:我不敢不尊重我的员工。惠普之道很厉害,厉害得让惠普的创始人骄傲不已。

陈翼良说,我深信每个员工都有他的重要性,因此一定要尊重每个人的重要性,只有这样大家才能在一起很好地合作做事情。如果我把你轻视了,那我们双方的沟通就不会有好结果。正因为如此,我们才会与员工有着良好的互动。我们深信自己的文化会成功。如果一家企业没有可信的文化氛围,正如一个人没有思想中心,会很难获得成功。身为企业领导人,要非常相信自己的企业文化,要以身作则,并有相应的执行力度。

陈翼良对惠普文化非常热爱,无论他的言谈举止,还是行为方式,都已烙上惠普的文化烙印,就像虔诚的宗教徒身上有着明显的宗教烙印一样。陈翼良说他在做什么事情时,总要自觉不自觉地考虑他的行为是否符合惠普的五个核心价值观。

一位西方记者在采访惠普创始人之一休利特时问:你这一生有没有最值得回忆的一件事?休利特回答说,我这一生最值得骄傲的一件事就是参与创建了一家公司,这家公司以高科技、高质量、好的管理闻名于世,然后又成为很多公司模仿的对象。同时我也希望在我百年之后,这家公司的企业文化能延续,这家公司的生命能延续,还是很多人讨论的一个对象。

惠普文化像有一双尖利的铁爪,能抓住人心,让文化在不知不觉之中成为惠普管理之特色。这使惠普的管理能以柔克刚、柔中有刚、柔举刚张、人性味十足。然而,被惠普文化从头到脚、从里到外都熏了个遍的陈翼良却说,一家企业有什么样的文化并不最重要,最重要的是企业是否具有凝聚力。

陈翼良说，公司不同，文化也不同。但不管你这家企业文化是软性的，还是硬性的，这都不是最重要的，重要的在于你的员工相信不相信你企业文化的价值观，重要的是你的企业文化能否凝聚你的员工的向心力。如果企业所有的人都相信你的企业文化，你企业文化的力量就会很大，对人的约束力也就会很大。你的企业文化使员工的凝聚力越强，你的公司将来的实力也就越强。

惠普文化的力量来源于它的铁爪抓住了惠普很多人的心。陈翼良说，如果某个文化能被很多人接受，这个文化能根深蒂固地延续很久，那么这个文化是比较有生命力的。有些文化在短期之内可以使企业获得成功，但它不能得到很多人的认同，也没有办法持之以恒地做下去，这个文化就会慢慢消失。惠普是有几十年历史的公司，其文化传播延续了几十年，说明这个文化已经很有力量了。

陈翼良认为，企业文化建设最好能采各家所长、融各家所长，但别的公司不应完全照搬惠普的文化，惠普文化就像一棵大树，搬到另一个地方不见得能活下去。

再优秀的公司既有事业的高峰期，也有事业的低谷期。惠普在低谷时为什么能及时调整？惠普发展迟缓之时，往往也是总裁换届之时，然而，惠普总裁换届总能软着陆。因为惠普文化总能让惠普人保持自知之明，顺应时代潮流。

陈翼良目睹了惠普三任总裁之风采。陈翼良刚来到惠普时，约翰·扬当上惠普总裁刚3年。约翰·扬是继惠普创始人之后的第一任总裁，在他执掌惠普的13年当中，惠普的业务发展非常迅速。约翰·扬任惠普总裁之初，惠普销售额不到30亿美元，但到了1990年，惠普销售额已高达132亿美元；约翰·扬大力发展Mini Computer（迷你电脑），推出个人电脑，使惠普成为一家大的电脑公司；约翰·扬还带领惠普作出一个很重要的决策，即进入打印机领域，并于1984创造了第一台激光打印机。虽然约翰·扬在任期间对惠普贡献很大，但随着惠普的发展，惠普的官僚体制的危害越来越明显，那些需要作出及时和明智决定的问题，被一层层设有难以操作的委员会的管理机构拖延了下去。这使惠普的业绩明显处于缓滞状态，当时的惠普股票已下降到25美元。约翰·扬看到问题的严重性，主动提出退休让位。

1992年，普莱特接过约翰·扬的权棒。在其任职的8年中，惠普营业额增加了三倍，利润增加了四倍，计算机和打印机业务突飞猛进，惠普成为世界第二大计算机公司。但到了1997年下半年，当惠普的营业收入达到400亿美元时，惠普发展的脚步突然缓慢下来。在以后的一年半中，惠普像是打了麻醉剂一样，增长缓慢。造成这种情况的原因：一是亚洲金融风暴的波及；二是头一年上半年，供货链出现了一些问题；三是没有很好地利用网上销售，对因特网的影响重视得不够；四是惠普的规模过于庞大。普莱特一边做调整让惠普度过了短暂的艰难期，一边提出退休让位。1999年8月，惠普的新总裁，年轻美丽的Fiorina女士接过惠普的权棒。

像惠普总裁这样的软着陆，是世界大公司的一大风景，为什么惠普总裁们会如此自觉呢？

陈翼良说，惠普的企业文化鼓励创新，不安于现状。惠普文化把惠普人的神经熏陶得很敏感，尤其对公司的发展更加关注。即使总裁看不见问题所在，总有很多员工能看出来，更加可贵的是员工总是敢于提出问题，有时还要越级反映，而惠普董事会或最高层往往能作出及时反应，力挽颓势于初始，使惠普低谷期迅速缩短。约翰·扬执政末期，惠普官僚体系严重，惠普创始人之一帕卡德不断接到员工们的拜访和来信，于是久不朝政的帕卡德来到惠普东瞧西问,最后终于解决了惠普的症结。普莱特当政的晚期,1997年年末,惠普发展处于停滞状态,惠普员工强烈呼唤新思维,普莱特经过一段反思和调查后,将惠普公司一分为二,而后又主动向董事会提出辞职。

值得关注的是,约翰·扬与普莱特两位总裁的退位都是主动提出的,这与惠普人的一个理念有很大关系,即与其让别人强迫你作改变,不如你自己作改变。这也就是陈翼良所说的一个人要成功,一定要接受事实、认清转变。这使得惠普总裁在面对过去的成就与未来的发展时,总能非常明智地审视自己的作用。

陈翼良说,另外,惠普的退休制度很有意思,你到了60岁时如果退休,除了退休费,你还可以拿到一笔额外的奖金;如果你多做一年,你的奖金就会少10%;如果你坚持做到65岁,这个奖金就没有了。这主要是鼓励我们的高级主管能够及时地退休。所以我们的大多数高级主管都会及时退休。

惠普文化五个核心价值观是绑在一起的,我们在看一个人、一件事时,也是全面地评判。惠普能及时主动作出一些重大决定靠的就是这些,比如我们惠普有很强的团队精神,我们是靠团队来作决定,而不会靠一个人来扭转乾坤。包括我们这次找来的新总裁Fiorina女士,就是董事会一致选举通过的。

惠普总裁办公室从来没有门,陈翼良的办公室也没有门,惠普的文化也没有门。中国员工受到顶头上司的不公正待遇或看到公司发生问题时,不会以忍为怀,往往爱直面陈述,有时还要越级反映情况。陈翼良也曾越级上送过报告,结果换来的是顶头上司的最真诚的歉意。

陈翼良有个习惯:几乎每个星期五的中午,都会请一些员工到办公室,从外面买来一些肯德基快餐,边吃边聊。他说,我不可能和每个员工都吃饭、谈心,所以每个经理分头负责很重要。我劝我的经理们要培养一种能力,当手下员工不是你的直接下属时,你怎样去领导他。因为领导绝对不是靠你的威权,不是靠你的命令,领导是靠你如何激励这些人一起为一个共同的目标去做事。未来的企业是以E-Enter(电子为中心)形态为主,这与传统的组织形态大为不同。未来公司组织结构是网状的,大家围绕一件事,并没有说谁是最主要的老板,只有一个项目的负责人。这位负责人的选出是因为他的能力最好,而不是因为这个人最资深;公司之间的互动也不是因为谁最资深就听谁的,而是看谁对这件事了解得更清楚就听谁的。

惠普采取门户开放政策,谁都可以越级向上反映各种问题。陈翼良追忆说,我以前也曾越级报告过一次。我为了争取做中国惠普财务总监,曾找过一位管亚太区的副总裁,可是他认为我不了解中国大陆,他的理由是我没有在中国大陆待过。但我觉得他没有给我机会说明我过去都做了一些什么事,因而我又去找了惠普全球副总裁,我说以我过去的经验,我相信我在中国大陆会做得很好,后来我又得到一个机会与这位副总裁共进晚餐,我再一次表述我的观点。最后,我被批准来中国惠普做财务总监。然而,我来到北京后,还是要向那位主管亚太区的副总裁直接汇报,但我并没有因为曾越级汇报而与他的关系搞坏。他后来还跟我说:"很抱歉,当时是我主观的判断,将来我要进行改进。"从这件事你就可以看出,在惠普人与人之间相处时彼此之间都很尊重,这件事情给我的启发也很大。

另外,惠普对一个人绩效的评估是360度的评估,这使得员工感到不会死在一个老板手里。你要听他的老板说这个人做得怎样,你要听他的手下人说这个人做得怎样,你要听他的同事说这个人做得怎样。总之，我们不能听一面之词，因为这个人可能会对老板很好，但对手下人并不好。

人们常常把文化比作计算机软件，其实好的文化不仅要有好的软件，也要有好的硬件，只有软件没有硬件，文化也会玩虚了，这硬件就是员工的发展、员工的机会、员工的培训、员工的待遇。

惠普除了文化吸引人外，还靠什么来吸引人？陈翼良说，惠普靠的是最好的工作环境，员工在这里工作愉快，该有的压力要有，不该有的压力就要坚决去除；员工在惠普有自己发展的机会；公司的方向也很清楚，公司有前途。

他说，给员工发展机会意味着随着员工能力的累积，财富也会增加；给员工不断培训和挑战的机会，员工会随着公司的发展而有所成长。中国惠普刚成立时有100多名员工，现在有1 000多名员工（注：在陈翼良任中国惠普总裁时），经理的职位增加很多，这对员工个人的发展很有好处。成功要与你的员工一起分享，这是一个很重要的观念，不管你是在赚钱还是在成长，都要与员工一起分享。即使你是家小公司，你一样可以跟员工来分享你所赚的钱，比如你一样可以与员工一起去旅游，你一样可以调高员工的薪水，让他们没有后顾之忧。成功的背后，都是大家一起努力的结果。我常常跟员工讲，我们的公司之所以能够成长，不是我一个人的功劳，而要归功于大家，是大家一起努力的结果。惠普的待遇在IT业界虽不是最好的，但也不是最差的。但待遇再怎么好，也不是吸引你的员工留下来的唯一因素，员工还要看公司的整体因素。

文化要达到佳境就不能掺水，就像人与人之间的友谊。掺了水的友谊总让人感到有些摇摇晃晃，让人心存疑虑和不满。对惠普忠心耿耿近20年的陈翼良虽然对惠普无限热爱，但他却对员工说，愚忠并不意味着未来的稳定。

陈翼良说，我们公司相信员工，同时也希望员工相信公司。因此，公司一旦说出去的话，就一定去执行。对员工我们不采取骗的态度，对于未来我们常常对员工讲得很透彻，而且也谈得很交心。我对员工强调，培养自己的专业要比对公司的忠心更重要。

比如，人们来到一家好公司，往往愿意一辈子替它做事，但最后很多好公司都让员工失望很大，因为好公司并不一定永远是好公司。所以我一直对我的员工说，你们不要以为只有忠诚度才能换来你们的长久安稳，我觉得忠于自己的专业要比对公司的忠心更为重要。公司选择员工，同时我们也要让员工自己选择未来。

我认为公司和员工双方都应这样来思考：公司不欠我的，我也不欠公司的，谁也不应该欠谁的。员工一定要为自己设计未来。未来的组织可能不是金字塔形的，而是网状的，并不是因为你在公司资深而受人尊重，而是因为你对公司更有价值、对公司未来方向更有把握而赢得别人的尊重。

第8节　苹果的企业文化

一、苹果公司简介

苹果公司（Apple Inc.）是美国的一家高科技公司，由史蒂夫·乔布斯、史蒂夫·沃兹尼亚克和罗·韦恩三人于1976年4月1日创立，最初命名为苹果电脑公司（Apple Computer

Inc.），2007年1月9日更名为苹果公司，总部位于加利福尼亚州的库比蒂诺。

苹果公司1980年12月12日公开招股上市，2012年创下6 235亿美元的市值纪录，截至2014年6月，苹果公司已经连续3年成为全球市值最高的公司。苹果公司在2014年世界500强企业排行榜中排名第15。2013年9月30日，在宏盟集团的全球最佳品牌报告中，苹果成为超过可口可乐的世界最具价值品牌之一。2014年，在世界最具价值品牌中又超过谷歌（Google）。

苹果公司之所以取得优异成绩，其重要原因就在于乔布斯所建立的企业文化。乔布斯将他的旧式战略真正贯彻于新的数字世界之中，采用的是高度聚焦的产品战略、严格的过程控制、突破式的创新和持续的市场营销。

二、企业文化

苹果公司的企业文化，大致可概括为以下几点：

（一）专注设计

苹果比其他任何一家公司都更加注重产品的设计。像微软这样的公司向来不善于打造让人赏心悦目的产品，而苹果才是真正地在做设计——了解消费者的需求，懂得如何满足消费者的需求，然后着手实现这些目标。虽然实现起来并不总是很容易，但苹果似乎每次都能恰到好处地完成。

（二）信任乔布斯

苹果的企业文化从员工一直延伸到了消费者。这也就是说，它对员工的期望也是对消费者的期望。其中，最重要的一点期望就是——相信乔布斯。在过去的多年中，乔布斯一直是苹果的救星。他曾带领苹果走出老化的商业模式并进行革新，从而创造了前所未有的成就，并向市场推出了许多更好的产品。

（三）从头开始

当员工初到苹果时，公司就希望他们立即做一件事：忘掉曾经了解的技术。苹果公司所做的事情与其他公司都不一样。无论是产品的设计、新产品的设计理念，还是公司独具的简单运营方式，只要是在苹果，所有事情都会不同。把在其他公司的工作习惯带到苹果来，可能会造成更多的麻烦。苹果是不同寻常的。

（四）坚信苹果

苹果公司非常自负，其中部分原因是乔布斯非常自我，他相信苹果是世界上最强的公司，有不同于其他公司的做事方式。虽然苹果的"仇敌"无法忍受这一点，但是对所有该公司的"粉丝"和员工而言，这一信条已经成为一种号召力。

（五）聆听批评

由于自负的本性，苹果用心聆听人们对自己的产品的批评。但在真正的苹果时尚里，该公司会选择更加"恶毒"的行为来回应这些批评，这一点是行业里其他所有公司都不能企及的。毕竟行业里有哪家公司可以在遇到诸如 iPhone 4 天线门这样的事件时还能满不在乎，依旧我行我素呢？苹果不喜欢听到别人指责自己是错误的，并希望不管是自己的员工，还是外界的追捧者都能跟自己坚定地站在一起。

（六）永不服输

苹果最具魅力的一点就是它永不服输。就算产品被批评得体无完肤，该公司似乎也能在危急时刻找到脱离火海的方法。没有哪个领域能比计算机市场把这一点展现得更加淋漓尽致的了。在作出了一些有着不少争议和风险的决策后，乔布斯凭借正确的策略扭转了局面，使公司获得了收益。今天，苹果希望自己所创造的利润可以打破纪录。乔布斯最不想看到的就是竞争对手击败自己的公司。

（七）关注细节

如果说苹果懂得哪一条经营之道，那就是关注细节意味着长远回报。例如，谷歌的 Android 操作系统，可能卖得很好，但在使用了一段时间之后，大多数消费者就会发现 Android 与苹果的 iOS 操作系统相比缺乏一些闪光点。这点差距并不会让消费者觉得 Android 操作系统不太好用，事实上，可以说 Android 和 iOS 一样好用，但这点小小的差距确实会让一些消费者禁不住质疑谷歌为什么就不能再做得更好一点。在大多数情况下，苹果却多努力了一点点，但就是这一点点的努力使苹果成为最大的赢家。与此同时，这也是苹果对自己员工的期望。

（八）保密至高无上

谈到苹果的企业文化，就不得不提及该公司对保密工作的态度。不同于行业里的其他许多公司，苹果在即将推出新产品时很少会泄密。但实际上，由于该公司一名员工的疏忽，使得 iPhone 4 在推出之前就已经泄露了相关信息。也许这就是苹果公司会制定保密准则的原因，只有那些能做好保密工作的公司才能取得成功。而那些泄露公司秘密的员工，哪怕是无意的，也只有被炒掉的分。1977 年，苹果还是一家创业公司，只有一幢楼，它的大厅中写着：Loose lips sink ships（走漏风声会让船沉掉）。

（九）主导市场

在涉及技术时，乔布斯脑海中只有一个目标，那就是主导市场。他所想的不只是击败市场上的所有公司，而是要彻底摧毁它们。乔布斯想向世界表明，只有他的公司才是最强的。乔布斯就是想向竞争者、消费者和所有人证明这一点，并希望员工可以帮他实现这个目标。

（十）发扬特色

苹果素以消费市场作为目标，所以乔布斯要使苹果成为电脑界的索尼。1998 年 6 月上市的 iMac 拥有半透明的、果冻般圆润的蓝色机身，迅速成为一种时尚象征。在之后 3 年内，它一共售出了 500 万台。而如果除去外形设计的魅力，这款利润率达到 23% 的产品的所有配置都与此前一代苹果电脑如出一辙。

三、材料阅读

苹果公司的海盗精神

李开复

（李开复，祖籍四川，1961年12月3日出生于中国台湾省今新北市中和区，中学时移民美国，获得美国国籍，1988年获得卡内基·梅隆大学计算机系博士学位，1998年移居北京。1998年李开复加盟微软公司，并创立了微软中国研究院（现微软亚洲研究院）。2005年7月20日加入谷歌公司，并担任谷歌全球副总裁兼中国区总裁。2009年9月4日，宣布离职并创办创新工场，任董事长兼首席执行官。）

去苹果上班的第一天，阳光明媚，我上了车，拿出自己的报到书一看，吓了一跳，上班的地方居然是一家商业银行。我当时有点摸不着头脑，为什么不是在苹果的总部里上班？苹果难道搬家了，搬到银行去了？

来到银行，我小心翼翼地询问那里的保安："请问苹果公司是从这里进去吗？"保安指了指后门。

看来没走错！转到银行的后门，发现还真是别有洞天，上到二楼一个小门里，一些年轻人正专注地摆弄着计算机。原来，我们真的是在银行背后一个隐秘的小楼里上班。苹果的产品研发多是秘密进行，希望上市的时候能让所有的人"惊讶"和"惊艳"，因此办公地点非常隐秘。

"这也许就是苹果海盗精神的反映吧。"我想。苹果所谓的"海盗"精神，我一直有所耳闻。在苹果，公司的信条是：进行自己的发明创造，不要在乎别人怎么说，一个人可以改变世界。公司创办初期，乔布斯曾在楼顶悬挂一面巨大的海盗旗，向世人宣称：我就是与众不同。

我所在的语音识别项目组里都是年轻人，我当年28岁，有一些人甚至比我还小，他们是全美软件业的精英，他们热爱并传承着苹果的海盗文化。浸泡在苹果宽松文化里的他们，是一群又酷又可爱的人。他们经常把宠物带到办公室来，你写程序的时候，不知道谁的小狗会凑过来嗅一嗅你的脚，有一次，一位同事养的兔子甚至跳到了我敲键盘的手上。那时，办公室里堆着各种宠物食品，谁有空谁就来喂一喂宠物。

由于在学校做了太久的研究，当时的我对如何做真正的产品感到无所适从，是他们给了我热情的帮助，让我从学术界的故步自封里解脱出来。那是一个真正和谐的小圈子。

那几乎是我在苹果最快乐的一段时光：从1990年7月到1991年2月，在苹果，没有任何人来管理我们，我们的激情和想象力都发挥到了极致。下了班我们都不愿意回家，而是沉浸在自己的研究里，希望尽快在各自的领域取得突破。其间，Mac的语音识别速度加快了40倍，而且实现了不错的识别率。经过几个月的努力，MacⅢ项目有了很多突破。

在我们全身心投入MacⅢ研发的时候，苹果陷入了一场财务危机。

现在我们可以看到苹果所犯的错误。在斯卡利执掌苹果的几年里，苹果顺着原来的技术方向向前惯性漂流了七八年，公司的股票也一路上涨，不幸的是，斯卡利始终没有找到苹果真正的发展方向。新项目纷纷上马，不大的公司居然有上千个项目，但在PC市场，苹果的空间已经被微软挤压得越来越小。

苹果一直坚守着高端和不开放的原则，相应的，苹果的市场份额也一直在萎缩。于是，斯卡利想，干脆用降价来守住市场份额，这招让苹果的市场份额一度有所回升，但是，降价的后果只能是赔钱。最后，苹果只能靠裁员来节省成本。在苹果的改组大潮里，我们的小组被取消了，但是语音识别技术被保留了下来，因为这是一项看起来非常酷的技术。在董事会的压力下，斯卡利其实也在做最坏的打算——寻找买家来接手苹果，而语音识别技术看起来是个很好的卖点。公司高层作这些决定的时候，我还一直蒙在鼓里。直到有一天，我开完会回到办公室，看到戴夫·耐格尔正坐在我的椅子上，用他那招牌式的笑容跟我打了个招呼，然后说："开复，我有一个好消息和一个坏消息，你想先听哪一个呢？"我当时心里一惊，想了想说："还是先听坏消息吧。"戴夫说："你们做的项目被叫停了，也就是说你们的Mac Ⅲ 小组被取消了。"我心里一阵沮丧，强打起精神问："那好消息呢？""好消息是，你被提升为ATG研发集团语音小组的经理了。"我大惊："什么？可我一点管理经验都没有啊！""你的为人得到了大家的信任，你周围的人都说很喜欢与你共事，所以，我相信你有管理的潜力，而且我帮你找了一个新老板——谢恩·罗宾逊，他是我们最卓越的管理者，你不会的，他都可以教你。"我就这样糊里糊涂地被拉上了管理者的位子。事实证明，就像戴夫承诺的，谢恩果然是一个很好的领导，我从他那里学到了很多。后来，他成为惠普的首席技术官。

（摘自《世界因你不同》，中信出版社）

第9节　IBM的企业文化

一、IBM公司简介

国际商业机器公司，又称万国商业机器公司，简称IBM（International Business Machines Corporation），1911年由托马斯·沃森创立于美国，总公司在纽约州阿蒙克市，是全球最大的信息技术和业务解决方案公司，业务遍及160多个国家和地区，在全球拥有员工30多万人。

IBM公司在创立初期的主要业务是生产商用打字机，而后转为生产文字处理机，然后转到计算机和有关服务。2013年9月19日，IBM收购了英国商业软件厂商Daeja Image Systems，将其并入软件集团和企业内容管理（ECM）业务。2014年1月9日，IBM宣布斥资10亿美元组建新部门，负责公司最新电脑系统Watson的研发。

作为计算机产业长期的领导者，IBM在大型/小型机和便携机（ThinkPad）方面的成就最为瞩目。该公司创立的个人计算机（PC）标准，至今仍被沿用和发展。2004年，IBM将个人计算机业务出售给中国电脑厂商联想集团，正式标志着从海量产品业务向高价值业务全面转型。另外，IBM还在大型机、超级计算机（主要代表有"深蓝""蓝色基因"和Watson）、UNIX、服务器方面领先业界。

在软件方面，IBM软件集团（Software Group）分为软件行业解决方案以及中间件产品，包括业务分析软件（Cognos、SPSS）、企业内容管理软件、信息管理软件（DB2、Infomix、InforSphere）、ICS协作（包括Lotus等）、Rational软件（软件生命周期管理）、Tivoli软件（整合服务管理）、WebSphere软件（业务整合与优化）、Z-Systems软件（大型机软件）。

IBM 在材料、化学、物理等科学领域也有很深造诣。硬盘技术、扫描隧道显微镜（STM）、铜布线技术、原子蚀刻技术都是 IBM 研究院发明的。

目前，IBM 仍然是全世界拥有最多专利的企业。自 1993 年起，IBM 连续 20 年出现在全美专利注册排行榜的榜首。到 2002 年，IBM 的研发人员累计荣获专利 22 358 项，这一纪录史无前例，远远超过 IT 界排名前 11 的美国企业所取得的专利总和，这些 IT 强手包括惠普、英特尔、Sun、微软、戴尔等。IBM 在 2012 年获得了 6 478 项美国专利，刷新该公司的历史新纪录。

2008 年，尽管全球金融危机的威胁继续存在，但 IBM 的收益依然保持稳定上升，实现营业收入 1 036 亿美元，实现创纪录的税前利润 167 亿美元。作为企业界的常青树，IBM 对市场的洞察和把握，使其在金融危机的大潮中一如既往地稳步向前。

二、IBM 在中国

IBM 与中国的业务关系源远流长。1934 年，IBM 公司为北京协和医院安装了第一台商用处理机。1979 年，伴随着中国的改革开放 IBM 再次来到中国。同年中华人民共和国成立后的第一台 IBM 中型计算机在沈阳鼓风机厂安装成功。

随着中国改革开放的不断深入，IBM 在华业务日益扩大。20 世纪 80 年代中后期，IBM 先后在北京、上海设立了办事处。1992 年国际商业机器中国有限公司在北京正式成立，这是 IBM 在中国的独资企业。这一举措表明，IBM 在中国的业务战略迈出了实质性的一步，掀开了在华业务的新篇章。1993 年，IBM 中国有限公司先后在广州和上海建立了分公司。到目前为止，IBM 在中国的办事机构扩展至包括北京、上海、广州、深圳、哈尔滨、沈阳、南京、杭州、成都、西安、武汉、福州、重庆、长沙、昆明、乌鲁木齐、贵阳和温州等 33 个城市，业务渗透到 300 多个城市。IBM 全球服务执行中心分布在大连、上海、深圳和成都，标志着 IBM 在中国的应用服务外包已经达到了国际最先进的水平。除此之外，IBM 还成立了 10 家合资和独资公司，分别负责制造、软件开发、服务和租赁业务，从而进一步扩大了在华业务覆盖面。

20 世纪 90 年代中后期，IBM 最早在中国成立合资生产厂，最早开设研发机构，发掘人才的价值，最早将世界级的专业服务引入中国，引导了中国制造、中国研发和中国服务的潮流。进入 21 世纪，IBM 将中国视为全球最重要的创新中心和服务中心，协助金融、电信、流通、制造等国民经济重要行业实现了信息化的跨越式前进。2007 年，IBM 提出了全球整合企业概念，将中国变成 IBM 全球整合的最重要的基地之一，为中国企业的国际化成长提供了先进的指导思想和实践经验。

1995 年成立的 IBM 中国研究院是 IBM 全球八大研究中心之一。1999 年 IBM 在中国成立的中国软件开发中心成为 IBM 全球规模最大的软件开发基地之一，也是目前跨国企业在中国最大的开发中心。2007 年，IBM 中国系统与科技研发中心正式成立。IBM 在华研究机构与中国政府和研究机构密切合作，为中国迈向创新型国家、实现科学发展作出贡献。

IBM 的各类信息系统已成为中国金融、电信、冶金、石化、交通、商品流通、政府和教育等许多重要业务领域中最可靠的信息技术手段。IBM 的客户遍及中国经济的各行各业。与此同时，IBM 在多个重要领域占据领先的市场份额，包括服务器、存储、服务、软件等。

取诸社会，回馈社会，造福人类，是 IBM 一贯奉行的原则。IBM 积极支持中国的教育

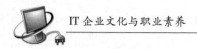

事业并在社区活动中表现出色。

2011年，IBM在中国提出智慧成长的理念。IBM认为，信息科技经过数十年的发展，正进入新的纪元，从以过程为中心的计算架构全面迈向以信息为中心的架构，从相对标准化的IT迈向更智慧化的IT，新计算模式及其架构的变迁，使人类有可能真正地拥抱信息，深刻而透彻地理解数据，实现真正意义上的智慧决策，推动企业和经济成功转型。

自2003年起，IBM与教育部进一步合作，在北京、上海、广州和成都的20所小学开展了Reinventing Education基础教育创新教学项目，采取更多、更有价值的支持方式，把国外成熟的经验和资源引入中国，并充分结合中国的现状和需求，更好地帮助学校借助IT手段提高教学效果。

通过上述项目，共有1万多名基础教育领域的骨干教师接受了IBM的免费培训，10万名儿童受益。

2003年，IBM Try Science Around the World（"放眼看科学"）青少年科普项目在中国正式启动。通过这个项目，IBM向科技馆捐赠了电脑终端，终端通过高速网络与异地服务器相连并将服务器上的丰富内容呈现给科技馆的参观者。

对于IBM在中国的出色表现和突出贡献，媒体给予了充分肯定。IBM先后被评为中国最受尊敬的企业、中国最受尊敬的外商投资企业、中国最具有价值的品牌、中国最佳雇主等。2004年，IBM中国公司被《财富》杂志中文版评选为中国最受赞赏的公司，并荣登榜首。2005、2006年，IBM连续两次被中国社会工作协会企业公民工作委员会授予"中国优秀企业公民"荣誉称号。

三、企业文化

IBM的文化根植于IBM的经营理念，其价值观曾具体化为三原则，即为职工利益、为顾客利益、为股东利益，后又发展成三信条，即尊重个人、竭诚服务、一流主义。其企业文化主要包括以下几个方面。

（一）尊重个人（Respect for the Individual）

IBM公司经营的宗旨是尊重人、信任人，为用户提供最优服务及追求卓越的工作。这一经营宗旨就是IBM的价值观，它指导IBM公司的所有经营活动。尊重人是尊重员工和顾客的权利和尊严，并帮助他们自我尊重；信任人是信任员工的自觉性和创造力。

其主要精神在于根据员工的性格、能力，安排员工接受工作上所需的各种训练，以在其职位与责任上发挥所长。以绩优制度（Merit System）激励员工，并维持上下级的双向沟通。

（二）最佳的顾客服务（Service to the Customers）

公司鼓励在公司力所能及的情形下，员工竭尽所能提供给顾客最佳的服务。IBM深知顾客才是IBM的衣食父母，只有顾客持续满意IBM的产品与服务才会忠诚。因此IBM不断教育员工必须知道谁是你的顾客，你在公司内部又是谁的顾客，并且必须了解顾客现在与将来都需要什么，并竭力提供维护服务，引导顾客使用本公司产品与服务，并要善待顾客。

（三）追求卓越（Excellence Must be a Way of Life）

追求卓越就是尽力以最优的方式达成目标，但并不是要求完美无缺。卓越不仅指突出的工作成就，还指最大限度地培养追求杰出工作的理想和信念，激发出为企业尽忠竭力的巨大热忱。

整个公司团队和个人都在力所能及下被要求追求更佳的绩效。在 IBM，明知你在努力的情形下，可能做到 100 万元的生意，但在定业绩目标时，往往是 120 万元，这是希望激发出你的潜力。公司鼓励员工自定绩效目标，但在整体追求卓越文化的带动之下，无不奋力而为。此外在产品发展上，注重品质与领先。

（四）经理人必须有效地领导（Managers Must Lead Effectively）

经理人是公司的骨干，必须以身作则，领导团队成员，心胸宽阔，待人热诚，常与同人相聚，了解员工情形，竭力达到绩效，了解上下左右与整体需求，并解决问题。总之，在管人（People Management）与管事（Business Management）上都要展现领导力并追求卓越。

IBM 公司能顺应时代的发展，不失时机地改变经营战略和不断地改变组织机构，如 20 世纪 50 年代中期由集权转变为分权，废除蓝领劳动者与白领劳动者的区别，使 IBM 公司从古老质朴的时代转变为技术专家领导的科学经营时代；随着 80 年代信息革命的不断深入发展，公司于 1982 年实行重大改组，将所有的销售部门归并到信息系统联合部，以便尽量了解顾客、用户的多种特殊要求，让技术专家直接参与市场营销。IBM 拥有一批乐观，正直，开明，具备了进取精神、实干能力和必胜信念的管理者。他们能跟员工交流沟通，能尊重人、理解人，能发挥员工想象力与创造力，营造出亲密、友善、互助、信任的组织氛围。

（五）竭力贡献股东（Obligations to the Stockholders）

股东是资金的来源，员工应清楚对股东的责任，必须善用资金资产，增加股东回报，使股东长期获益，力行知恩图报。

（六）公平对待供货商（Fair Deal for the Supplier）

即根据品质与价格选择供货商，以善意实现合约条款与承诺，以与供货商建立公平与双赢关系，达到双方长期获利。

（七）做一个优良的公司法人（IBM Should be a Good Corporate Citizen）

即 IBM 立身于全球环境之中，理应对身处之环境有所回馈与贡献，例如对公益事业的捐助。这一切基于 IBM 深信公众需求与本公司利益一致，公平合法地努力与对手竞争，竭力创造一个健康的生活与工作环境；在公司内部则给员工提供公平机会，不因种族、肤色、宗教、国籍、年龄、性别而歧视员工。

四、材料阅读

我是这样进入 IBM 的

郝大明

我从不曾为 IBM 准备过什么，但我似乎一直都为此准备着。好友亮问我工作找得如何的时候，我的心像是被猫抓了一下。那一段时间我一直在逃避这个摆在眼前的问题。那时我在编一个数码全景图自动拼接的程序，它已经耗费了我整整一个暑假和几个月的空闲时间，以至我连简历都没时间做。

除了这个程序之外，我还编过很多程序，但从来没有想过发布。每次我编完一个程序，就会摆在一边，在几天的空虚之后，接着开始下一个。我做这件事只是因为爱好：我喜欢把自己各种稀奇古怪的想法通过程序变成现实。这个爱好伴随我 9 年，从高中我第一次接触 BASIC 语言开始，就被这种解决问题的独特思路迷住了。只是高考填志愿时顺应了父母的意见，没填计算机专业。这让我在此后的 6 年多里一直懊悔不已。

终于在一个星期之后，我写完了最后一行代码，开始考虑写我的简历。这个时候我看到了 IBM 中国研究院校园招聘的消息。IBM，我最早在高中机房唯一的 386 电脑上就看到过这三个字母，我还记得高中微机老师讲到 IBM 时崇拜的神情。但自从进入了现在的专业，IBM 对我来说只是一个遥不可及的蓝色梦想。

后来，我把简历投给了 IBM 里唯一和我的专业有关的方向，一个星期以后我收到了 IBM 的面试通知。我介绍自己的课题的时候面试官们一直昏昏欲睡，我想肯定没戏了。后来一个面试官很随意地问我还有什么爱好，我提到了编程，提到了我刚刚完成的那个程序。然后在他的诱导之下滔滔不绝地讲起了它的功能和创新点。我发现面试官似乎对此很感兴趣。

在此后的一段时间里，我的蓝色梦想日渐清晰，我开始急切地渴望能够最终迈进 IBM 的大门。终于，在我生日那天，我收到了去北京参加第二次面试的通知。然后我就开始紧张地准备演示用的 PowerPoint 文稿。此时我已经明白面试官看重的是什么，也更加坚定地走向自己最喜欢的方向。我花了大量的时间整理我的程序中的算法和创新点，直到踏上征途后的那个早晨，我被车厢缝隙中灌进来的一股凉风冻醒以后，才用剩余的时间背会了英文自我介绍的最后一段。

在 IBM 大厅里等待的时候，我一直在流汗，不知是因为暖气太热，还是因为看到来来往往的青年才俊都带着厚厚的论文集或者证书。不过在我被带到面试的房间以后，我却出乎意料地没有紧张，尤其在开始用中文介绍项目后，语调语速和修辞的控制权完全掌握在我的手中，仿佛一支球队回到了自己的主场，纵横捭阖，游刃有余。我在大部分时间里都在介绍我的程序，介绍其中的思路和算法。虽然开始时这让面试官有些意外，但他们很快就被吸引住了。当我以一个实例的演示作为结尾的时候，我知道无论成功失败，我都不会有什么遗憾了。

两个星期以后，我收到 IBM 中国研究院两个部门的录用通知，一个是我的本专业，另一个是我喜欢的数字媒体方向。我毫不犹豫地选择了后者。这时候的我已经不会再次背叛自己的爱好了，好像我从不曾为 IBM 准备过什么，但我似乎一直都为此准备着。

面试那天从昊海大厦走出来，我有点得意忘形。我漫无目的地沿着上地的大街游荡，结果发现自己沿着 IBM 的总部绕了一圈。我想起刚下火车打着冷战的时候突然看见的满天繁星，我还想起高中电脑课上第一次成功运行一个微不足道的小程序时的喜悦，以及以后的一段时间里，我一直拿着一个纸盒子装着我的宝贝 5 寸软盘，屁颠屁颠地在教室和机房之间跑来跑去。当时的情形似乎就发生在眼前，我仿佛绕了一个圈以后又回到了那个起点。

习之者不如好之者，好之者不如乐之者。对编程序爱到连写简历都可以抛在一边的我，乐之程度可见一斑，介绍项目时如鱼得水的情形便可想而知。忠于自己的爱好，不离不弃，最终实现梦想，是大获成功找到一份好工作的密码。或许在坚持爱好的过程中也有不可言说的无奈，但有什么会比从事自己喜爱的事业更让人得意的呢？

第 10 节 甲骨文的企业文化

一、甲骨文简介

甲骨文（Oracle），全称甲骨文股份有限公司，是全球最大的企业软件公司，总部位于美国加利福尼亚州的红木滩，现任首席执行官为公司创办人拉里·埃里森。"甲骨文"既是 Oracle 的中文译名，同时也表达了 Oracle 的业务特点：数据和信息的记录。

2013 年，甲骨文已超越 IBM，成为继 Microsoft 后全球第二大软件公司。甲骨文如今在 145 个国家和地区开展业务，全球客户达 275 000 家，合作伙伴达 19 500 家。全球员工达 74 000 名，包括 16 000 名开发人员、7 500 多名技术支持人员和 8 000 名实施顾问。

甲骨文在多个产品领域和行业占据全球第一的位置，其中包括数据库、数据仓库、基于 Linux 系统的数据库、增长最快的中间件、商业分析软件、商业分析工具、供应链管理、人力资源管理、客户关系管理、应用平台套件第一、零售行业、金融服务行业、通信行业、公共事业行业和专业服务行业。98% 的《财富》500 强企业使用甲骨文产品，世界上的所有行业几乎都在应用甲骨文技术，《财富》100 强中的 98 家公司都采用甲骨文技术。

甲骨文是一家不断创新的公司。今天，业务应用程序通过互联网可用的观念已成为人们的共识，可在当初，甲骨文是最初几家实践此观念的公司之一。现在，甲骨文致力于所有软件都能够协同工作（即采用套件方式）。其他公司、分析家和新闻媒体逐渐认识到甲骨文是正确的。

甲骨文主要产品目前分为以下几类：

1. 服务器及工具

数据库服务器：2007 年最新版本 Oracle 11G。

应用服务器：Oracle Application Server。

开发工具：Oracle JDeveloper，Oracle Designer，Oracle Developer 等。

2. 企业应用软件

企业资源计划（ERP）软件。该软件已有 10 年以上的历史。2005 年甲骨文并购了开发企业软件的仁科软件公司（PeopleSoft）以增强在这方面的竞争力。

客户关系管理（CRM）软件。该软件自 1998 年开始研发。2005 年甲骨文并购了开发客户关系管理软件的希柏软件公司（Siebel）。

3. 甲骨文职业发展力计划（Oracle WDP）

Oracle WDP 全称为 Oracle Workforce Development Program，是甲骨文公司专门面向学生、在职人员等群体开设的职业发展力课程。甲骨文的技术广泛应用于各行各业，其中电信、电力、金融、政府及大量制造业都需要甲骨文技术人才，甲骨文公司针对职业教育市场在全球推广的项目，以低廉的成本给这部分人提供甲骨文技术培训，经过系统化的实训，让这部分人能够迅速掌握甲骨文最新的核心技术，并能胜任企业大型数据库管理、维护、开发工作。

二、甲骨文在中国

甲骨文于 1989 年进入中国，中国是甲骨文在全球发展最快、最重要的市场之一。

甲骨文目前在中国的员工已经超过 2 000 名，客户达 7 000 多家。甲骨文技术网络（OTN）作为甲骨文全球的在线开发人员社区，在中国拥有 250 000 名成员。中国是甲骨文全球第四大开发人员社区。

甲骨文在北京建立了云计算解决方案中心，分别在北京、深圳、上海和苏州建立了 4 个甲骨文亚太研发中心，分别在北京、深圳和成都开设了 3 个合作伙伴解决方案中心，在大连建立了自己的客户支持中心。甲骨文拟在中国建立 10 个人才产业基地，济宁是第一个也是最大的一个。

甲骨文为中国的客户提供功能全面的企业级软件组合产品（包括甲骨文数据库、甲骨文融合中间件和甲骨文应用软件）与相关服务（包括咨询、支持服务和培训）。公司目标是帮助中国加快信息技术在企事业单位的应用，促进软件业的发展并加快信息技术人员的培养。

为了实现这个目标，甲骨文在中国实施"三合一"战略：加强本地化建设、建立牢固的合作伙伴关系、承诺对中国市场的长期投资。目前，甲骨文已经通过甲骨文教育工程向大中小学捐赠价值超过 2 亿美元的软件并进行培训，还设有甲骨文中国毕业生发展计划和大学生实习计划。

（一）甲骨文在学校教育的概况

目前，甲骨文与超过 400 家中国院校开展了不同层级的课程合作项目，每年有超过 20 万在校生学习甲骨文不同层面的技术，并且甲骨文已经落实与我国教育部的合作计划，每年培养近 800 名计算机专业的教师。

目前，甲骨文在中国的发展重心为以下几个方面：

（1）在近 30 个城市设有学习中心，未来将增加到 100 家学习中心。

（2）培养 IT 管理方向、IT 开发方向两大类技术人才，每年培养 1 万人。

（3）与地方政府设立 10 个实训基地与服务外包学院，培养服务外包人才，服务当地产业。

（二）甲骨文与教育部的合作

甲骨文通过与教育部的合作，对中国的贡献有以下几个方面：

（1）Oracle Academy 项目 2002 年开始在中国运行，为中国大陆、香港的 600 多所院校的 260 000 教师和学生提供了教学和认证资源，支持中国高校在数据库、中间件以及应用软件领域培养高质量实用型人才。

（2）作为甲骨文顾问发展计划的开端，在过去的几年里，Oracle Academy 在中国大陆、香港的 40 所院校培养应用人才，累计为甲骨文应用领域培养了 60 000 名学生，为中国的合作伙伴公司输送了近千名顾问人才。2010 年 100 名中国员工为社区做了 500 小时的义工，并资助 3 所打工子弟小学书籍、衣服若干。

三、企业文化

甲骨文企业文化的核心口号——激情、博爱与协作。

（一）激情

激情文化就是教育员工要做人更简单一点、讲问题更直接一点、沟通更真诚一点、协作更密切一点，开放自我，与天下人做朋友，以德养德，以诚换诚；要敢于想、敢于做、敢于挑战权威、敢于挑战历史、敢于挑战看似不可能完成的巨大目标；在沟通和讨论中要面向问题和事实，要在透明的氛围中相互启迪、激励，而不是以权力、影响和狡辩来坚持自己、压制别人。

（二）博爱

博爱就是关切、同情、尊重和责任感，对特殊事物的容纳与理解。

无论是公司专业知识还是社会及生活知识，只有广而博的知识才能让甲骨文打造成为一个团队，让甲骨文成为一个精品科技企业，让每一个客户都能够享受甲骨文专业而用心的全方位服务。

甲骨文的企业宗旨是无论是对待客户还是同事或竞争对手都需要理解、关切，用心去沟通，尊重，用心去服务，用心去付出及同情；自重及尊重他人，在任何环境下不进行个人攻击；工作中要进行公开与直接的沟通，信守承诺，有责任感。

（三）协作

协作指协作共进的团队精神，即相互支持与合作，分享知识、信息、技术，解决问题坚持双赢策略，分享责任成果，拥有明确的团队目标。甲骨文作为专业型的高科技实体，具有多项目共享、多工种环节衔接、多层次多方面协作的特点，这就决定甲骨文各部门之间、各环节之间、各岗位之间必须分工协作，密切配合，保持企业管理稳定有序地运行。"团结就是力量"是甲骨文员工的最高行为准则。

四、材料阅读

材料 1　冒险家埃里森

2010 年 2 月 14 日，甲骨文 CEO 拉里·埃里森收到了一份最好的情人节礼物。

这一天，第 33 届美洲杯帆船赛结束，美国队"甲骨文"号帆船在三局两胜的比赛中 2：0 击败上届冠军瑞士"阿灵西"号帆船，夺得冠军。

在业内，埃里森以争强好斗的天性闻名，他热爱任何与速度竞技有关的运动。这位在这一年夏天就要庆祝自己66岁生日的富豪，曾经在冲浪时跌伤过脖子、玩山地自行车时摔裂过眉骨、玩帆船时遭遇导致6名船员丧生的特大风暴，但他依然在无所顾忌地享受着生活。

热爱飞行的他曾想从俄罗斯购买一架战斗机，但因美国海关的反对而被迫放弃。为了体验低空飞行，他曾多次在晚上11点宵禁后，驾着飞机飞过邻居家的屋顶。邻居们被他扰得不能安睡，但他却依然我行我素。

他藏有一部迈凯轮F1赛车，与CNN的创始人泰德·特纳一样热爱帆船运动。在夺得美帆赛冠军后，他这样解释自己为什么热爱帆船运动：这是一项集体运动，获胜代表集体努力的结果，就好像一个公司一样，不过在商业社会打拼比与海洋上的风浪搏斗更刺激。

他至今感到遗憾的事情就是甲骨文依然无法撼动微软在业内的地位，而传媒则更愿意视之为他和比尔·盖茨之间的私人竞争。与代表精英文化的盖茨截然不同，成功后的埃里森依然选择做他自己：虽然他也参加慈善活动，但他同样毫不掩饰自己对物质的追求。他穿着昂贵时髦的意大利手工定制西装，旅行以豪华私人飞机代步；他结过四次婚，几年前与爱情小说作家坠入爱河后，随即在硅谷又建造了一处价值超过1亿美元的豪宅，这已经是他在当地的第三处房产了，这次他在23英亩①的土地上盖了10座完全用手工打造的日式建筑，周围环绕着522棵樱花、银杏以及枫树。

早年在日本待过的埃里森极为迷恋日本文化。日本文化非常有趣，对他影响巨大。日本人是世界上最好斗的民族，同时又是最有礼貌的民族；他们是极度傲慢自大和极度谦卑的混合体，这是一种美妙的平衡。在创立甲骨文时，埃里森说："我们想在公司尽可能地创造这种文化，一方面很好斗，另一方面很谦虚，如果你能平衡这两者，你在竞争中取得成功的机会就会大大增加，这对个人和集体都一样。"

材料2　埃里森在耶鲁大学的演讲

（这是甲骨文公司总裁拉里·埃里森在耶鲁大学给2000届毕业生所作的演讲全文。由于他句句惊人，最后被耶鲁大学保安请下讲台。该演讲号称历史上最牛之演讲，但美国出版的一本大学经典演讲集未将其收入。在此，编者要提醒的是，埃里森的本意是成功者不能拘泥陈规，要勇于创新，不要被表面的"退学"所误导。）

耶鲁的毕业生们，我很抱歉——如果你们不喜欢这样的开场白。我想请你们为我做一件事。请你好好看一看周围，看一看站在你左边的同学，看一看站在你右边的同学。

请你设想这样的情况：从现在起5年之后、10年之后，或30年之后，今天站在你左边的这个人会是一个失败者，右边的这个人，同样也是个失败者。而你，站在中间的家伙，你以为会怎样？一样是失败者。失败的经历。失败的优等生。

说实话，今天我站在这里，并没有看到一千个毕业生的灿烂未来。我没有看到一千个行业的一千名卓越领导者，我只看到了一千个失败者。你们感到沮丧，这是可以理解的。为什么，我，埃里森，一个退学生，竟然在美国最具声望的学府里这样厚颜地散布异端？

我来告诉你原因。因为，我，埃里森，这个行星上第二富有的人，是个退学生，而你不是。因为比尔·盖茨，这个行星上最富有的人——就目前而言——是个退学生，而你不是。因为艾伦，这个行星上第三富有的人，也退了学，而你没有。再来一点证据吧，因为戴尔，

---

①　1英亩＝4 046.86平方米。

这个行星上第九富有的人——他的排位还在不断上升，也是个退学生，而你不是。

你们非常沮丧，这是可以理解的。你们将来需要这些有用的工作习惯。你将来需要这种"治疗"。你需要它们，因为你没退学，所以你永远不会成为世界上最富有的人。哦，当然，你可以，也许以你的方式进步到第 10 位、第 11 位，就像 Steve。不过，我没告诉你他在为谁工作，是吧？根据记载，他是研究生时退的学，开化得稍晚了些。

现在，我猜想你们中间很多人，也许是绝大多数人，正在琢磨："能做什么？我究竟有没有前途？"当然没有。太晚了，你们已经吸收了太多东西，以为自己懂得太多。你们再也不是 19 岁了。你们有了"内置"的帽子，哦，我指的可不是你们脑袋上的学位帽。嗯……你们已经非常沮丧了。这是可以理解的。所以，现在可能是讨论实质的时候了——绝不是为了你们，2000 年毕业生。你们已经被报销，不予考虑了。我想，你们就偷偷摸摸去干那年薪 20 万的可怜工作吧，在那里，工资单是由你 2 年前退学的同班同学签字开出来的。事实上，我是寄希望于眼下还没有毕业的同学。我要对他们说，离开这里。收拾好你的东西，带着你的点子，别再回来。退学吧，开始行动。

我要告诉你，一顶帽子一套学位服必然要让你沦落……就像这些保安马上要把我从这个讲台上撵走一样必然……（此时，拉里·埃里森被带离了讲台。）

总结与思考

本篇介绍了企业文化的概念、IT 企业文化的特征、IT 企业文化构建，讲述了硅谷文化和中关村文化。同时本篇介绍了国内外 IT 名企，如联想、华为、腾讯、百度、阿里巴巴、微软、惠普、苹果、IBM、甲骨文的企业文化，学习这些企业文化对于高职学生就业发展具有重要意义。

思考题

1. 材料：凝聚功能，特别是作为企业文化核心的企业精神与企业价值观，对一个企业的生存与发展之所以关系极大，一个重要原因是，它是企业的凝聚力、向心力之所在。企业文化的凝聚功能越来越受到人们的重视，它可围绕企业目标凝聚成极大的集体合力，产生奋发向上的群体意识，空前地唤起人们的主观能动性，最有成效地推动企业的发展。

问题：请根据材料分析，什么是凝聚功能？凝聚功能的作用是什么？

2. 材料：在市场竞争面前，没有任何一个企业是可以依赖特权和优待来维持生存的。企业生存发展主要依靠的是内力，外界的力量可以在一定程度上推动或阻碍，却不能起到关键的、具有决定性的作用。只有企业内力不断增强，才能使企业有旺盛的生命力。植物可以在温室里生存得很好，但企业脱离了市场竞争的正常环境，则不可能长盛不衰。

问题：请根据材料分析，在市场竞争面前，企业如何更好地发展？为什么？

3. 材料：IT 企业要建设创新型企业文化，树立自主创新的经营理念。IT 企业的核心竞争力是技术创新和管理创新。要提升和保持企业的核心竞争力就要建立创新型企业文化，把企业的价值观念定位于树立自主创新的经营理念，让每个员工都有创新理念，保持创新动力，建立创新思维。整个企业要营造一种创新氛围，鼓励创新，实践创新，以提升企业核心竞争力，提高企业经营业绩。

问题：根据材料谈谈如何通过创新提升企业核心竞争力。

4. 材料：开放性是中关村文化突出的特征。中关村文化的创新精神是在紧紧围绕改革旧的机制体制和在对外开放中充分表现出来的。

科学性是中关村文化的一个重要特征。科学是中关村文化的土壤，改革开放与科技进步共同构成了中关村发展的动力，而科学技术则是中关村经济和文化最大的增长点。

现代性是中关村文化的另一特色。中关村文化遵循科学精神，按照改革开放的路径，追寻着一切现代的先进的东西，向着现代化的目标稳步发展前进。它扬弃过去的、传统的文化，滋润、催生现代文明。

务实性是中关村文化的又一特色。求真务实的作风，是新时期重新确立党的实事求是的思想路线以来逐步形成的。中关村文化也是在这一时期萌芽并逐步成长的。

问题：根据材料简单概括中关村文化的特征与特色。

5. 材料：企业文化是企业的灵魂，直达企业管理中心部分，深入企业管理深层问题。高职毕业生掌握了企业文化，也就掌握了职业发展、参与竞争的利器，能够看清企业发展的未来。企业文化是企业人才诞生、成长、发展的助推器，掌握了企业文化的员工竞争力会得到大幅度提升。目前企业最看重的是员工的职业素质，通过企业文化的培育可帮助学生及早熟悉企业的规章制度，接受企业精神的熏陶，实现从感性认识到理性认识的飞跃，逐步养成良好的职业素质，为参与各类竞争打下基础。

问题：根据材料分析，高职毕业生为什么要掌握企业文化？

第三篇
IT 风云人物

第五章

IT 风云人物的创业故事

第1节 "企业教父"——柳传志

一、柳传志简介

柳传志 1944 年 4 月 29 日出生于江苏镇江,曾任联想控股股份有限公司董事长,现任联想集团有限公司董事局名誉主席、联想集团高级顾问,企业家,投资家。1984 年,柳传志带领 11 名科研人员从中科院计算所一间不足 20 平方米的小平房起步,先后打造出联想集团、神州数码、君联资本、弘毅投资、融科智地等一批领先企业。1994 年联想在香港证券交易所成功上市。2004 年联想集团收购 IBM PC 业务。

2000 年柳传志被中央电视台评选为 2000 年中国经济年度人物,被《财富》杂志评为 2000 年亚洲最佳商业人物,被《商业周刊》评选为"亚洲之星"。2001 年 4 月,由哈佛大学通过深入调研撰写完成的《中国科技的奇迹——联想在中国》,成为哈佛大学 MBA 的"竞争与策略"必修课程中的案例,这是中国企业作为一个完整的企业成长案例首次成为哈佛大学 MBA 教学案例。

柳传志先生先后在国家图书馆等场合发表演讲数十场,听众达上万人次,不仅大大提高了联想品牌的知名度,而且传授了他独特的经营思想和方略,被中国主流新闻媒体称为"当代中国企业教父"。

二、创业之路

40 岁创业

20 世纪 80 年代初,计算机革命已经在全球兴起,硅谷也成为中国技术研究者们的热门话题。中科院内部的科技人员早已经禁不住诱惑,不断走出高墙深院创立公司。时任计算所所长的曾茂朝也一直在私下里鼓励手下创立公司。已年逾 40 岁的柳传志主动提出了要创业。"我 40 岁的时候是因为前面没路可走,所以选择了创业。"柳传志说。

1984 年 10 月,中科院计算所新技术发展公司(联想前身)"受命成立"。王树和、柳传志、张祖祥组成三人核心小组,柳传志担任副总经理。曾茂朝将计算所的传达室交给柳传志使用,又给了 20 万元开办经费,还给予了很多不成文的支持:不受限制地招纳本所人员,可以使用所里的技术成果,员工可以使用自己原先的办公室、电话以及所有资源等。

虽然支持很多,但是从 1984 年冬天到 1985 年春天的几个月里,公司最令人头疼的是不知道干什么。柳传志后来回忆:"当时实在是不知道要干什么好了,所以能干什么就先干着,哪怕挣点儿钱发工资也好。"于是,包括柳传志在内的所有员工都当过"倒爷""板爷"——在中关村拉平板车去卖运动服装、电子表、旱冰鞋、电冰箱。

后来因为听说倒卖一台彩电能赚 1 000 块钱,联想也跟着去做。当时有个说法"骗子比彩电还多",尽管柳传志小心谨慎地叮嘱要看到电视机再付款,他们也的确看到了电视机,不过等钱汇过去,对方却消失了,联想一下被骗去 14 万元,公司一下子更加艰难了。

到了 1985 年,所有可能为公司带来收入的各种业务几乎试了一个遍。其中最重要的事情是将计算所倪光南主导开发的"汉字系统"带到了公司,成果产品化后就是后来知名的"汉卡"。当时电脑大部分靠进口,全是英文系统,必须装上汉卡才能使用中文,每台电脑经过改装后利润高达一两万元。联想在 6 个月内至少销售出了 100 套,为公司带来了约 40 万元毛利润。

曾茂朝的妻子,计算所研究员胡锡兰在 1985 年的夏天从自家楼上看到了一个难忘的场景:烈日炎炎下,柳传志等人正在手拉肩扛,将一堆电脑从大院门口搬进来,柳传志满头大汗,衣服透湿,而李勤把裤子卷到了大腿上,气喘吁吁。回想当时情景,柳传志说,"我们第一桶金就是靠出卖技术劳力赚的"。

1988 年,柳传志和几个热血汉子来到香港,手里只攥了 30 万港元,因此他们到香港也只能和在内地一样先从做贸易开始,通过贸易积累资金,了解海外市场。接着联想选择了板卡业务,然后打回内地,为联想电脑的成功奠定了基础。

做"倒爷"被骗

20 世纪 80 年代,柳传志创办联想之时,也正是国家从计划经济开始向市场经济转轨之时。柳传志回忆说:"我被骗过好几次,我们一共 20 万元资本,不到半年的时间,就被人骗走了 14 万元,很容易地被骗走了。"

而 1987 年的一次受骗,则让当时的柳传志急得住进了医院。"我们为了进口机器,要把人民币换成外汇打到香港,我们 300 万元被深圳的一家进出口公司骗走了,当时这件事情把我急出病了,我当时为了找到这个人,在他们家门口蹲了很长时间,我甚至拿板砖拍他的心都有。"柳传志说,"要知道当时我们全年的利润才 100 多万元人民币,多少人辛苦挣来的。"

"后来把这个钱追回来以后,到了晚上两三点钟依然被吓醒,真的得了毛病了,说话前言不搭后语,后来住进医院调整了三个月才调整过来。"柳传志回忆起来依然后怕。

转战江湖

在创业初期,应对政府的监管不规范也是个棘手的问题。因为最初内地获得生产批文困难,联想选择在香港设立一个"小作坊"进行生产。但由于香港房价等成本上升,在获得批文后又将工厂转移到了深圳。

"深圳当时比较混乱,在政府管理的体制下面,海关卡了我们。我们不懂事,到海关总署告了他们。海关总署虽然没有批评深圳某个部门,但也对我们没有处罚。这下惹出大毛病了,这个事没有处罚我们,别的事处罚我们了。"柳传志说。

"当时我们运元器件到关口,每天运货的大卡车排得好长。"柳传志说,"结果我们早上送货的车到了以后,凡是联想的车一到,海关说联想的车出来查一查,查完后重新排队,这么弄两三天我们明白了，这个地方我们待不下去了，后来迁到了惠州。"

柳传志强调，现在的市场环境与政府管理已经比以前进步了很多，"在那种情况下也没动摇过，还有更麻烦的事情，我主要想用这个事来证明，即使非常困难也不要动摇"。

重出江湖

2004年联想宣布收购IBM PC业务，上演了一出"蛇吞象"的大戏，震惊世界，联想由此打开了国际市场。2005年，联想完成对IBM的PC业务并购之后，年过六旬的柳传志首次"引退"。在亲手打下的"江山"走上辉煌之路时，突然选择退居幕后，放手由他人打理，这多少让人有些意外和不解。

然而，在完成IBM PC业务并购之后仅仅4年时间，联想就陷入了严重的危机中：在金融风暴的影响下，联想在2009年第三季度业绩亏损达9 700万美元，而更让人担忧的是，联想集团高管层出现了分歧和矛盾。因东西方文化、企业管理文化不同，当时任CEO的阿梅里奥与董事长杨元庆几乎到了"擦枪走火"的地步。"2009年，联想集团说掉就掉下去了"，至今回忆起来，柳传志都有些胆战。

内忧外患之际，柳传志作了一个"出人意料"的决定：重新出山。这不仅仅是柳传志对"联想就是我的命"这句话的完美诠释，更是柳传志在观察当时情形下所选择的最好的折中办法。当时联想已步入国际化轨道，在董事会眼里，除了柳传志，再也没有第二个人能镇得住局面，换言之，他们能信任的中国企业领导人只有柳传志。而柳传志也迫切希望能再次以"杨柳配"的形式挽救联想，先破解财务危机，再解决阿梅里奥留下的管理层旧部被调离的问题，使联想尽快回到"正轨"。

"杨柳配"不久便开始见效。在柳传志重新担任董事长、杨元庆调任前线出任CEO后，联想的亏损状态很快得到扭转，集团管理层内部也逐步稳定。就在联想发布2011年第二季度取得创纪录的全球市场份额，跻身全球第二大PC厂商的财务数据时，原本应该风光无限的"救火"英雄柳传志却再次抽身"引退"，第二次将权棒交给"少帅"接班人——杨元庆。从重出江湖到再次卸任，柳传志只用了512天时间就将联想从金融危机中救出，兑现了他在复出时许下的"只许成功不能失败"的诺言。

第2节 退伍军人——任正非

一、任正非简介

任正非，1944年10月25日出生于贵州省镇宁县，中共党员，中共第十二次全国代表大会代表，毕业于重庆建筑工程学院（现已并入重庆大学），毕业后参军从事军事科技研发，后创立华为技术有限公司，为华为公司总裁。他关于企业"危机管理"的理论与实践曾在业内外产生过广泛影响。在2011年《财富》杂志"中国最具影响力的商界领袖"排行榜中，任正非位居第一。2011年任正非以11亿美元的身价首次进入福布斯富豪榜，排名为全球第1 153名、中国第92名。在2012年《财富》杂志"中国最具影响力的商界领袖"排行榜中再次位居第一，2013年又一次蝉联第一。2015年2月，荣获"2014中国互联网年度人物"。

二、创业之路

2万元神话

这是一个今天很多人都津津乐道的故事：1987年，43岁的军队退役团级干部任正非，与几个志同道合的中年人，用凑起来的2万元人民币创立了华为公司。当时，除了任正非，可能谁都没有想到，这家诞生在一间破旧厂房里的小公司，即将改写中国乃至世界通信制造业的历史。

创立初期，华为靠代理香港某公司的程控交换机获得了第一桶金。此时，国内在程控交换机技术上基本是空白。任正非敏感地意识到了这项技术的重要性，他将华为的所有资金都投入研发自有技术中。此次孤注一掷没有让任正非失望——华为研制出了C&C08交换机，由于价格比国外同类产品低2/3，功能与之类似，C&C08交换机的市场前景十分乐观。成立之初确立的这个自主研发技术的策略，让华为冒了极大的风险，但也最终奠定了华为适度领先的技术基础，成为华为日后傲视同业的一大资本。

但是，当时国际电信巨头大部分已经进入中国，盘踞在各个省市多年，华为要与这些拥有雄厚财力、先进技术的"百年老店"直接交火，未免是以卵击石。最严峻的是，由于国内市场迅速进入恶性竞争阶段，国际电信巨头依仗雄厚财力也开始大幅降价，企图将华为等国内新兴电信制造企业扼杀在摇篮里。

熟读毛泽东著作的任正非，选择了一条后来被称为"农村包围城市"的销售策略——先占领国际电信巨头没有能力深入的广大农村市场，步步为营，最后占领城市。

电信设备制造是对售后服务要求很高的行业，售后服务要花费大量人力、物力。当时，国际电信巨头的分支机构最多只设到省会城市以及沿海的重点城市，对广大农村市场无暇顾及，而这正是华为这样的本土企业的优势所在。另外，由于农村市场购买力有限，即使国外产品大幅降价，也与农村市场的要求有段距离。因此，国际电信巨头基本上放弃了农村市场。

事实证明，这个战略不仅使华为避免了被国际电信巨头扼杀，更让华为获得了长足的发展，培养了一支精良的营销队伍，成长起来一个研发团队，积蓄了打城市战的资本。因此，在当年与华为一样代理他人产品的数千家公司，以及随后也研制出了类似的程控交换机的新兴通信设备厂商纷纷倒闭的时候，华为在广大的农村市场"桃花依旧笑春风"。

虎口夺食

众所周知，任正非在华为内部提倡"狼性文化"。他认为狼是企业学习的榜样，"狼性"永远不会过时。"华为发展的历史，其实就是一部不断从虎口夺食的历史，它面对的是老虎，所以每时每刻不能懈怠。"一名华为员工说。

华为进军美国，就是一场经典的"虎口夺食"战。当年，华为的脚步一踏进美国市场，在数据通信领域处于绝对领导地位的思科公司就开始阻击。2003年1月23日，思科起诉华为以及华为美国分公司，理由是华为对它的产品进行了仿制，侵犯了它的知识产权。

面对思科的打压，任正非一边在美国聘请律师应诉，一边着手结盟思科在美国的死对头3COM公司。2003年3月，华为和当时已进入衰退期的3COM公司宣布成立合资公司"华为三康"，3COM 公司的 CEO 作证——华为没有侵犯思科的知识产权。

任正非在诉讼最关键时刻使出的合纵连横奇招，瞬间令思科的围剿土崩瓦解。最终，双方达成和解。从此，华为在美国的扩张没有了拦路虎。

与跨国巨头合作

1997 年圣诞节，任正非走访了美国 IBM 等一批著名高科技公司，所见所闻让他大为震撼——他第一次那么近距离、那么清晰地看到了华为与这些国际巨头的差距。任正非回国后不久，一场持续 5 年的变革大幕开启，华为进入了全面学习西方经验、反思自身、提升内部管理的阶段。这个"削足适履"的痛苦过程为华为国际化作了充分准备。

2007 年年初，任正非致信 IBM 公司 CEO 彭明盛，希望 IBM 公司派出财务人员帮助华为实现财务管理模式的转型。当然，华为将支付巨额费用。

为什么要雇 IBM 的财务人员？因为任正非注意到，虽然华为销售收入保持高速增长，净利润却逐年下降，他甚至不知道一个单子接下来是否会赚钱。尽管从 2000 年开始华为公司的财务部门已经参与成本核算，但是公司还是缺乏前瞻性的预算管理——中国绝大多数企业很难做到这点，但这却是跨国公司擅长的。

不久，华为公司正式启动了 IFS（集成财务转型）项目。与此同时，IBM 正式把华为公司升级为事业部客户——在其全球几十家事业部客户中，华为是唯一一家中国企业。单从这点来说，任正非的眼光超出国内其他企业。

首创人人股份制

2011 年 12 月，任正非在华为内部论坛发表了题为《一江春水向东流》的文章，揭开了一个华为崛起的重大秘密：人人股份制。

在华为的股份中，任正非只持有不到 1%，其他股份都由员工或代表员工持有。如果你离职，你的股份该得多少，马上数票子给你，哪怕是几千万元的现金，任正非眼睛也不眨一下。但是你离开公司，就不能再继续持有华为股份。华为股份只给那些现在还在为华为效力的人。这样一种体制的设计是全球没有的。

任正非透露，设计这个制度受了父母不自私、节俭、忍耐与慈爱的影响。

任正非还创立了华为的 CEO 轮值制度，每人轮值半年。此举避免公司成败系于一人，亦避免一朝天子一朝臣。

任正非总是流露出发人深省的危机意识。伴随着华为的高速成长，他开始为"发展太快，赚得太多"感到焦虑。2014 年，华为销售收入同比增长 20%，达到 460 亿美元，利润高达 54 亿美元。深谙"过冬理论"的任正非，决意把"多余的钱"花到前瞻性领域。2014 年，华为卖出了 7 500 万部智能手机，仅次于苹果和三星，还铺设了全球 46% 的 4G 网络。任正非保守地抛出 2015 年的目标："560 亿美元以上的销售收入应该没有问题。"

当被问及华为"成功的秘密"时，任正非的答案是：华为没有秘密，任何人都可以学。任正非说，华为没什么背景，没什么依靠，也没什么资源，唯有努力工作才可能获得机会。任正非说，华为只是一棵小草，在把自己脱胎换骨成小树苗的过程中，还需要向西方学习各种管理的东西。

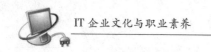
IT 企业文化与职业素养

从不接受媒体采访

在中国的企业家中,任正非是最低调神秘的,从未接受过任何媒体的正面采访,从不参加评选、颁奖活动和企业家峰会,甚至连有利于华为品牌形象宣传的活动,他都一律拒绝参加。

他说:"我为什么不见媒体,因为我有自知之明。见媒体说什么?说好恐怕言过其实。说不好别人又不相信,甚至还认为虚伪,只有不见为好。因此,我才耐得住寂寞,甘于平淡。我知道自己的缺点并不比优点少,并不是所谓的刻意低调。"他希望华为员工要"安安静静"的,不要到网上辩论,"那是帮公司的倒忙"。

追根溯源,任正非这样做的原因是"文革"期间,其父受到批斗,导致他入伍后尽管多次立功,却一直没有入党,这让他习惯了不得奖的平静生活。"文革"结束后,"标兵""功臣"等荣誉排山倒海向任正非涌来。受过去经历对心理素质的"打磨",面对这一切,任正非早已淡定。

但最终,揭开这层面纱的人却是任正非自己。

2014年6月16日,一向低调神秘的任正非首次在华为内部的"蓝血十杰"表彰大会上公开邀请国内媒体,对于媒体提出的关于公司管理理念、价值观、管理哲学、股权、接班人等多个问题,均毫无保留地一一作答。此次亮相在业界引起不小轰动——面纱终于揭开了,一向低调的任正非终于不再低调了。其实早在前一年,任正非对于媒体的态度就已经有所转变,他接连在法国、英国和深圳接受媒体采访,公开表达自己的企业管理思想,谈及一些业界关注的敏感话题,以向外界展示一个"开放的华为"。对于这种转变,任正非解释说:"华为走到今天,一直坚持'以客户为中心'的价值观,也一直在不断地开放、妥协。外界关于华为公司内部的各种猜测,华为公司在舆论中的神秘色彩,在某种程度上会影响华为公司为客户服务的理念与效果,所以我们决定逐步开放、透明,让大家看看华为神秘面纱背后的'小黑屋'里到底是什么,其实什么都没有。"

对于外界给他定义的"神秘形象",任正非也调侃道:"我没有什么神秘面纱,只有满脸皱纹。另外,我觉得我还很年轻,还是个'70后'。"不可否认,这个满脸皱纹的老头儿确实如他所讲的那样精神矍铄、斗志昂扬。而华为之所以可以走到今天,或许正是与他这种昂扬的斗志密不可分。

古往今来的大英雄无不以揽尽天下英才为毕生追求。古代韩信将兵——多多益善,但他认为刘邦只能带很少的兵,因为刘邦是统帅,而自己是将军。统帅的任务就是发掘、培养将军。任正非身为华为的精神领袖,是兵将,也是统帅。

第3节 北大骄子——李彦宏

一、李彦宏简介

李彦宏,1968年11月17日出生在山西阳泉,百度公司创始人、董事长兼首席执行官,全面负责百度公司的战略规划和运营管理。1991年李彦宏毕业于北京大学信息管理专业,随后前往美国布法罗纽约州立大学完成计算机科学硕士学位,先后担任道·琼斯公司高级顾问、《华尔街日报》网络版实时金融信息系统设计者,以及国际知名互联网企业 Infoseek 公司资深工程师。2005 年 8 月,百度在美国纳斯达克成功上市,成为全球资本市场最受关注的上市公司之一。2015 年 8 月李彦宏以个人净值 125 亿美元排名《福布斯》全球科技界富豪榜第 18 名。

二、创业之路

做自己喜欢做的事情

1987 年,李彦宏以阳泉第一的高考成绩迈进了北大。"我的成绩报任何一个大学都能上,没上清华是因为清华要 5 年,时间太长。"李彦宏说。

1991 年,李彦宏收到了美国布法罗纽约州立大学的录取通知书,是计算机专业。留学读研期间,导师偶然间一句"搜索引擎技术是互联网一项最基本的功能,应当有未来"使他脑洞大开。当时,1992 年,互联网在美国还没普及,但李彦宏已经开始行动——从专攻计算机转回钻研信息检索技术,并从此认准了"搜索"。

20 多岁的年轻人,大学毕业后去企业工作几乎是多数人的职业轨迹。李彦宏的 20 岁与很多人的 20 岁并无两样。唯一可能不同的是,李彦宏选择了自己喜欢和擅长的职业,并成为这个领域的专家。

对于 20 世纪 90 年代留学美国的中国学生来说,大多是抱着读一个博士学位的目的去的。读了博士学位之后,可以回国做研究,去大学当教授。这在很多人看来是个不错的选择。但是就读于美国布法罗纽约州立大学计算机系的李彦宏却选择了一条与大多数人相反的路,那就是获得博士入学资格之后,却毅然放弃这一机会,选择进入企业工作。

李彦宏的第一份工作是在华尔街做实时金融信息检索。这份工作让李彦宏获得很高的收入,才 26 岁就可以租得起一套公寓,并买了新汽车。如果换作其他人,可能就会因此满足了,安安稳稳地在华尔街这个满地是美元的地方过着悠闲的生活。可是李彦宏却在不久之后选择了辞职,他有自己的打算。

在华尔街,李彦宏有两个重大发现:其一,他看到了股票市场上 IT 企业的火爆,也看到了 IT 企业中互联网企业的巨大潜力;其二,他结合自己所学习的页面链检索技术,发现自己有必要发明一种有效的互联网搜索技术,这就是后来李彦宏在美国申请的"超链分析技术"专利。

接着,在加拿大的一个互联网技术大会上,李彦宏向微软、Infoseek 等硅谷公司的高级技术人员讲解了自己的"超链分析技术",让这些 IT 巨头看到了李彦宏的价值。最终李彦宏选择去了 Infoseek 公司。在 Infoseek 李彦宏受到重用,成为当时硅谷最年轻的产品经理,并获得 Infoseek 公司的股票,在 30 岁那年成了百万富翁。

从华尔街到硅谷,李彦宏都是职场中的优胜者,原因在于李彦宏始终都没有离开过自己所喜爱和擅长的搜索行业。他这种选择职业的方法让一些正准备参加工作的大学生和正在工作的职场人有很多值得借鉴的地方。为了爱好而工作是幸福的,为了工作而工作是机械的、枯燥的。只要你找到了自己的爱好,并知道你所擅长的事情,就会精神百倍地投入工作,创造出别人无法创造的价值。

20 多岁的大学毕业生和职场人在为找工作而烦恼的时候,不妨静下心来想一想自己的爱好和特长是什么？或许在冷静地思考之后，你会更有信心地去面对工作，更有激情地投入工作，最后获得应有的回报和成就感。

创业者要专注和坚持

三十而立，对于很多人来说，已经步入而立之年的前夜，弹指一挥间，时间飞快流逝，在而立之年的前一夜，很多人也正走在创业的路上。而立之年我们应该立什么呢？或许李彦宏的三十而立可以给很多人带来启示。

已经成为百万富翁的李彦宏，本应该继续留在硅谷，进入IT公司做一名高级工程师，然而，他在而立之年再次选择了离开。在李彦宏正在硅谷Infoseek公司利用自己的互联网搜索技术成为百万富翁的时候，中国互联网也在蓬勃发展。新浪、搜狐等门户网站已经成立，搜狐的张朝阳已在国内大红大紫。但是中国互联网市场仍没有一家像样的搜索引擎公司，甚至很多人不知道搜索引擎为何物。

李彦宏看到了国内互联网发展的机会，他要利用自己的"超链分析技术"在中国做中文互联网搜索。李彦宏毅然放弃了美国的安逸生活，开始了创业之路，这一年李彦宏刚好31岁。

1999年，李彦宏怀揣着120万美元风险投资和一个中文搜索梦想回到了中国。1999—2003年的互联网正在演绎着互联网泡沫破灭来临前的狂欢：门户网站、网络游戏、SP公司等各种互联网形式在中国百花齐放，众多互联网公司的目的很简单，就是快速捞钱。

曾有人给李彦宏投资让百度做无线增值业务，李彦宏拒绝了。有员工建议李彦宏做网络游戏，李彦宏也拒绝了。他总是冷静地说："搜索要做的事情还很多，我们应该专注于互联网搜索领域，我看好它未来的增长。"当时李彦宏的决定被很多人认为是"傻子"，不懂得尽快捞钱。

然而几年过后，当中国互联网用户猛然增加到3亿，百度成功超越了谷歌成为中文搜索第一品牌的时候，曾经在无线增值业务上叱咤风云、日进斗金的"大佬"却无声无息了。李彦宏对互联网搜索的专注如一和坚持，让百度获得了丰厚的回报。

2005年8月5日，百度成功登陆纳斯达克股票交易市场，上市目标发行价27美元，当日便直线冲破150美元，最后落定于122.56美元收盘，成为美国证券历史上IPO首日表现最佳的十大股票之一，百度的数百名员工也随之成为"百万富翁"，时年李彦宏37岁。

在三十而立之年，李彦宏毅然选择回国创业，并将自己的所有精力都投在了自己所爱好和擅长的互联网搜索行业，也因此将百度公司从7个人发展到7 000人。虽然而立之年的李彦宏获得成功有很多"天时地利人和"的成分，很多创业者也可能会抱怨现在"时过境迁"，但是有一点是非常值得创业者们学习的，那就是时间已经容不得我们再继续为自己的创业选择而徘徊不定，应该在现有的创业经验积累下，专注如一，激情百倍地将手头的事情做到极致。或许我们无法获得李彦宏这样巨大的成功和回报，但是也是值得自己骄傲和满足的。

企业领袖要有船长心态

在享受着创业艰辛带来的丰硕成果的同时，很多人失去了锐意进取的精神，因此很多企业难以基业长青。如何让自己的战船继续乘风破浪？显然英雄主义不会每天上演，需要的是船长更为高超的驾驶技术。

然而，幸运不会永远只垂青一个人。2006年百度高管相继离职。首席技术官刘建国离开百度，紧接着，公司副总裁梁冬在2007年3月辞职。2007年4月底，公司首席运营官朱洪波辞职。12月29日，百度首席财务官王湛生度假时意外身亡。王湛生意外身亡的消息发布后，百度在纳斯达克的股票在两个交易日下跌了4.7%。面对高管的纷纷离去，李彦宏也有过反思，"管理层是不是有什么问题？"2006年年底，百度邀请管理专家对公司的文化进行了一次大规模梳理，得出的结论是"分享不够，以人为本不够，以及用户导向不够"。李彦宏开始调整自己的工作习惯，他开始不断思索，并迅速调整公司运营机制和市场导向。

在中关村，百度一直是上班时间很晚的公司，在百度大厦旁边的公司里，员工都是按时上下班。但是百度公司到上午10点钟，办公室里还是稀稀拉拉的几个人。

"硅谷因为年轻更加开放，追求比较实际的东西。"李彦宏曾经这样总结对美国硅谷的看法。也就是在硅谷的工作经验让他知道提高员工的工作效率并不能依靠简单的考勤制度，实实在在的业绩指标和激励制度比考勤制度更能激发员工的工作热情。

今天，互联网的"轻公司"特质已经开始显露出它的优越性，这不仅表现在利润率方面，还表现在员工的考勤机制和激励机制方面。当某些老牌企业还在用严格的考勤制度和加班制度约束员工的时候，百度等"轻公司"已经开始给员工更大的自由，因此也获得了更高的效率。

40岁的企业家们仍然要敢于梦想，在享受创业成果的同时，更要当好船长，为企业建立一套成熟有效的管理机制，并为企业的基业长青作好长远规划。

第4节 IT技术外行——马云

一、马云简介

马云（Jack Ma），1964年9月10日出生于浙江杭州，阿里巴巴集团、淘宝网、支付宝创始人。马云1999年创办的阿里巴巴网站于2014年9月20日登陆纽交所，总市值高达2 314亿美元，这意味着阿里巴巴成为中国最大的互联网上市公司，市值已接近百度与腾讯之和。马云曾获得日本第十届企业家大奖、中国经济十年商业领袖十人、CCTV中国经济年度人物、中国最慷慨的慈善家等奖项和称号。2013年5月10日，马云卸任阿里巴巴集团CEO，兼任阿里巴巴集团董事局主席、中国雅虎董事局主席、华谊兄弟传媒集团董事、菜鸟网络董事长等职务。马云位列《福布斯》2014年中国富豪榜第一（195亿美元），成为中国首富。

二、创业之路

6年"寂寞"教书匠

只有能够承受成功之前的辛酸和苦难的人，才会最终走向成功。马云就是这样的人。马云自己曾笑言："我其实很笨，脑袋这么小，每次只能想一个问题，你连提三个问题，我就消化不了了。"有感于自己的"智商"，马云曾说："如果我能够成功，中国80%的青年就一定行!"

马云小的时候身体单薄,长着小脑袋、小眼睛,但他的性格非常倔强。因为常听苏州评弹和评书,听惯了武侠故事的马云颇有侠气,这种侠气对他的事业起到了很好的帮助作用。

从小学到中学,马云的学习成绩都很差。马云第一次参加高考,因数学只考了1分而落榜。这件事让他非常沮丧,他决定不再考大学,找个临时工的工作。

心情沮丧的马云在找工作的时候,因为相貌普通多次碰壁。连餐馆的服务员和洗碗工的工作,老板都不愿意请他,这让他备受打击。无奈之下马云只能找一些只要求力气、不要求长相的活儿来做。

之后相当长的一段时间,马云都在炎炎烈日下蹬着笨重的三轮车为报社运书。身材瘦小的他工作时汗流浃背,背上擦汗用的长毛巾垂下来几乎能到他的脚边,这段日子非常难熬。然而,有一天,马云到金华干活儿,无意中捡到一本书,是路遥写的《人生》。他读了这本书,被书中的一段话所打动。书中写道:"人生是充满坎坷和曲折的,必须经历磨难才能成就一番事业。"这本书燃起了马云再次踏上求学之路的念头。

第二次高考的结果令所有人都对马云失去了信心,他的数学竟然只考了19分!就连父母都劝他放弃高考,但逆境中的马云却一直坚持自己的梦想。

后来,半工半读的马云第三次迈进考场,这次他的数学考了79分,他终于如愿以偿,考入了杭州师范学院。

考上大学后,马云得到了一次意外的收获,他的一个非常出众的才能将他从专科"拉"到了本科学习。初中时,马云受一位老师的点拨后苦学英语,每天坚持听英语广播,闲暇时就去西湖边义务为外国游客当导游,年复一年,马云竟从"差生"摇身变成"英语奇才"。其口语的流利程度,常被外国游客误以为他是归国小华侨。

当时,杭州师范学院的英语专业刚开设本科课程,马云报考的那一年,本科英语专业刚好没有招够学生,由于马云的英语成绩优异,外语系破格让他入学。人的机遇就出现在转瞬间,有了这次意外的机会,人生的大门便悄悄打开了。

大学四年,马云的成绩名列前茅,到毕业时,因其十分优异的英语能力,被分配到杭州电子工业学院教授英语与国际贸易专业。

马云的学生们一定还记得当年第一次听马云讲课的情景:一双双犹如盯着外星人般的眼睛,看着眼前这位有着拿破仑的身材和"星宿老怪"般长相,并且与他们年龄相仿的老师。他的全英文、互动式授课模式,以及那张足以主持脱口秀节目的"铁嘴",把学生们深深吸引住了。马云深受学生们的喜爱,其他老师形容马云上课的情景是"门庭若市、熙熙攘攘"。当年与马云一同创业的"十八罗汉"曾说过:"马云说话特别具有说服力,大家对他的口才佩服得五体投地。"

1988年,"下海"经商非常流行,马云所在学校的院长担心马云也会"下海",特意找他谈话,语重心长地说:"你代表着杭州师范学院,可一定要坚守岗位,至少5年内不能动摇!我要和你打这个赌!"

此后,带着这个承诺,马云开始了6年的教书生涯。当时马云的英语堪称"杭州第一人",很多单位高薪聘请马云做翻译,但马云始终没有离开三尺讲台,而是以兼职的身份发挥自己的特长。业余时间,马云到夜校做兼职讲师,也因此结识了一群铁杆朋友。马云曾说,"我的团队是谁也挖不走的",因为将这些人联系在一起的是牢不可破的友谊,是马云的仗义相助，是马云的人格魅力。任教期间，马云渐渐地增加了对国际贸易领域的认识，为今后投身商海打下了基础。

马云经历过种种磨难，但是他的"寂寞"一定要打上引号。因为他教书的6年，是他努力奋斗并获得大丰收的6年，是奠定阿里巴巴的牢固基石的6年，是他人生中积累宝贵经验不可多得的6年。

有谁能在落寞的时候坚守自己的岗位，力求把平凡的工作做得出色呢？在逆境中不放弃，并且做出成绩，若具备了这样的素质，也就具备了50%的成功素质，成功则指日可待矣……

海博翻译社的经历

创业之路，很少有人是一帆风顺的，大多数创业者都要经历起步、赢利、困境、渡过困境、成功这五个阶段。困境总在不经意间出现，很多企业因为在困境中不懂得变通，不懂得如何应对，而倒在了时代的洪流之中。

马云的商海试水是从创建海博翻译社开始的。开业不久，马云就遇到了困难，但他凭借坚毅的品格和灵活的应对策略，终于渡过难关，并将海博翻译社发展成为杭州最专业的翻译机构。

1. 海博走在了时代的前面

中国改革开放以后，经济迅猛发展，各项国际业务如雨后春笋般兴起，杭州更是一片繁荣景象。产业的增多造成了人才的稀缺，像马云这样英语水平高的人就成了"香饽饽"。

马云其实可以一边在校教书，一边在外面做兼职，这足以保证小康生活。然而，不甘平庸的马云又一次"敢为天下先"，决定要成立一家翻译社。

那时，常有一些企业邀请马云做翻译，有时候，马云一天能接到多个邀请。由于自己忙不过来，马云想到了他的同事和朋友。马云的邀请得到了很多老师的拥护，他们非常高兴工作之余做兼职来贴补家用。马云得到了老师们的鼓励，于是决定创办海博翻译社。马云办翻译社，主要是基于三个方面的考虑：第一，当时杭州有很多外贸公司，需要大量专职或兼职的外语翻译人才；第二，他自己的订单太多了，实在忙不过来；第三，当时杭州还没有一家专业的翻译机构。

马云遇到的首要问题是没有创业资金。当时是1992年，马云是杭州电子工业学院的青年教师，工作4年，每个月的工资还不到百元。如果马云和很多人一样光有想法没有行动的话，也就不会有今天的成功。马云一有想法，马上行动。没钱，不是问题，他找了几个合作伙伴一起创业，风风火火地把杭州第一家专业翻译机构成立起来了。

只有想法没有行动的人永远不会被时代所推崇。马云十分鄙视那些晚上思想行千里、起早走回原路的人。他于1992年注册成立的翻译机构，虽然不能跟如今的阿里巴巴相提并论，但海博翻译社在马云的创业经历中也写下了重重的一笔。这一次尝试是马云商海试水的第一步，对于今后他进军电子商务领域成为一代商业领袖有着重要意义。

海博翻译社给马云最大的启示就是：永不放弃。思想走在时代的前面，目光长远，这是成功的企业家所必备的重要素质之一。作为企业家，看问题应该既有深度又有广度。当时马云正是根据改革开放后国内市场渐渐与国际接轨这个大趋势，把握住了时代的主题和机会，并及时作出了大胆的决策。

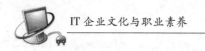

2. "旁门左道"苦撑海博

马云全部业余时间都用来打理海博翻译社的事务。翻译社平时的业务是聘请兼职的英语老师来完成的,然而在刚开始营业的第一个月,翻译社就遇到了重重困难。由于其知名度低,人员有限,海博翻译社第一个月的收入仅700元,而当时每个月的房租是2 400元。收入对于巨大的支出来说,简直是杯水车薪,根本入不敷出。这时,身边的朋友和同事都劝马云:"你有一份稳定的工作,就不要折腾了……"而此时更令人沮丧的是,合伙创业的朋友们似乎也有些军心不稳了。

在这个关键时刻,马云坚持自己的信念,思索着如何能够渡过难关。马云做了市场分析,觉得自己大方向没有错,他更踏实、更坚定了。

海博陷入困境的原因是什么呢?马云想:"因为是刚开业,况且翻译社是个新事物,人们接受总需要一个过程。运营的过程需要扩大知名度,并且取得商家的信任。目前,海博自身翻译业务赚来的钱不能够养活翻译社,还需要有其他的业务。"

除了马云自己,没有人想到他会用什么回天之术让翻译社撑过这段最困难的时期。为了维持翻译社的生存,马云开始贩卖小商品,跟许许多多的业务员一起四处推销。日子仿佛又回到了第一次高考落榜后打零工的时候,品尝着劳累与苦涩。那段艰难的日子都挺过来了,马云当然不会惧怕现在这一点点困难了!

翻译社经营的杂货中,包括工艺品、医疗器械、鲜花、袜子、内衣等。凡是能够为翻译社获得资金的机会,在马云看来,都可以一试。他甚至到各个相关的机构推销杂货,也因此挨了很多白眼,受了很多委屈。

就这样,三个寒暑春秋过去了,在马云的"旁门左道"下,1994年海博翻译社收支平衡,并在第四年终于赢利了。

这真是"山重水复疑无路,柳暗花明又一村",苦尽甘来的海博翻译社如今已经成为杭州最大的专业翻译机构。马云对这段经历引以为傲,他在海博翻译社的网站主页上题了四个大字:永不放弃。这是海博的精神,也是马云融入骨子里的信念。

美国之行,因祸得福

在马云教师生涯的最后一年,他经历了人生的转折点。在美国西雅图,他接触到了大洋彼岸的互联网,从此开始了辉煌的"中国互联网之父"的人生。回想马云的成功,其实是源于一场灾祸,而这场灾祸,差点要了马云的命。

1995年杭州至安徽阜阳的铁路是由一家美国公司投资修建的。后来杭州市政府发现投资商虽然一直在和杭州这边谈判,但资金始终没有到位,双方认为可能是在沟通中翻译有些误会。当时英语人才缺乏,杭州市政府的负责人想起了被誉为"杭州英语第一人"的马云。

马云就这样以翻译的身份出现了,并取得了杭州市政府和美国公司双方的信任,开始了他的翻译工作。马云被派去和美国投资公司的董事会协调,讨要拖欠工人的工资,这下马云又变成了"债务催讨人"。

上了美国这条船,可就不容易下来了。马云曾戏言:"这简直就是一部典型的美国式的好莱坞大片,特别是后来我到了美国被黑社会追杀,我的箱子现在还在好莱坞呢!"

到了洛杉矶,美国方面安排马云住在豪华的别墅里,每天好吃好喝地招待,就是不提和杭州方面合作的事。他们还派来一个大个子导游全程陪同马云游玩。

第五章　IT 风云人物的创业故事

马云心里惦记着和董事会协调的事,他想起数千农民工还拿不到工钱,心里有点着急。一天,大个子导游把马云带到拉斯维加斯赌博。带着 20 美元的马云开始在老虎机前奋战。他不断地按着老虎机,但运气似乎不太好。那个导游赌兴正浓,但还不时地回头看一眼马云,确保马云"困"在老虎机前。

同时,杭州方面也在进行调查,但查到的结果却大大出乎他们的意料,原来美国的投资方是国际诈骗组织!不久马云就遭到了投资方"董事长"的威胁:"要么跟我们合作,要么就去见上帝!"他当然没有屈服。最后马云被软禁了,导游瞬间变成了"狱警",笑嘻嘻的脸变得狰狞,手中还拿着手枪。

两天后马云采取了"曲线救国"的方式,假装答应合作。他拿出自己所有的钱,背着"董事长"托大个子导游帮自己订一张回国的机票。"大个子"乐呵呵地去了,回来后告诉马云,在航班当天,只要在大厅里大喊:"我是中国的 Jack Ma,请把机票给我!"就可以拿到机票回国了。

傻子都能猜出那是骗人的伎俩,当时无路可走的马云竟然相信了这个"雪中送炭的朋友"。于是,乘机当天,他喊出这句话时,引来的是周围人的惊诧和嘲笑。

时运不济,命途多舛呀!马云非常沮丧,在候机大厅的老虎机旁边,他将仅有的 25 美元 1 美元 1 美元地往里投,连续 24 次,好运似乎有意避开马云,还剩下最后 1 美元的时候,马云心想:"既然如此,何不试最后一次呢?"于是他将最后 1 美元也投进去。原本没抱任何希望的马云眼前一亮:天上竟然掉下来一个 600 美元的大馅饼!

马云拿到 600 美元后,立刻到售票大厅排队,准备买一张回国的机票。突然马云又犹豫了(这时候,马云还不知道杭州方面已经查出了这个案子的诈骗黑幕),他因为没完成任务感到有些惭愧。想到杭州市政府第一次把任务委托给翻译社,并且数千农民工还等着拿回工钱,马云不甘心就这样回国。于是马云决定转战西雅图。他的一个外国同事比尔曾说过自己的女婿在美国做一个叫互联网的东西,马云并不知道互联网到底是什么,但同事在描述它时,说得神乎其神,似乎这个东西很有吸引力。

虎口脱险的马云到了西雅图,认识了 Sam。Sam 带着马云参观了一家互联网公司,并告诉马云,他可以在互联网上搜索到任何想看到的东西。

那时的电脑不像如今的电脑那样小巧,在硕大的电脑面前,马云竟有些害怕,他不敢碰,生怕弄坏了赔不起。在 Sam 的鼓励下,马云终于小心翼翼并且略显笨拙地在键盘上敲了几个字母:Beer。没想到出来了很多的信息,马云看到了很多国家的啤酒信息显示在电脑屏幕上。

马云心想:"怎么没有我们中国的啤酒?难道是中国的啤酒不出名?不好喝?没有知名度?那么,网页上有没有北京、浙江、杭州?总会有中国的吧?"马云疑惑着又输入"China"进行搜索,结果出来了,屏幕上跳出来了两个英文单词"NO DATA"。这个结果的出现拉开了中国互联网的帷幕,导致中国把互联网历史零的纪录一下子甩到了太平洋最深处。

马云想到自己的翻译社,就拜托 Sam 在互联网上添加自己的海博翻译社。没想到还没到半天的时间,他就收到了五个来自世界各地的订单,其中有一封邮件里面写道:"这是我们发现的第一家中国公司的网站……"

马云兴奋极了,他彻底被互联网的魅力所吸引。

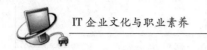

如果说中国互联网零的纪录是促使马云投身互联网的根本原因，那么翻译社的五个订单就是导火线。而这些都是在"飞来横祸"后，马云在意外中得来的"福"。

试水互联网

马云一回国就请了朋友到家里聚会，都是平时关系最好的，一共24个人。马云宣布了两件事：辞职、做网站。马云讲了两个小时，大家都没有听清楚，马云自己也不清楚都讲了什么东西。讲完之后24个人当中有23个人说互联网太先进了，劝马云别往里面扎，万一出不来怎么办？你开酒吧、开饭店，就是办个夜校都一定行，但就是不要干这个什么"英特耐特"。马云不顾绝大多数人的反对意见，创办了网站"中国黄页"。中国黄页前期的投入，是马云自己拿出了六七千元，又从妹夫、妹妹那儿借来一些，东拼西凑了2万元，然后再将家具差不多都卖光了，攒齐了必需的10万元本钱。然后马云、马云的太太、马云大学同学何一兵3个人，只租了一间房子当办公室，只用了一台电脑（马云从美国带回来的那台486），靠1块钱1块钱数着花，付完房租后剩下的5 000元创办了中国黄页，在1995年5月挂上了真正的"英特耐特"，成了中国互联网史上第一个B2B网站。

马云的中国黄页1995年亏了点，1996年年底，就有了700万元人民币的营业额，到了1997年，网络也开始热起来了，马云当了2年先锋，互联网在中国终于打开了局面。但就在这时，马云与杭州电信的合作出了问题，双方争来争去，情绪激动，先是何一兵要辞职，然后中国黄页的全体员工要辞职，最后马云也要辞职了。为了中国黄页的前途，各方都想让马云留下，但马云心里委屈，觉得自己真不容易，打南打北打到头没自己的地儿了！执意要走。

马云离开中国黄页，外经贸部有人对马云说：到北京来吧，来这儿你能干得更好！就这样，马云带了5个年轻人又到了北京。马云在北京租了一间不到20平方米的小房子，没日没夜地干活，给外经贸部做网站，让外经贸部成了中国第一个上网的部级单位。马云当时做得不错，外经贸部另立一家公司——EDI（中国国际电子商务）中心，由马云负责组建和管理，马云占30%的股份，外经贸部占70%的股份，但实际上马云一个月就几千元的工资，其他什么也没有。

时间一长马云发现很多事在政府机关里很难做，存在着许多说不清的问题。当时人们都说马云与外经贸部的合作是中国的"梦之队"，但实际是怎么回事谁也不清楚。怎么办？马云天天思量。留在北京吗？机会倒是有，比如新浪和雅虎都希望马云去加盟。但马云发现，北京的网络太浮躁，在这里很难做成一件事。还在机关里吗？马云已感觉到中国的网络形势正发生变化，全世界互联网高潮马上就要到来，留在机关里对不起这千载难逢的良机。想来想去，马云决定还是南下。

创办阿里巴巴

马云创办阿里巴巴的传奇已经广为人知了。大家都知道，当年马云看准了商机，带着创业团队苦干数月，最终阿里巴巴网站诞生了。虽然阿里巴巴遭遇过很多磨难，但最终它成了最成功的网站之一。

1999年年初，马云基于在外经贸部的积累，开始计划一个大规模的创业行动。他认为电子商务领域一定会像雨后春笋一样迅猛发展。

最初创建阿里巴巴时,马云的团队只有18个人,都是马云做教师时认识的同事和学生,或者好朋友。当马云决定南下回杭州创业的时候,他对这些人说:"我要回杭州创办一家自己的公司,从零开始。大家愿意同去的,每月只有500块钱的工资,愿意留在北京的,我可以推荐你们去收入很高的其他公司上班。"表态之后,马云想给他们三天的时间考虑,是去是留,他决不强求。然而,没过五分钟,18个人一致表态,要一起与马云回杭州创业,这就是阿里巴巴传说中的"十八罗汉"。

1999年春节之前,他们一班人马回到了杭州,为前期工作做准备。工作刚开始,大家便有了不同的想法。有人主张做B2C,有人提出做C2C。最后,马云作出决定,他说:"我们就做B2B。"大家觉得这个想法不太可能实现,因为当时互联网上还没有这种模式,至少中国的互联网上还没有。

马云对他们说:"如果一个想法80%的人都说好,那么你可以直接将它扔进垃圾桶。如果大家都想得到,别人能比你做得更好,你还做什么?"他决定了,就做B2B。事实的确如此,马云是对的。

如今,马云回顾往事,想起那段创业的日子时,他说:"当时,与其说是艰苦,不如说是疯狂。"他们工作的办公室是马云在做教师时买的湖畔花园内的一座150平方米的普通民宅,新房还没来得及住就变成了他的创业基地。大家工作时间是早上9点到晚上9点,加班是家常便饭,不加班的时候很少。大家经常在那间小会议室里铺上垫子打起地铺。后来团队里有人回忆当时的情景说:"早上起来的时候一开门,门外横七竖八躺的都是人,繁忙的工作让大家没有时间顾及别的,屋子里还有臭味……"

考虑到经常加班,马云要求大家把房子租在离办公室仅有5分钟路程的地方。在创业之初,马云让大家不要向家里人和亲戚借钱,他说:"如果赔了,就赔我们自己的钱,我们这些人在一起还能做其他的事,不能拿人家的钱去赌!"于是,大家把自己的钱都放到桌子上,这就是阿里巴巴的创业资金,七拼八凑的50万元。钱都拿去创业了,没钱租房子,很多工程师就租附近的毛坯房,房子里除了地上的床垫子,什么都没有,可谓家徒四壁。

马云这个团队,成功是必然的。在现代企业中,开始创业时条件好是好事,也是坏事。创业条件好固然能够吸引人才、壮大队伍,然而大家是为利益而来,很少有人能够在企业困难的时候始终不离不弃。马云的团队正好相反,他们从零开始,不计较利益,一心一意把事业做好。因此,团队经受住了最初艰难的考验。

淘宝网,改变全民购物方式

2003年,全球的电子商务仅有三种模式,一种是阿里巴巴的B2B,另外两种是B2C和C2C。当时阿里巴巴在B2B领域一枝独秀,成为全球最大最好的B2B网站。电子商务最发达的美国在B2B领域也没有探索出更好的道路,是阿里巴巴打破了尴尬局面。然而在另外两个领域中可完全不是这样。阿里巴巴全然没有涉及B2C和C2C。这一年,美国C2C的霸主eBay的一个信号让阿里巴巴感觉到危机即将袭来。

这一年,eBay收购了美国的Fairmaket(一家B2B的公司)。这个信号让马云一下子就察觉到eBay要进军B2B领域。

当时阿里巴巴虽然是全世界B2B最优秀的网站,可是收入还不到eBay的三十二分之一,况且eBay实力强,若是硬拼,恐怕阿里巴巴也捞不到什么好处,甚至还会陷入危机之中。面对气势汹汹的eBay大举来犯,马云无法坐以待毙,毕竟那时的阿里巴巴已经是员工数百人的企业了,一旦败下阵来,员工们的生活就无法得到保障。马云不是一个轻易服输的人,在一番深思熟虑之后,"不聪明的小脑袋"里又有了新的想法。

当时eBay已经是中国唯一一家具有巨大影响力的C2C电子商务公司。马云想利用自己的本土化团队对中国消费者心理更为了解的巨大优势进军中国C2C领域,采取迂回战术,从侧面挤走eBay。

这一仗,马云最初只用了7个人。当时马云将孙彤宇等7人叫到办公室,对他们说:"我想派你们去做一个C2C的新项目,这个项目目前还处于绝密状态,全公司的人都不知道阿里巴巴会进入C2C领域。公司派你们去做这个项目,要求你们不许告诉身边的任何人,哪怕是父母或女朋友。如果你们愿意的话,这里有一个合同,全是英文的,你们马上签字。"

这7个人都是当年"十八罗汉"中的猛将,一直跟随马云创业。这次马云金口一开,7个人甚至没有多加考虑,立刻接受了马云的这个绝密任务。7个人签了合同,并找了个理由向各自的经理请了假,搬离了办公室,回到最初创业的湖畔家园,开始了C2C领域的创业之路。

在孙彤宇一行7人回到湖畔花园之前,他们还给过马云一个承诺,就是3年之内打败易趣。回到湖畔花园之后,他们从零开始,紧锣密鼓地打造C2C网站。

孙彤宇一行人进驻湖畔花园的日子是2003年4月16日,到了5月10日,马云已经将一个微笑挂在脸上了。这时外界无一人知晓,一个将来能够成为中国电子商务C2C霸主的网站已经诞生了。

淘宝网开发前后仅用了24天的时间,比马云规定的时间提前了6天。5月10日晚,淘宝网正式推出,马云和孙彤宇这群人低调地庆祝了一下。

马云这一仗打得十分漂亮。为了回击惠特曼领导的eBay进军B2B的攻势,马云建立了淘宝网。如果你要在电子商务领域或在互联网领域开发一个项目,那么你最需要做的就是保密工作。不保密的后果之一是引来多家复制,另外更加危险的是,竞争对手会将你的项目扼杀在摇篮之中。

据说,马云要开发淘宝网还有一个更加重要的原因。众所周知,在2003年春天,一场没有硝烟的战争爆发了,一方是横行肆虐的"非典"病毒,另一方则是胆战心惊的大众。一向有着敏锐的商业嗅觉的马云,这时洞察到一个新的商机。"非典"肆虐,人们势必减少上街购物,只能待在家里,而家里与外界沟通的方式并不多,无非是电话、电视、广播以及网络。那么,在当时的特殊时期,人们极有可能选择网络购物的方式。

早在2000年就有人向马云建议做C2C,然而马云那时认为,C2C并不符合中国人的购物习惯,中国人更习惯在商店里购物,C2C并不具备好的前景。当时,中国消费者的确更倾向于在实体店购物,因为大家认为这样购物更安全、更放心。然而"非典"的到来使很多人不得不待在家里,马云这时改变了自己的想法。在"非典"这个特殊时期,做好淘宝网,真的不能不说是一个未雨绸缪的决定。

淘宝网推出后,其名字被赋予了新的含义:淘金的"淘",宝贝的"宝",人们可以在网上开店,将自己喜欢的"宝贝"放到网上供人"淘",也可以在网上"淘"别人的"宝贝"。今天淘宝网上充满这样的词汇:"宝贝数量""您的宝贝"……

商场如战场,淘宝网的成长并不是一帆风顺的。

淘宝网在刚刚推出之后,就遭到了众"敌手"的关注。第一个关注淘宝网的正是阿里巴巴的员工。因为当时,除了淘宝网创业的一行人,其他人对于淘宝网全然不知。淘宝网全盘复制了阿里巴巴的商业模式,在最开始的几年里实行免费的方式,让用户熟悉之后,再收费使用。在淘宝网宣布免费使用2年,而后又宣布继续免费使用3年时,阿里巴巴有些不知情的员工以为淘宝网来者不善,这让他们感到了危机。

有一次,公司有人写信给马云,信上说:"马总,有一个企业,它很小,但是它很可怕,因为它跟我们太像了,你不得不关注一下,它很可怕……"一连很多人写信给马云,希望他能够"关注一下这个竞争对手"。

当马云正式提出要向淘宝网注资1亿元时,阿里巴巴的员工顿时恍然大悟,原来是自己人!

当时eBay在中国依然财大气粗,惠特曼打心眼里看不起这个乳臭未干的小网站,还放出豪言:淘宝只能存活18个月。说完这句话之后,惠特曼开始了一系列打压淘宝的行动。

起初,eBay在谷歌和百度上投放了很多如"要淘宝,到易趣"的广告,还在自己的主页上打出了"淘宝贝,开店铺,生活好享受"的宣传语,这正是广告封杀。

后来在商界的控诉和谴责中,eBay不得不结束了这一行动,转为在与其他网站合作时,禁止对方与淘宝网合作,封锁了淘宝网的广告投放。聪明的马云并没有选择直接与之对抗,而是在街头展开广告攻势。马云的这一对策,使淘宝网又一次胜了eBay。

随后双方展开了4年的竞争,最后马云带领淘宝网,抢占了国内80%的市场份额,eBay只能灰溜溜地撤兵了。

抓住机遇,充分展示出自己的魅力,正是淘宝网今天得以名扬天下的重要原因。

阿里巴巴的一系列公司如今已经开枝散叶,在繁茂的枝叶下面,一个实力雄厚的企业站在了电子商务的风口浪尖处。

第5节 世界首富——比尔·盖茨

一、比尔·盖茨简介

比尔·盖茨(Bill Gates),全名威廉·亨利·盖茨三世,1955年10月28日出生于美国华盛顿州西雅图,企业家,软件工程师,慈善家,微软公司创始人,曾任微软董事长、CEO和首席软件设计师。比尔·盖茨13岁开始计算机编程设计,18岁考入哈佛大学,一年后从哈佛退学,1975年与好友保罗·艾伦一起创办了微软公司,担任公司董事长、CEO和首席软件设计师。比尔·盖茨1995—2007年连续13年排在《福布斯》全球富豪榜首位,连续21年排在《福布斯》美国富豪榜首位。2000年比尔·盖茨成立比尔和梅琳达·盖茨基金会,2008年盖茨宣布将580亿美元个人财产捐给慈善基金会。

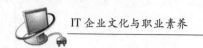IT 企业文化与职业素养

二、创业之路

痴迷电脑的天才少年

比尔·盖茨的父亲威廉·亨利·盖茨（William Henry Gates, Sr.）是当地的著名律师，母亲玛丽·盖茨（Mary maxwell Gates）是银行系统董事，他的外祖父 J·W·麦克斯韦尔曾任国家银行行长。为了让孩子接受良好的教育，盖茨的双亲将小盖茨送进管教严格的西雅图私立湖滨中学就读，也就是在这里盖茨发现了一生事业的中心——电脑，也遇见了未来的工作伙伴保罗·艾伦。

盖茨进入湖滨中学之后迷上了电脑，从此就无心上其他课，每天都泡在计算中心。从8年级开始，盖茨便利用闲暇时间和同学一起帮人设计简单的电脑程序，以此赚取零用钱。根据盖茨自己陈述："我在13岁时就写了我的第一个软件程序，我拿它来玩井字游戏。当时我所用的电脑体积庞大、笨重、速度缓慢而且相当'不听话'。"盖茨的好朋友保罗·艾伦（后来和盖茨一起创立了微软公司）回忆说："我们当时经常一直干到三更半夜，我们爱死了电脑软件的工作，那时候我们玩得真开心。"

盖茨说："那时候，保罗常常把我从垃圾桶上拉起来，而我却继续趴在那里不肯起来，因为在那里我找到一些上面还沾着咖啡渣的程序设计师的笔记或字条，然后我们一起对着这些宝贵的资料研究操作系统。"

盖茨上9年级的时候，TRW公司的工程师在架设西北输电网络时遇到了问题，一筹莫展。这时候，他们发现了湖滨中学计算中心的一份《问题报告书》，当场打电话给制作这份报告的两位"侦测错误大师"（盖茨和艾伦），希望他们两人能来帮助排除问题。但他们压根没有想到，这两位"大师"居然只是9年级和10年级的学生！

艰辛的创业

1973年夏天，盖茨以全国资优学生的身份进入了哈佛大学。在哈佛他仍然无法抵抗电脑的诱惑，于是就经常逃课，一连几天待在电脑实验室里整晚整晚地写程序、打游戏。

1975的冬天，盖茨和保罗从 MITS 公司的阿尔它（Altair）机器得到了灵感，看到了商机和未来电脑的发展方向，于是他们就给 MITS 创办人罗伯茨打电话，说可以为阿尔它提供一套 BASIC 编译器。罗伯茨当时说："我每天都收到很多来信和电话，我告诉他们，不论是谁，先写完程序的就可以得到这份工作。"于是盖茨和保罗回到哈佛，从1月到3月，整整八个星期，他们一直待在盖茨的寝室里，没日没夜地编写、调试程序，他们几乎不记得寝室的灯几时关过，最后他们终于成功了。两个月通宵达旦的努力和智慧产生了世界上第一台微型计算机——TSAltair 的 BASIC 编程语言，MITS 对此非常满意。

三个月之后，盖茨敏感地意识到，计算机的发展太快了，等大学毕业之后，他可能就失去了一个千载难逢的好机会，于是他毅然决然地从哈佛三年级退学了。他们深信个人计算机将是每一张办公桌上以及每一个家庭中必备的非常有价值的工具，并为这一信念所指引，开始为个人计算机开发软件。

很快盖茨与艾伦迁往 MITS 公司所在地新墨西哥州阿尔布奇市，正式创立微软公司：Micro-soft。当时盖茨才19岁。1977年，苹果、康懋达公司进入个人电脑市场，微软提供

BASIC 给大多数早期的个人电脑,当时 BASIC 是最重要的软件元素。根据盖茨自己描述:"在微软草创的前 3 年,其他专业人员大多致力于技术工作,而我则负责销售、财务和营销计划。我把 BASIC 每卖给一家公司,就多一分信心。"就这样,在低价授权、以量取胜的方式下,微软 BASIC 很快成了电脑产业的软件标准,当时几乎每一家个人电脑制造商都会使用微软授权的软件。1979 年盖茨将公司迁往西雅图,并将公司名称从"Micro – soft"改为"Microsoft"。

公司刚起步的时候,冲劲十足、精力充沛的盖茨和保罗根本就不知道什么是疲倦和劳累,他们在一间灰尘弥漫的汽车旅馆中租用了一间办公室,开始了艰苦的创业旅程。他们挤在那个杂乱的、噪声纷扰的小空间中,没日没夜地编写程序,饿了就吃个比萨饼充饥,实在累得受不了了就出去看场电影或开车兜兜风……

正当他们不知疲倦地朝着梦想的电脑王国挺进的时候,微软卷入了一场灾难性的官司之中……

当时软件盗版情况特别严重,大大损害了微软的利益。盖茨认为罗伯茨对市场上 BASIC 编译器的盗版应该负责,于是将它收回卖给了 Perterc 公司,但这之前他曾经和罗伯茨签订过该软件的协议,允许 MITS 在 10 年内使用和转让 BASIC 程序和源代码。

很快 MITS 就将微软告上了法庭,高昂的律师费令盖茨不知所措。与此同时,Perterc 也拒绝支付微软版权费,法院仲裁过程慢如蜗牛。收入的减少和庞大的开支使微软陷入了濒临破产的境地。盖茨和保罗几乎都捱不过去了。盖茨对那段经历至今难忘:"他们企图把我们饿死,我们甚至付不起律师费,所以当他们有意与我们和解时,我们几乎就范。事情到了那么糟糕的地步,仲裁者用了九个月才发布那该死的裁决……"

不过,他们终于熬过来了,微软赢了这场官司。

其实,盖茨当时完全可以向父母借钱,相信他的父母也会帮他渡过难关,但他没有,盖茨坚持微软必须自力更生。盖茨就是这样自己白手起家,艰难地一步一步打下天下的。

1980 年是微软发展史上一个重要的转折点。当时无人不知、无人不晓的 IBM 公司占有大型计算机 80% 的市场,也就是在这一年 IBM 决定制造个人计算机,并且找到微软公司,购买作业系统的授权,于是个人计算机作业系统 PC – DOS 出现了,IBM 成了微软新软件的第一个授权使用者。随着 IBM 的个人计算机独霸市场,微软的软件也如雨后春笋般不断冒出,从而稳住了 IBM 的江山,也奠定了微软在电脑软件市场上不容忽视的地位。

就这样,比尔·盖茨凭着独到的眼光,坚信个人计算机的触角将深入未来每一个家庭中,也相信结合微处理器与软件将大大改写过去以大型计算机为主的生态,更是在个人计算机革命的初期即掌握了稍纵即逝的创业机会,其后又一直保持正确的发展方向,锲而不舍,加上过人的经营头脑,终于成为全球首富与 IT 业最具影响力的人士。

什么都可以舍弃,就是不能舍弃事业

盖茨一直是一个以工作狂著称的人物,即使到了 39 岁结婚的时候,他还经常加班工作到晚上 10 点以后,对于以前任何一个亿万富翁来说,这都是不可想象的事。尽管微软公司一向以员工习惯性加班拼命工作而闻名,但那些工作得眼冒金星的员工还是心悦诚服地说,他们之中几乎没有谁能比盖茨更辛苦。

盖茨自己曾经不止一次地说过:"微软是我永远的情人。"其实,在通往微软帝国辉煌

IT企业文化与职业素养

的道路上,盖茨经历过无数次极端痛苦和无奈的选择,当求学、爱情、婚姻和事业发生矛盾或者冲突的时候,他都会毫不犹豫地放弃学位、心爱的女人,而选择微软和自己的事业。

1975年6月,盖茨经过认真的考虑,说服了自己,决定放弃哈佛这所世界上最好大学的毕业证书,要求退学创业,接着,又说服了万分震惊的父母。这股毅然决然的勇气绝不是一般人所具有的。

在盖茨的心中,微软是高于一切的,为了微软,盖茨可以放弃一切。盖茨有关个人计算机的远见和洞察力一直是微软公司成功的关键。盖茨积极地参与微软公司的关键性管理和战略性决策,并在新产品的技术开发中发挥着重要作用。他的相当一部分时间用于会见客户和通过电子邮件与微软公司的全球雇员保持联系。

与"蓝色巨人"IBM合作

赚钱的捷径是跟成功人士合作。正所谓大树底下好乘凉,跟成功人士合作,就好像搭"顺风车",能大大缩短自己的行期,即使是不平等条约也要签。在生意场上,1+1不仅仅是等于2,有时甚至会大于2。盖茨就是深谙生意场上的这条潜规则,不断地寻求自己的合作伙伴。其中比尔·盖茨最有眼光、最具战略性的决策莫过于搭"蓝色巨人"IBM的车子。这次成功的合作还要追溯到20世纪80年代。

1980年8月的一天,IBM公司有人给比尔·盖茨打电话,说有两个人希望见他,请他安排一个时间。比尔·盖茨不以为然,以为不过是一件普通的生意洽谈,因为此前IBM公司曾与他商量过购买软件的事。而他这天刚好有个约会,便告诉来电话的人,说会晤是可以的,但只能定在下周。对方却没有理睬他的话,只是说这两个人是IBM公司的特使,两个小时后就将飞到西雅图。比尔·盖茨做梦也没有想到,大名鼎鼎的IBM公司的人会派特使主动来访。他马上意识到此事重大,毫不犹豫地取消了原来的约会,打起精神准备迎接IBM公司的特使。IBM公司,即国际商业机器公司,创建于1911年。20世纪20年代,它是最大的时钟制造商,后来又研制成功电动打字机并独霸市场。从1951年起,这家公司开始经营电脑。到70年代,它控制了美国60%的电脑市场和大部分欧洲市场。由于这家公司数以千计的经营人员身着蓝色制服出现在世界各地,所以被人称为"蓝色巨人"。到1980年,IBM公司已有34万名雇员,在电脑硬件制造方面独占鳌头,占据了80%以上的大型计算机市场。而且所用的软件也一向自行设计,不依赖微软之类的软件设计公司。这也是比尔·盖茨起初对IBM公司没有多大热情的原因。那么,IBM公司为什么派特使"下顾"微软这家小公司呢?原来,IBM公司一向致力于发展大型计算机,对个人计算机不屑一顾。当微型计算机市场呈现蓬勃发展之势时,IBM公司才意识到犯了一个大错误。为了迎头赶上,公司决策层打算收购发展潜力最佳的苹果公司。然而苹果公司正在走红运,并没有出售的打算。于是,IBM公司决定实行"西洋棋计划",组成一个委员会,专门负责开发个人计算机。委员会的成员详细研究了苹果公司及其他一些公司在这一领域领先一步的经验,得出两个结论:一是鼓励和支持那些独立的软件开发公司,让它们大量开发软件;二是建立起一个公开的机构,带动一大批软件公司发展。委员会决定按这个路子走。这等于改变了IBM公司过去一切"自力更生"的传统。为了给日后的宣传造势,这个委员会决定与其他公司秘密合作,以取得一鸣惊人的轰动效应。在众多软件公司中,IBM"西洋棋计划"委员会发现微软公司特别引人注目。该公司包括BASIC在内的几个基本软件已经在微型计算机领域成为标准,

第五章　IT风云人物的创业故事

它的产品销售量每年都要翻一番，显示了很强的发展前景。因此，该委员会决定同微软公司接触，这才有了开始的那一幕。

虽然比尔·盖茨对那个电话的确切含义还拿不准，但知道肯定是一件大事。为稳妥起见，他找来史蒂夫·鲍尔默一起商量。鲍尔默也猜不透 IBM 公司的用意。但他也同样认为，对 IBM 特使的到来应该认认真真地对待。会晤那天，他们穿得整整齐齐，这种情况在微软公司实在少见。在微软人们惯常的装束是圆领衫、休闲裤和耐克运动鞋。也许是没穿惯西装的缘故，比尔·盖茨的西装很不合适，也没有派头。所以一开始 IBM 的特使萨姆斯和哈灵顿还以为比尔·盖茨不过是微软公司的一个办事员。但是很快，他们的想法改变了。他们认为，比尔是他们所见过的最了不起、最聪明的人。这就叫作"行家一伸手，便知有没有"。鲍尔默也参加了那天的会谈。在会谈之前，他们被要求先在 IBM 公司的协议上签字。协议规定，任何一方都不得泄露专利信息和与 IBM 合作的秘密，但可以自由地披露讨论中没有限制的内容。为了保密，萨姆斯和哈灵顿并未透露 IBM 的"西洋棋计划"，只是暗示 IBM 正在考虑某个项目，可能是和另一种电脑一样的插入式卡，还说这是一个紧急任务。尽管萨姆斯掌握了微软公司的许多情报，但他没想到微软公司已经有了 40 名雇员和一个很不错的办公室。他掌握的是微软公司几个月前的情况，他的确想不到这家小公司的发展会这么快。萨姆斯相信微软公司能够成功地为 IBM 搞出软件来，但能否按 IBM 提出的日子交货，他还是有些担心。萨姆斯对安全问题尤其担心。在他看来，以比尔·盖茨一伙人的本事，很容易偷窃一两个 IBM 的技术。为此，他要求比尔·盖茨必须减少这方面的危险。萨姆斯和哈灵顿返回 IBM 总部时，对微软公司已有了底，他们确信这伙年轻人的确是能干大事的人。比尔·盖茨对 IBM 公司的主动要求合作既惊讶又惊喜。这是美国计算机市场上最大的一家客户，一个小小的软件公司能够同它做成生意，真是一件了不起的事。再看 IBM，不论是经济实力、技术实力、管理水平还是市场形象，无一不显示出一派大家风度。只不过合作项目到底是什么，比尔·盖茨还是猜不透，因为 IBM 公司的特使并没有说明。1980 年 8 月 16 日，IBM 公司终于确定该合作项目是开发 8088 芯片。此前 IBM 公司还给微软公司送来 3 页正式文件，上面详细说明了微软公司应履行有关保密责任的临时条款。

比尔·盖茨不仅眼光独到，而且还相当英明，因为他深知，只有和强者合作才是微软走向成功的捷径，也是创造财富最快的道路。在比尔·盖茨及 IBM 的努力下，1981 年 8 月 12 日，IBM 公司在纽约宣布新型个人计算机问世，并展出了它的第一台样品。展出的这台机器带有一个磁盘驱动器，只有 16K 内存，初步标价为 1 565 美元，通过拍卖，价格升至 6 000 美元。但是随机提供的应用程序却不多，只包括一个普通的扩展表格程序，一个字处理程序，最具关键性的操作系统还没有推出。微软授权 IBM 使用自己的 PC DOS 操作系统。

IBM 公司的一举成功，更是比尔·盖茨的成功。自此，美国计算机市场的竞争格局翻开了崭新的一页。在与 IBM 公司的合作中，一个巨人正在成长。

操作系统 Windows 的诞生

1990 年即将过去的时候，世界著名的电脑杂志 *PC Computer* 发表热情洋溢的文章指出："当我们要替 1990 年撰写年度报告时，5 月 22 日无疑是一个特别值得纪念的日子。就在这一天，微软推出了 Windows3.0，IBM 个人计算机及其兼容机从此迈进一个新的纪元！"

关心个人计算机发展的人们不会忘记 1990 年 5 月 22 日发生的一切。那一天，美国纽约市立戏剧中心披红挂绿、张灯结彩，6 000 余人欢聚一堂，共庆 Windows3.0 的问世。庆祝会的热烈场面通过卫星转播，传到了美国七个大城市的分会场。此外，伦敦、巴黎、马德里、斯德哥尔摩、墨西哥城、悉尼、新加坡……五大洲十二个大都市同时举行盛大的产品发布会，在激光和音乐的伴奏下，到处响彻微软董事长比尔·盖茨的演说声："Windows3.0 将重新确立'个人'在个人计算机中的地位，它是比 DOS 还要好的 DOS！"

微软公司投入如此巨大的代价当然收到了巨大的回报。Windows3.0 顿时成为超级畅销软件，以每月 10 万套以上的速度向全球发售，1990 年年底创下累计发行 100 万套的纪录，居世界软件排行榜榜首。Windows3.0 的确是自 MS－DOS 后的又一款划时代的软件产品。它构造了一种基于图形的操作环境，在能够"看到"的窗口、图标和按钮等等图形引导下，使过去烦琐的操作简化为鼠标轻轻一点，真有赏心悦目、随心所欲的感觉。它还提供了多任务环境、资源共享、与设备无关等强大的功能，并率先突破 DOS 管理下 640K 内存的森严壁垒。可以毫不夸张地讲，Windows3.0 的问世，标志着微型计算机软件技术的又一场革命：20 世纪 60 年代从批处理软件转变为交互式人机对话，80 年代从字符型转变成图形操作软件。

Windows3.0 软件最令人称道的技术创新当推"图形用户界面"（CUI）。比尔·盖茨当时曾设想在 MS－DOS 和应用软件之间，增加一个个人计算机的"界面管理者"，并且制订出雄心勃勃的计划，为这个"管理者"拟定了几条要求：它必须能独立于硬件，必须能支持"所见即所得"，必须能使应用软件标准化，必须工作在图形环境中。不过，微软当时的兴奋热点在应用软件，这项计划进展迟缓，以致让苹果公司抢得了先机。比尔·盖茨深感庆幸的是，由于苹果公司坚持不与 IBM 个人计算机兼容的政策，图形环境的麦金托什电脑没有能够对微软公司的 Windows 开发计划造成致命的打击。1983 年 11 月 10 日，微软公司为 Windows 召开第一次产品发布会，许诺翌年年初就把它交给用户使用。或许比尔·盖茨"紧逼盯人"的策略是出于无奈，但他的公司却在数年之中，为这个轻率的决定饮下一杯又一杯苦酒。比尔·盖茨宣称他手中已有了 Windows 软件，IBM 公司却偏偏在这时与"看得见公司"签订了经销 VisiOn 软件的协议，此举当然是明确表示，它对微软的行为颇有微词。眼看着微软与 IBM 的"蜜月"即将结束，似有分道扬镳的迹象，早就对"蓝色巨人"的霸道不满的 PC 兼容机制造厂商纷纷倒向 Windows 阵营，康柏、DEC、惠普、坦迪等 24 家公司先后宣布支持 Windows。而那些以经营应用软件为主的软件公司，如莲花、安迅达等，也宣称要在 Windows 的"窗口"下发展新的应用软件。人们都在眼巴巴地等待着，希望能够尽快拿到一套微软的 Windows。然而开发新一代"窗口"软件谈何容易。要知道，当时个人计算机的内存容量只有 256K，而 Windows 所需的开销远不止此数；个人计算机里 8088 微处理器的速度太慢，用常规方法显示图形，会让人感到慢得不能容忍。此外，这套软件包括内容之多，涉及范围之广，复杂程度之高，都是 MS－DOS 所不能比拟的。1984 年转瞬而至，微软公司第一次无可奈何地宣布，交货时间将推迟到第一季度末。1984 年 2 月，有 300 余家软、硬件公司的代表兴冲冲赶到西雅图，参加微软公司举行的图形用户界面技术研讨会，满以为可以拿到 Windows 的有关文件，不料会议的结果令代表们大失所望。微软不仅没有提供任何像样的技术资料，反而宣布将 Windows 的供货时间，再次推迟到 5 月。望眼欲穿的 5 月终于被盼来了，微软的销售经理们也终于露面，他们一一拜访各家用户，红着脸道歉说道："请各位再耐心等一等，最迟到 8 月份，我们一定把'窗口'安装在你们的机器里。"1 月、

第五章　IT风云人物的创业故事

3月、5月、8月，三番五次，一拖再拖，微软公司承诺的8月份到了，依然没有Windows的产品可供。比尔·盖茨简直不知道如何面对新闻记者的质问。正当"窗口"处于进退维谷之际，微软公司聘任不久的新总裁谢利发挥了他高超的组织才能。谢利（J. Shirley）时年45岁，原在坦迪公司担任副总裁，被董事长比尔·盖茨请来担当总裁重任，目的是使自己免去繁杂的行政事务。谢利受命于"危难"之中，经过一番认真的调查，他找到了问题的症结。

Windows计划之所以进展迟缓，除了技术难关外，更主要的还在于组织和管理混乱。谢利快刀斩乱麻，将微软的研究机构划分成几个部门。谢利把一切重新部署完毕，日历早已翻过了8月31日。这一回，比尔·盖茨打消了"冒进"的念头，索性把Windows交货的最后期限推迟到1985年6月。1985年年初，Windows的开发总算走上有条不紊的轨道，比尔·盖茨亲自督办程序设计工程，要求部下从6月份重新开始"倒计时"。不过，就当时的进展情况看，是否能赶在年底完工，恐怕不容乐观。那一日清晨，盖茨董事长审看已经写就的软件，突然发现了一处错误，他猛地拍着桌子动怒了。"鲍尔默！鲍尔默在哪里？"他大叫大嚷着。应声而出的鲍尔默正端着盘子准备吃早餐，他不解地望着盖茨，不知道何处塌了天。"你还吃得下面包？"比尔·盖茨用手指着鲍尔默的鼻子，劈头盖脸一顿臭骂，"别看咱俩是哥们儿，我警告你，年底前再不能交货，你们统统给我卷起铺盖走人！"鲍尔默可称得上是盖茨的挚友，曾经与盖茨在哈佛大学同窗共读3年，哈佛毕业后又在斯坦福大学接着攻读硕士，没等拿到学位就跑到一家公司搞销售，在经营上很有一套。他在1980年6月加盟微软，担任总裁特别助理，是比尔·盖茨得力的左膀右臂。这是鲍尔默第一次看到盖茨对他发怒，他赶紧把面包咽下肚，挨个叫醒刚刚入睡的程序师们。"伙计们，"鲍尔默愁眉苦脸地说，"下雪前无论如何也要完工，否则大家都会被比尔'炒'成'鱿鱼'！"Windows计划被视为微软公司头等大事，软件设计和程序调试人员逐渐增加到30余人，每个程序师都到了近似疯狂的状态。据说，有位担任测试工作的程序师尼威，把自己的睡袋也搬到实验室，整整一个月足不出户，傻乎乎等待着每个程序编写完成，以便不耽误一分一秒的测试时间，由此赢得"疯子"的绰号。

Windows小组的天才设计思想在"窗口"里体现得淋漓尽致。这套程序的85%是用C语言编写的，其余的关键部分则直接采用汇编语言写作。事后有人对开发这个Windows最初版本的设计时间进行过统计，它总共耗费了11万个程序工作小时，可见其难度之大。Windows软件的"窗口"最能显示微软的风格。苹果公司的"丽萨"电脑也能呼出"窗口"，用屏幕模拟办公室桌面上摆放着的各种档案，但这些档案并没有被"丽萨小姐"整理妥帖，横七竖八随意堆放在一起。微软的"窗口"却一改交叠的排列方式，仿佛把各种档案簿整整齐齐地放置于桌面，看上去井然有序。1985年5月，比尔·盖茨终于能带着演示版Windows软件出现在当年的Comdex电脑大展上，向成千上万名观众表演同时用鼠标和键盘打开或关闭"窗口"的效果。同时，他代表微软公司宣布：Windows1.0版软件仅定价95美元。一个月后，微软公司对外发行了Windows1.0的测试版。Windows1.0正式版软件在1985年11月上市，比尔·盖茨这才把悬着的心放回到肚子里。不过，Windows1.0版没有达到微软公司预期的效果。20世纪80年代中期，适于Windows运行的个人计算机并不太多，硬盘也不普及。1987年11月，Windows2.0版推出，对1.0版的功能欠缺做了显著改进，增加了动态数据交换、覆盖式窗口等先进技术，并让广大用户逐渐认识到"窗口"的前景。

— 133 —

IT 企业文化与职业素养

1989年,"窗口"下的应用软件如雨后春笋般一个接着一个"钻"出地面,各应用软件公司陆续举起了 Windows "大旗"。微软公司也忙着把 DOS 环境下工作的大批软件向 Windows 转换。到了 Windows3.0 时,"窗口"不仅是一个升级版本,而且完全可以说是引发了图形操作软件技术变革的"链式反应"——1992年4月面世的 Windows3.1 具有对象嵌入与链接、支持网络、支持多媒体等最先进的功能;1993年5月推出的 Windows NT 已不再依赖 DOS 操作平台……难怪微软公司能够自豪地宣称:Windows 产品在全球平均每5秒钟就售出一套,月销售量已超过百万!

1995年,盖茨撰写了《未来之路》一书。在书中,他认为信息技术将带动社会的进步。该书的作者还包括微软公司首席技术官 Nathan Myhrvold 以及 Peter Rinearson,它在《纽约时报》的最畅销书排名中连续7周位列第一,并在榜上停留了18周之久。

1994年,盖茨创立了比尔和梅琳达·盖茨基金会,该基金会赞助了一系列盖茨本人及其家庭感兴趣的活动。盖茨捐助的四个重点领域是:教育、世界公共卫生和人口问题、非营利的公众艺术机构以及一个地区性的投资计划——Puget Sound。现今的盖茨不仅仅专注于公司事业,更多的是慈善事业。一个成功的人不在于他创造了多少财富,而在于他懂得更多地分享与奉献。比尔·盖茨就是这样一个人。

第6节 神奇小子——乔布斯

一、乔布斯简介

史蒂夫·乔布斯(Steve Jobs)1955年2月24日出生在美国旧金山,发明家,企业家,美国苹果公司联合创办人、前行政总裁。1976年乔布斯和朋友成立苹果公司。他陪伴了苹果公司数十年,先后领导和推出了麦金托什计算机、iMac、iPod、iPhone 等风靡全球的电子产品,极大地改变了现代通信、娱乐乃至生活的方式。乔布斯凭借敏锐的触觉和过人的智慧,勇于变革,不断创新,把电脑和电子产品变得简约化、平民化,让曾经是昂贵稀罕的电子产品变为现代人生活的一部分。2011年10月5日乔布斯因胰腺癌去世,享年56岁。

二、创业之路

两个史蒂夫

十来岁时,史蒂夫·乔布斯知道了他是一个被收养的孩子。大块头的父亲保罗替财务公司追债,业余做点机械修理,母亲克拉拉则是一个家庭妇女。他们以自己的方式全力爱着这个有些麻烦的男孩儿。他的生身父母究竟是谁?他们为什么会抛弃他?这个孤单的、相当爱哭的男孩儿内心充满疑惑。

10岁时,乔布斯对电子学方面的兴趣就明显表现出来了。在加利福尼亚州,新兴的电子公司雨后春笋般发展起来。每逢周末,一些惠普和其他电子公司的工程师就会在自家的车库做维修。

史蒂夫不喜欢自己所读的中学,他告诉他的养父母,他决定不去上学。保罗·乔布斯后来回忆说,"因此我们只好搬家"。搬到洛斯阿尔托斯市后,史蒂夫觉得自己进了天堂:他随时都能在各处的箱子翻到一两个废弃不用的电子元件,然后拆开来看个究竟,玩上好几个小时。他结识了对他后来成功最重要的人——史蒂夫·沃兹尼亚克(Stephen Wozniak)。

比乔布斯大5岁的沃兹尼亚克是远近闻名的电子学小专家,当时已是科罗拉多州立大学一年级学生,曾经因为恶搞学校管理部门的计算机而被赶出学校。

当在沃兹尼亚克家车库里看到他设计的计算机时,一直为自己电子学知识自豪的乔布斯清醒了。"在电子学方面沃兹尼亚克是我遇见的第一个水平比我高的人。"他说。

两个史蒂夫有很多相似之处:他们做事都很专心,生性孤僻,不那么合群,对自己喜欢的事情抱有极大的热情,碰到兴趣范围内的话题就滔滔不绝。两个人又截然不同:沃兹尼亚克单纯快乐,总是沉浸在计算机和电子学的世界里;而乔布斯则活在他自己的世界中。

两个天才少年很快有了一次以恶作剧开始的合作。在一个老牌黑客那里,乔布斯和沃兹尼亚克见识了一种盗打长途电话的做法。两人决定设计出自己的装置。经过几次试验后,沃兹尼亚克设计了一个性能非常好的称为"蓝匣子"的电子装置。当他们向身边朋友卖弄时,竟然人人都想要一个。

乔布斯说服了沃兹尼亚克,在校园里兜售"蓝匣子"。他凭借买电子元件时讨价还价的本事做起生意,第一批每个卖40美元,由于非常走俏,逐渐提价到150美元并同时提供售后服务,最后卖到300美元。

他们通过这种方式赚了不少钱。直到一天晚上,在停车场推销产品的乔布斯感到一支枪对准了他。

20世纪70年代,个人主义思潮在美国西海岸兴起。乔布斯很快就吸收了这种反文化传统的价值观。他对个人主义非常向往,拒绝受各种规则的约束或者胁迫,沉迷于迷幻般的自由世界。他和同学克丽丝安恋爱了,常常在一起散步、喝酒、吸食大麻。

到上大学年龄的乔布斯决定去读俄亥俄州一所崇尚自由思想但是收费昂贵的私立大学。他告诉养父母,那是他唯一想去的大学。夫妇俩再一次满足了养子的任性要求,穷其所有,把他送进了里德学院。一个学期后,乔布斯退学,并设法讨回了所交的学费。

乔布斯依旧住在学校,无所事事。他的兴趣转移到东方哲学上。他跑到印度,光着脚、穿着破烂衣服开始精神之旅。回来后,他穿着橘黄色的长袍,剃光头发,越发冷漠,沉默寡言。他内心的那种欲望仍旧没有得到满足。

他决定以一种与从前不同的方式重新开始他的人生。

乔布斯开始重新思考他和沃兹尼亚克的关系:他缺乏沃兹尼亚克在技术上的天赋,但是他知道如何把一个产品转化为利润。既然少年时的恶作剧——"蓝匣子"这么成功,他们一定还能设计出别的东西拿出来卖。但那是什么呢?

当时,乔布斯打工的一家叫阿尔塔的游戏公司委托他开发一款叫"突破"的游戏。48小时后,乔布斯拿出了使用极少电脑芯片的设计方案。

事实上,这全是沃兹尼亚克的功劳,乔布斯只是在沃兹尼亚克研发的时候买些糖果和可乐。阿尔塔公司最后支付了1 000美元设计费。乔布斯告诉沃兹尼亚克,阿尔塔公司只给了600美元。就这样,他只给了沃兹尼亚克600美元的一半。负责所有研发工作的沃兹尼亚克赚了300美元,而乔布斯拿到了700美元。

一年后,沃兹尼亚克才知道自己被朋友欺骗的事实。当他得知真相后,伤心地哭了。当《甜苹果?酸苹果?》的作者把这段往事写到书中时,乔布斯大发雷霆,他打电话给沃兹尼亚克解释说,"我根本记不清那件事",或者"那件事从来没有发生过"。

这种奇特的合作关系持续了很多年。他的财富与成功一直来自对别人创造性成就的占有。在未来辉煌的几十年里,这个掠食者还将攫取许多其他合作者的成果。事实上,乔布斯正是以这种方式让别人记住他的。

创业之始

1975年1月,一篇名为《大众电子学》的文章介绍了一台阿尔塔(Altair)计算机的详细情况,这标志着人们一直争论的"个人"计算机诞生了。一些计算机发烧友成立了家庭计算机制造俱乐部。

乔布斯开始考虑他和沃兹尼亚克如何在这个新的领域获得商业利润。

他的内心处在一种矛盾状态——既想做百万富翁,又想做一个虔诚的佛教徒。他亲生父母依然是个谜团,他还处于精神上的迷茫状态。他开始吃素,并在附近的一个禅宗中心静坐冥想,领悟禅宗。

沃兹尼亚克已经一头扎到个人计算机的世界里,设计出了电路板。乔布斯知道后很高兴,他告诉沃兹尼亚克,他要把这项技术用于电子企业。可是沃兹尼亚克的家人对他和乔布斯的关系心存疑虑,沃兹尼亚克的父亲不明白,"这个没做任何事的家伙凭什么五五分成"。直到1976年愚人节这一天,沃兹尼亚克才最终在合作书上签了字。

新公司有一个文雅而生动的名字——苹果。沃兹尼亚克卖掉了心爱的惠普65可编程计算机,乔布斯卖了自己的大众汽车,凑了1 000美元作为启动资金。两人在新公司占相等的股份,剩下的10%归答应帮助他们的罗恩·韦恩。苹果公司的产业模式非常简单:由沃兹尼亚克设计电路模型,然后生产出电路板投放市场。三个人都没有意识到一个宏伟的明天即将到来。

一个经营计算机的店主以每台500美元的价格向他们订购了50台计算机。令他生气的是,两个年轻人拿出来的第一代苹果计算机是一块光秃秃的电路板,既没有机箱、电源、键盘,也没有显示器。乔布斯此时对设计和产品还毫无认识。

沃兹尼亚克设计的苹果Ⅱ计算机获得了重大突破。1976年,他和乔布斯赶往亚特兰大的个人计算机展览会,随后又去了费城,急着向世界展示他们的成果。这是一次颇为丢脸的经历,展示会上,人们对这两个邋遢的年轻人和丑陋的"箱子"都视而不见。

从展示会回来,乔布斯意识到:要让沃兹尼亚克设计的计算机取得成功,必须开拓出一条商业经营的通道,要有雄厚的资金,同时还得有维护客户关系和进行广告宣传的专业人士的帮助。

那时起,许多硅谷公司的老板都被一个胡子拉碴、穿着破牛仔服的年轻人骚扰着,或者打电话或者被他堵在办公室里。在乔布斯的死缠烂打下,广告创意公司麦金纳、投资人麦克马库拉加盟到这家新公司,苹果正式转变为一家股份公司。

在随后的计算机展销会上,他有力地助推苹果Ⅱ取得了商业成功。

半年之后,苹果Ⅱ在西海岸出尽风头。在5 000美元设计费的展位,人们第一次看到这么漂亮、专业的电脑。乔布斯要求每个接口都必须做得巧妙,完全采用流线型设计;沃兹尼亚克使出浑身解数向观众展示苹果的产品。事实上,展销会开幕之前,乔布斯还对运来的难看机箱非常恼火,立马命令几个员工对机箱进行打磨、刮擦和喷漆。

数月之内，他们接到300份苹果Ⅱ订单。到1979年，苹果Ⅱ已成为商圈必备的设备。

当沃兹尼亚克和乔布斯在计算机操作系统上作出重大改进时，他们的竞争对手阿尔塔公司的计算机采用了BASIC编程语言，它是由哈佛大学的退学生比尔·盖茨和他的伙伴保罗·艾伦开发的。相比苹果的设计，盖茨的软件因为不能开机时自动加载操作系统，不那么受程序员欢迎。

乔布斯一直习惯迫使别人服从他，他现在碰到一个麻烦：和他分分合合的克丽丝安怀孕了，并拒绝了乔布斯要她去堕胎的请求。克丽丝安生下孩子后，乔布斯坚持说他不是这个孩子的父亲，并拒绝给克丽丝安抚养费。然而他却给这个新生儿起了一个名字——丽莎。

1979年，24岁的乔布斯已成为百万富翁。他买了一辆奔驰，但依然拒绝支付抚养费。亲子鉴定报告显示，丽莎是他女儿的可能性是94.97%。第二年，忍无可忍的克丽丝安把他告上法庭，乔布斯最终败诉。之后很多年，他还是拒绝做一个父亲。

随着新型苹果电脑的陆续开发，苹果成为真正的个人计算机市场的"龙头老大"。

乔布斯却被一种深切的挫败感折磨着。他妒忌沃兹尼亚克在技术上的辉煌，害怕自己在公司被排在沃兹尼亚克之后，时常为排名顺序发生争执。他要向世人证明，苹果公司不仅仅有沃兹尼亚克一个计算机天才，还有一个乔布斯，他也能研发出超一流的计算机。他甚至已经给这台计算机取好了名字。

最令人费解的是，这个计算机的名字叫"丽莎"。几年里，苹果公司内部流行着一个游戏——谁能做出关于"丽莎"品牌含义的合理解释，谁就是赢家。事实上，苹果的员工对此心知肚明。

1980年，苹果公司成功上市。交易当天，460万美元公开股在1小时内就被抢购一空。这是自20世纪50年代中期福特汽车成功上市以来，超额认购数量最大的一次。一夜之间，史蒂夫·乔布斯的资产达到2.175亿美元。他成为公众的偶像——一个正在改写历史的相貌英俊、带着胜利微笑的年轻单身汉。

不知何故，他拒绝给一起创业的员工任何股份和期权。为了公平，善良的沃兹尼亚克不得不把自己的股份发送给许多本应受到奖励的员工。对此，乔布斯振振有词地说："沃兹尼亚克无法拒绝他们，很多人都在利用他。"乔布斯是故意不给这些元老任何股份的，他要以此提醒他们：他才是真正的"大老板"。

在苹果公司，一个名叫杰夫·拉斯金的杰出科学家设计出一种小型、价格更便宜的大众计算机，他以自己最喜欢吃的一种苹果为它命名——麦金托什。乔安娜·霍夫曼逼真地描述了当时的情景："只要看一下史蒂夫流露出来的目光，对杰夫来说大事不妙的日子为时不远了——史蒂夫要把他的研发成果据为己有了。"最后，乔布斯硬是夺走了对麦金托什机项目组的控制权。

乔布斯想在这个成果的关键部分烙上自己的"印记"。既然他不懂具体的技术信息，就把机箱设计当作自己的领域。一次，他把电话簿扔在会议桌子上，要求设计出来的机器只能这么大，所有的人面面相觑。

为乔布斯工作好像是在攀登一座难以到达山顶的山。他的命令有时听上去很不合理，但他总能把成员挑战到一个极限。

1984年1月24日，苹果公司历经3年研发的成果——麦金托什机终于亮相。在展示会上，乔布斯穿着双排纽扣的夹克，配了一个圆点花纹图案的领结。

这是他最扬扬得意的时刻。他朗诵了鲍勃·迪伦的诗,然后按程序取出计算机。这时,这台麦金托什机开始说话了:"嘿,大家好……在这里,我非常自豪地向你们介绍这位像我父亲一样的人——史蒂夫·乔布斯。"

雷鸣般的掌声在全场响起。乔布斯又一次完美无瑕地展示了苹果的产品。他证明自己没有输给沃兹尼亚克,他也有了"他的"电脑——麦金托什和丽莎。

历史总不能记住那些真正英雄的名字。麦金托什机最后面世时,只有乔布斯一人风光地接受媒体的赞美和欢呼——虽然,他不过是麦金托什机的"养父"。

逐出苹果

"当你可以做更有意思的事的时候,你还愿意一直卖你的糖水吗?"

当这句后来成为美国商业史上最蛊惑人心的话从乔布斯嘴里说出来时,百事可乐总裁约翰·斯卡利的心动了。他之前已拒绝苹果公司请他做CEO的邀请。

身为董事长的乔布斯一直渴望成为苹果的CEO,如果董事会一直不让他掌控整个苹果,那么他还有一个选择——挑一个他能控制的人。1983年,乔布斯到纽约拜访了颇有威望又对高科技一无所知的斯卡利。

事业稳定的斯卡利选择了挑战自我。他没有预见到,他踏上了一艘将要沉没的船并出任船长,还只是个挂名——真正的权力依然被乔布斯牢牢掌控在手里。

苹果公司开始呈现颓势:新开发的苹果Ⅲ开机故障率达到20%;定价高达1万美元的丽莎电脑销售萎靡;连麦金托什机的用户们也开始问一个问题——它到底有什么用?它的屏幕太小,一共只有6种应用程序,还没有供用户扩展的功能。

当时,IBM的个人计算机只售3 000美元,有数千种软件可供使用,而且是实用性很强的微软软件,消费者自然会作出合理的选择。

乔布斯一度给他的销售主管们灌输"奋斗就会成功"的思想,提出了一个百天销售7万台的荒唐计划。现在,麦金托什机的销售额持续下滑,他的心情也越来越糟糕。为了解决苹果公司的困境,他四处寻找愿意联营的大公司。

在去日本和爱普森谈合作的路上,地震阻断了公路,他们不得不换乘火车。在火车上,乔布斯忽然转向一个叫埃利奥特的高管倾吐心中的怨恨:"我并不是一个普通人,为什么他们这么不理解我?"

一直拒绝做父亲的乔布斯开始渴望家庭。他迷恋上大他很多的歌星贝·琼兹。琼兹离经叛道,更重要的是她曾和乔布斯最崇拜的著名歌手鲍勃·迪伦有过一段恋情。乔布斯一直在努力使自己与众不同,琼兹的疯狂正是他追求的。

一次,乔布斯痛苦不堪地对研发组的成员吐露心事:"如果她还能生小孩,我一定会娶她的。"

到1985年,苹果公司的旋涡越来越大,斯卡利再也不能任凭乔布斯摆布了。在他的旅馆房间,他联合市场部总裁默里·麦金纳对苹果的未来作出决定——该考虑让"掌门人"乔布斯离职了。5月,斯卡利联合董事会进行投票——正式剥夺史蒂夫在苹果公司的工作,他可以继续留在苹果公司,但只能当一名"新产品构想者",不再让他负责任何一个部门。

刚刚过完30岁生日的乔布斯被赶出倾注了他全部心血的苹果公司。

当晚10点30分,乔布斯的朋友默里因为担心他会做出傻事,赶往他的住处。他发现,在一片漆黑中,这位苹果的创始人正孤独地躺在地板的垫子上。默里紧紧地抱住他,两个人放声大哭,一起待到第二天凌晨,默里才离开乔布斯的家。

在漆黑的房间里,乔布斯一直听着鲍勃·迪伦的歌。外面,美国各地报纸铺天盖地的都是关于他被罢黜的新闻。

"如果苹果公司需要我扫地,我可以去扫地;需要我去清理厕所,我也可以清理厕所。"他通过一位瑞典记者向斯卡利抛出橄榄枝,可是斯卡利没有给他这个机会。

几天后,乔布斯卖出了苹果公司的85万股股票,断了自己回苹果的退路。

乔布斯后来向苹果提出辞呈。在他家里举行的新闻发布会上,他用一种伤感的语调来描述对苹果的感情,"我的心还会一直在那里","苹果公司就像是我的初恋一样,就像所有的男人都会想念他们第一个深爱过的女人一样,我也会一直想念我的苹果公司的"。

东山再起

他很年轻,他很富有,他还需要在以后的日子里找一些事情做。

乔布斯曾向一家咨询公司了解从政的可能。在斯坦福大学里,诺贝尔化学奖得主保罗·伯格和他提到,模拟试验项目的计算机价格高、软件少。乔布斯眼睛一亮,他的创业激情又被点燃了。

向苹果提出辞呈后,他带着几名苹果员工对外宣布创建NeXT公司。

最初,乔布斯的名人效应为创业撒上了鲜花:金融投资家罗斯·佩罗立马投了2 000万美元。"这是对史蒂夫品质、才能的投资。"他解释说。NeXT号称在研发的计算机也让IBM一度神经紧张。

NeXT进入的企业领域随后让乔布斯完全迷失了方向:这个市场由一些机构委员会决定采购;此外,还需要投入昂贵的营销资源;NeXT计算机的上市日期一再被延后。NeXT团队被压力和失败弄得精疲力竭。1993年,忍受着羞辱的乔布斯宣布关闭工厂,把方向转向开发操作系统和软件。

难道乔布斯已是个过时人物了吗?

命运在另一个角落已给他留下机会。

1983年,《星球大战》的导演乔治·卢卡斯准备离婚。为了应付所需的财产分割,他不得不忍痛出卖旗下的一家电脑动画制作公司皮克斯。

乔布斯最终以1 000万美元买下了包括人员、电脑和软件在内的整个动画制作组。他想要的只是在自己名下再增加一个公司。他对软件从来都不太懂,一直想让别人把他当作电脑硬件产业的领航者看待。他后来承认:"如果我在1986年知道经营皮克斯需要花费多少资金的话,我就得考虑到底该不该购买这家公司。"

为了让皮克斯不受乔布斯的干扰,皮克斯的创立者阿尔韦和卡特穆尔宁可开车去位于帕洛阿尔托的NeXT公司总部向他汇报。忙于NeXT的乔布斯也没精力指手画脚。在皮克斯,他只是一个银行家、谈判者和一个经常提出蠢问题的"局外人"。

1985年,皮克斯的灵魂——天才动画制作大师拉塞特制作了令专业人士目瞪口呆的动画短片——《顽皮跳跳灯》,获奥斯卡金像奖提名。1988年,拉塞特带着新作《锡铁小兵》走上奥斯卡颁奖台,这是历史上第一次把奥斯卡奖颁发给完全使用电脑制作动画电影的制作人。

这都缓解不了乔布斯的痛苦。两家企业正在慢慢榨干他的财富，以前他曾是财富远远高于比尔·盖茨的全美最富有的人之一，现在他的私人财产已经减少到2 500万美元了。他开始寻找退路了。可是出于某种奇怪的原因，乔布斯错过了一次又一次的交易。

在一次次的裁员风波中，拉塞特带领的动画制作小组被完整地保留下来了。

信心十足的拉塞特已经决定接受更大挑战，他向迪士尼高层提出一个大胆设想——由皮克斯来制作一部动画电影，迪士尼来投资。迪士尼公司最终同意了提议。

和好莱坞做生意的念头深深吸引着乔布斯。他立刻扮成一副强者姿态，在谈判桌上和这家有70年历史的电影巨头讨价还价，最终签下3部动画电影的制作协议。

1995年，动画长片《玩具总动员》在感恩节前一天首映，仅仅一周内全美票房收入达到2 900万美元，随后继续攀升，成为当年票房收入最高的电影，在全球范围内共创下了3.5亿美元的票房纪录，另有1亿美元的电影录像带租金收入。

乔布斯还不自觉地开创了一种后来很流行的商业模式：一家发展良好的小型公司为尽快发展，可以吸取大量的投机资金。领头的一家叫罗伯逊·斯蒂芬斯的小投资公司和他合作完成了这个梦想。

《玩具总动员》首映第6日，当日收盘价创下49美元。公司顷刻间从4 700万美元的赤字变为7 600万美元的黑字。之后几年里，皮克斯接连制作了屡创票房新纪录的几部动画电影，到2001年，成为好莱坞有史以来最成功的电影制作公司。

1995年在旧金山的一家影院，乔布斯举行了自己的《玩具总动员》首映式，他邀请老朋友、高技术领域精英、一些公司的CEO来观看。当天晚上，他破天荒地穿着一件无尾晚礼服，挽着光彩照人的妻子劳伦娜进场，成为全场的焦点。

放映结束，他走上了舞台，仿佛是沃尔特·迪士尼、斯蒂文·斯皮尔伯格一流的人物。

《福布斯》记者如此描述这一时刻："史蒂夫独自在舞台上献艺，整个硅谷都对他无比佩服。约翰·拉塞特已经成为幕后人物，史蒂夫是不会与他分享这个舞台的。"

王者归来

皮克斯上市后一年，乔布斯奇迹般地回到了苹果。

苹果早期员工还记得1978年万圣节前的一幕情景：在苹果公司首次举办的一场化装晚会上，23岁的乔布斯扮演了基督耶稣，他那次玩得开心极了，很多员工也这么觉得。那些相信天命的人可能会说，这是一种命运的安排。

1997年的苹果公司已处于破产的边缘。过去一年亏损了10亿美元，而且数字还在扩大。在几任外来者手里，苹果公司丧失了所有曾使它成功的能力。在硅谷兴旺的年代，苹果股价从1992年的60美元跌落到1996年年底的17美元。

此时主政苹果公司的是吉尔·阿梅里奥。他始终没能适应苹果那种异样的企业模式和管理风格——那正是乔布斯缔造的。为了重振苹果的信心，他答应乔布斯以3.775亿美元现金收购NeXT，并支付150万股股票给乔布斯本人。此外，他还任命两位苹果创始人为"特别顾问"。

乔布斯的运气实在太好了：是吉尔把NeXT这家失败的公司从被人遗忘的角落里拯救出来，让乔布斯重新获得了财富，也是吉尔帮助他重回苹果公司。现在，是干掉这个阻碍他道路的人的时候了。

忠诚法则不适用于乔布斯。他始终对苹果怀着强烈的情感,从一开始就深信自己是唯一能扭转苹果局面的人——毕竟这是他史蒂夫·乔布斯创建的企业。

1997年,一名叫布伦特·施伦德的记者在《财富》杂志发表了一篇关于苹果公司的文章。文章绝口不提吉尔的贡献,但对他个人和管理风格作了激烈的批评。他还告诉读者:苹果就要得救了,因为史蒂夫·乔布斯已经准备接管了。

私下里,乔布斯抓住机会策动一次阴谋政变:他拉拢了一位董事会成员,并让自己的朋友、亿万富翁拉里·埃里森以诉讼相威胁,软硬兼施,逼董事会罢免了吉尔。那以后,乔布斯在任何场合都远远躲着吉尔,像是害怕被他报复。

1997年夏天,乔布斯正式执掌苹果公司。他要了1美元年薪,头衔是"临时首席执行官"。

上任后,他对苹果公司的股票期权进行重新评估,把员工的工作业绩和股票、奖金挂钩;在公司内部重塑平等主义的氛围。几周内,他以董事长的身份轻而易举地赶走了大部分和他意见不合的公司主管。

乔布斯在很大程度上延续着吉尔的改革政策,力度更大、纪律更严、管理得更加细致入微。宣传栏、办公室和大楼上到处贴着一句简单的标语——"新的思想"。这一切表明苹果要有一个新的开始了。这句标语大大激发了苹果公司员工的士气。

这些年来,苹果公司都是由局外人交替执掌,他们都不能理解、掌控苹果公司特有的企业文化。只有一个人有能力掌控这种"特殊企业文化"——他就是苹果公司的创始人史蒂夫·乔布斯。

乔布斯的商业奇迹又回来了。1998年1月在旧金山的苹果产品展销会上,在主题演讲快结束时,乔布斯好像想起了什么,又回到麦克风面前:"噢,我差点忘了告诉你们了,苹果公司又开始赢利了。"——他已经把展销会变成他精彩的个人秀。

观众们心醉了:才几个月时间,"神奇小子"就让他们心爱的苹果又赢利了!

事实上,没有人能在几个月里改变一家大公司的困境。然而,吉尔几乎完全被人遗忘了。苹果公司的一位工程设计主管承认:在乔布斯接任CEO的3年里研发的产品,绝大多数都是从吉尔在任时就开始研发的,包括后来几年里使苹果好转的iMac电脑。乔布斯又一次从别人辛苦栽种的树上摘到了桃子。

在2000年1月的展销会上,开始秃顶的乔布斯站在舞台中央。他感谢自己重回苹果后员工们兢兢业业的工作,谈到自己经营两种产业的辛苦时,他说,"今天我很高兴地向你们宣布,我要放弃'临时'首席执行官的头衔了"。呼喊"史蒂夫"的声音越来越大,几乎把所有的一切都淹没了——所有的观众把所有的爱都倾注到他的身上。他脸上带着温顺的笑容,被一种温情和爱所包围。

成为四个孩子的父亲、被驱逐又归来的"国王"变得更成熟、更富有人情味了吗?

不!他又开始在为残障人士设置的停车场里停车了;接受媒体采访时,他又变得言行无礼、傲慢自大,还经常侮辱人;在面试一位年轻女性时,他竟穿了一条松松垮垮的短裤,没穿底裤,"更令人不齿的是,他交叉起双腿,引诱完全不知情的应聘者"。

事实上,乔布斯就是一个矛盾的统一体:他是个以自我为中心并且有着强烈控制欲的人。当失败把他打倒时,他会变得谦卑而富有人性;而成功会立刻唤起他性格中的阴暗面。一旦在事业高峰时期,他就又恢复暴君的面目。

IT 企业文化与职业素养

乔布斯的胞妹、著名作家玛娜·辛普森在小说《平常人》中描写一个自我陶醉、沉迷于工作但对爱人和小女儿的情感需要漠不关心的商业大亨，直到被驱逐出公司，变得地位低微后才给她们足够的爱。

这本书几乎结束了乔布斯和她之间的亲密关系。乔布斯偶尔还会给她打电话，他没有多少亲人。通过私家侦探找到亲生父母后，他曾分外珍视这个和他血脉相连的妹妹。但是，他已经感觉到背叛。

帝国加冕

重返苹果的乔布斯开始寻找能够带来革命性创新的方向。用他的话来说，就是重新"复兴"苹果公司。

他的目光最终落在音乐领域：既然一款失败的技术都能做成 PDA，他相信人们会更加需要音乐领域的产品。

在 2001 年的展示会上，乔布斯宣布了一种把苹果公司带到音乐世界的产品——iTune。通过 iTune，麦金托什机的用户可以把 CD 盘上的音轨复制到自己的电脑上，也可以从互联网上下载 MP3 音乐。

此时，乔布斯已经预见到音乐领域的一场变革：传统的音乐产业利润下滑，音乐爱好者们更愿意从互联网上下载音乐作品，而不是去商店把 CD 唱片买回来。他俨然把自己当作这场变革的时尚先锋。

时机对苹果非常有利。只要在苹果早就掌握的 PDA 技术平台上开发出一种音乐播放器就万事大吉。可是乔布斯完美主义的"狂躁"显得异乎寻常，他要求电脑焊接线比苹果 II 电脑时代还要笔直、完美，他对细节的苛刻已经到了常人很难理解的地步。

负责 iPod 设计的是技术创造天才乔纳森·艾弗，iMac 电脑的外形也出自他的灵感。他喜欢苹果公司，因为老板和他一样对高水平的设计非常欣赏。他认为，乔布斯是一位"非常出色的设计人员"。

乔布斯曾阐述过他对设计的深刻理解："它的真正含义是：如果要想把一种产品设计好，你就要抓住这种产品的灵魂所在，你要深入而全面地了解这种产品。""要想完全了解一样东西需要一个人的积极投入，然而大多数人不愿意花费时间。"

从苹果公司 2001 年的 iPod 到 2007 年的 iPhone，无一不体现着乔布斯对设计与用户体验的理解。2004 年夏天，当乔布斯开车行驶在纽约麦迪逊大街上时，他注意到每个街区都有人耳朵上戴着白色耳机。他当时想："哦，我的上帝啊，iPod 真的开始流行了。"

等 2007 年 iPhone 上市时，已经有大批的苹果产品迷在全美各个 iPhone 销售门店提前排队，争取在第一时间使用上这款新时代手机产品。

2007 年，带着苹果气息的苹果专卖店的零售额达到 10 亿美元，增长速度超过了任何一家公司。

iPod、iPhone 已经成为一个全世界时尚流行文化的象征。很少有人能有一种魔力把公众熟知的产品转变成一个企业文化的象征，更难预计哪种产品会获得文化的象征地位。

史蒂夫·乔布斯做到了。50 岁的时候，他已经成为三个产业领域的偶像。

现在，他的一大批仰慕者、众多投资者、无数的音乐爱好者、数以亿计的电影爱好者和数字化时代的年轻人，都想看看乔布斯下一步将征服一个怎样的世界。

第五章 IT 风云人物的创业故事

他还在和恶性肿瘤作斗争，为他的控制欲和个性带来的麻烦所苦恼。

18 岁时曾和乔布斯一起去印度朝圣的老朋友丹·科特里说："他的成功源自他内心怀有的一种深切的不安全感，正是这种不安全感使得他必须出去闯荡来证明自己的价值。"

2010 年 6 月 8 日，苹果又发布第四代手机产品 iPhone 4。苹果产品每次上市都引起世界极大的疯狂和销售热潮。

除了 iPhone 系列之外，使用 iOS 系统的 iPad 平板电脑，这款当初不被众人看好的产品，最后也获得了巨大的成功。

巨星陨落

2011 年 8 月 24 日，史蒂夫·乔布斯向苹果董事会提交辞职信。他在辞职信中建议由首席营运官蒂姆·库克接替他的职位。乔布斯在辞职信中表示，自己无法继续担任行政总裁，不过自己愿意担任公司董事长、董事或普通职员。乔布斯在信中并没有讲明辞职原因，但他一直都在与胰腺癌作斗争。2011 年 8 月 25 日，苹果公司宣布他辞职，并立即生效，职位由蒂姆·库克接任。同时，苹果公司宣布任命史蒂夫·乔布斯为公司董事长。北京时间 2011 年 10 月 6 日，苹果公司董事会宣布前行政总裁乔布斯于当地时间 10 月 5 日逝世，终年 56 岁。

总结与思考

本篇主要介绍了 IT 业发展过程中出现的有重大影响力的人物的创业故事。故事的主人公们让我们从他们的创业故事中，了解到创业过程的艰辛，以及他们为实现自己理想信念努力奋斗的恒心和毅力。通过榜样的力量，激发学生的爱国热情和学习动力，并从榜样人物身上学习成功人物必须具备的素质，使他们为自己将来的职业生涯获取足够的营养。

思考：

1. 上网搜集任正非给员工讲的 18 个小故事，了解任正非的管理理念和爱国精神。

2. 柳传志 40 岁开始他的创业之路，并成功打造出中国第一个世界性的 IT 公司，你对此有什么感想？

3. 李彦宏成就了百度，这得益于年轻时就选择自己喜欢的专业并努力为之奋斗，我们应当从中受到哪些启示？

4. 马云现在可以说是风光无限，他的成功创业史更是为众人津津乐道。作为信息时代的青年，我们又应当从中学习什么？

5. 比尔·盖茨闻名世界，他不仅是世界首富，还是一个大慈善家。社会给予了他财富，然后他回馈社会。作为 21 世纪的青年，我们应当树立怎样的理想和信念？

第四篇

职业素质

第六章

IT 人的职业素质

第 1 节 IT 人职业素质概述

一、个体职业素质与冰山模型

（一）个体职业素质

小伟是一名计算机软件专业的毕业生，学习成绩在班级名列前茅。他到一家大型公司的软件开发部应聘，并顺利通过了笔试，但是在实例测试阶段被淘汰。测试中，小伟与其他组员合作时不善于沟通，制订开发计划时固执己见，面对"竞争对手"的挑战时又表现得慌乱紧张。为什么平时学习成绩优异的小伟，在实战中没有显示出优势呢？在学校中取得的优异成绩为什么没为小伟在职场上换来梦想的职业？从校园到职场，小伟觉得一切似乎正在发生巨大的变化。

事实上，越来越多的企业把"职业化"作为甄选人才的重要标准。学校与职场的环境截然不同。学生在学校的主要任务是学习知识，看重的是学习成绩；而职场则是以创造经济价值为主要目标，看重的是"职业化"的工作表现。

大学生活固然是围绕学习知识而展开的，但是学习知识只是大学生活的主要部分，并不是全部。随着 IT 技术人员的分工越来越细，以及企业对不同层次人才的要求越来越专，对自身素质的培养逐渐成为大学生成长及发展的重要内容。

所谓素质，是指决定一个人行为习惯和思维方式的内在特质，从广义上还包括技能和知识。简单地说，素质是一个人能做什么（技能、知识）、想做什么（角色定位、自我认知）和会怎么做（价值观、品质、动机）的内在特质的组合。

职业化素质的养成，是按照职业要求改造自我的过程，是个性发展适应共性的要求，将外在要求内化为自我修养，努力追求成为优秀职业人的过程。真正的职业化不在于干什么，而在于怎么干，即能在合适的时间、合适的地点，用合适的方式，做合适的事。

（二）素质体系冰山模型

心理学家戴维·麦克利兰提出了素质体系的冰山模型，如图 6-1 所示。一个人的素质就好比一座冰山，技能和知识只是露出水面的冰山的一小部分，自我认知、动机、品质以及社会角色等都隐藏在水面以下，其他人很难判断和识别，但却对其自身的行为以及行为后果起着更关键的作用。一个人的职业成功，主要源于他的动机、品质及自我认知，而并非知识和技能。

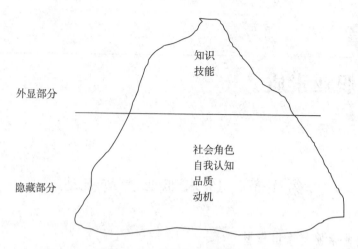

图 6-1 素质体系冰山模型

冰山模型中的各素质层次含义如下：
- 知识：指个体对某特定领域的了解，如各类专业知识等。
- 技能：指个体完成某项工作或任务所具备的能力，如学习能力、组织能力等。
- 社会角色：指个体对事物是非、重要性、必要性等的价值取向，如团队精神、协作精神等。
- 自我认知：指个体对自己的认识和看法，如自信心、自我反省意识等。
- 品质：指个体持续而稳定的行为特性，如责任感、正直等。
- 动机：指个体内在的自然而持续的想法和偏好，可驱动、引导和决定个人行为，如成就需要、竞争意识等。

冰山模型也反映了智商和情商在社会人综合素质水平中的相应表现，外显部分取决于智商，隐藏部分取决于情商。智商是聪明程度和智力发展水平的表现，是一个人能否成才的重要条件，在冰山模型中外显出来。而现代社会发展迅速，生活节奏快，工作负荷大，人际关系复杂，竞争日益激烈，在纷繁复杂的社会中只有高智商显然不够，还必须有高情商才能适应社会，才能自我管理、自我调节，才能胸有成竹地应对困难和考验。情商培养作为素质培养的重要内容，对于一个人的成才具有决定性作用。"智商决定录用，情商决定提升"，可以说，一个人的成功，智商占20%，情商占80%。智商再高，情商不高，不一定能成功，更不一定能持续成功。而智商不太高，情商比较高，反而很可能成功。因此，素质的全面提升不仅应注重智商培养，还应注重情商培养。

二、IT 人的职业素质

IT 行业涉及的范围和领域很广，也是人员流动非常频繁的行业。如何在这种频繁的流动中保持职业的持续稳定发展呢？IT 人应该具备什么样的素质呢？什么样的平台对职业发展有利呢？这些是 IT 人与准 IT 人都应该思考的问题。

广义的职业素质是职业内在的规范和要求，是在职业过程中表现出来的综合品质，包括职业道德、职业技能、职业行为、职业作用和职业意识等方面。职业素质由显性职业素质和隐性职业素质共同构成：职业知识、行为和技能构成显性素质，可通过学习、培训和时间直接获得；职业道德、职业意识和职业态度等为隐性素质，属于世界观、价值观、人生观的范畴，是随着人一生成长逐步形成、逐步完善的。企业界用"冰山理论"和"大树理论"对职业素质作形象的描述，看重的就是职业道德、职业意识和职业态度这些隐性素质，因为只有较高的隐性素质才能为企业和个人发展提供源源不断的动力。职业素质的核心是工作价值观，职业态度、职业道德、职业行为是职业人所具备的工作价值观的外化。

每个 IT 企业都有其独特的企业文化，但同时也具有 IT 行业共有的文化特点。相应地，不同企业对员工职业素质的要求也表现出一些共性，比如都强调员工的学习能力、团队精神、沟通能力等。这从知名 IT 公司对应届毕业生的职业素质要求可见一斑，见表6-1。

表6-1 知名 IT 公司对应届毕业生的职业素质要求

公司名称	招聘要求	说 明
上海贝尔	可塑性好，即再学习能力强	专业并不是唯一要求，还要考察应变能力、团队合作、忠诚度
中兴通讯	有较强的忠诚度	比较强调动手能力与学习潜力
华为	诚信，学习能力强	思维能力，承受压力能力，团队意识
UT 斯康达	诚信自律	团队合作，创新高效，与公司共同成长，沟通能力
东软软件	学习能力、沟通能力与表达能力强，有协作意识	有闯劲，敢于冒险，不断进取
IBM	愿意与 IBM 共同成长	再学习能力强，具有客户第一的价值取向，能尽最大努力

国内专业 IT 服务机构东方标准人才服务公司通过大样本调研，发布了《中国 IT 从业人员心理特征研究报告》，并归纳总结出 IT 从业人员的职业素质模型。该研究报告根据国内外有关 IT 职业分析，将 IT 行业从业人员按照岗位特征、职责和要求划分为四类岗位：管理类、销售类、技术支持类和研发类。以四类岗位的划分为基础，通过深度访谈、问卷调查、统计分析等技术构建 IT 行业非技能的胜任素质模型，最后归纳出 IT 职业岗位最重要的职业素质如下。

（一）诚信和责任意识

诚信和责任意识是为人处世最基础的道德价值观，也是 IT 企业的立业之本。TCL 的老总就这样说过，诚信是企业的信誉链，只有供应商对经销商诚信负责，经销商对顾客诚信负责，顾客信任了，才能使最终客户对企业品牌产生信任感。在这个链条当中，一个环节出现问题就无法很好地运作，所以这是一个诚信的价值链，诚信是企业的核心竞争力。一个人只有诚信，才能在工作中做到公正无私，信守承诺，妥善处理人与人、人与企业、人与社会的关系。在 IT 行业，诚信的一个重要体现就是严格自律，坚守道德底线，不做黑客，不利用自己所掌握的技术和管理权限从事违法违纪活动，为自己谋取利益。

责任就是分内应做的事情，负责就是有责任感、有责任心。个人言行必须对自己、他人和社会负责。一个人在人生不同阶段担任不同的角色，每个角色就意味着不同的责任。在职

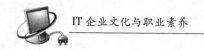
IT 企业文化与职业素养

场中,责任是做好工作的前提。IT 人员往往担负着企业信息安全的重担,尤其在金融行业,如果网络管理人员安全意识淡薄,很可能给企业甚至公众带来巨大损失。

(二)团队协作精神和良好的沟通能力

IT 行业任何一项产品、一个项目都是集体智慧的结晶,因而要求员工有良好的团队精神。现代软件的开发项目已经不再是过去那样仅靠一两个人就可以做到的事情了,十几人甚至上百人的软件开发团队随处可见。所以企业希望招聘到的程序员个人能力不一定很强,但需要合作意识很好。团队协作精神的基础是和谐的人际关系和良好的心理素质。没有良好的人际关系,是不可能有人与人之间的真诚合作的;没有良好的心理素质,也是很难做到互相宽容、乐于奉献、积极进取的。项目团队中所有成员需要做到及时有效沟通、相互理解,在出现意见分歧时,分歧双方的基本态度应该是说服对方而非强制对方。裁决两种不同意见的唯一标准是看哪一种更有利于推动项目的正常进行。

(三)良好的学习能力和创新精神

IT 行业的知识更新非常快,可能几年后现在掌握的知识就没有用了。摩尔定律解释了信息技术进步的速度。短短十几年,信息技术发展迅速,新技术、新产品层出不穷,IT 领域的知识也以很快的速度在发展,所以 IT 从业者要不断地关注新事物、开阔自己的眼界。学习知识,"活到老、学到老"应该是这个行业发展的形象描述。IT 职业的半衰期越来越短,如果不积极主动学习,不主动自我更新,就会出现知识折旧的烦恼,遭遇职业发展的危机;同时,企业也要求员工积极发挥主动性,有创新精神和另类思维,实现有创意、个性化的发展,为企业带来突破和创新性的成果。

(四)知识产权保护意识

知识产权保护是影响信息产业健康发展的一个重要问题。知识产权保护的重要性是由信息产业的知识经济本质所决定的,发展知识经济必然意味尊重和保护知识产权,同时互联网技术应用和普及使超国家的信息空间得以建立,更要求对知识的保护上升到法律的高度,并形成国际公认的知识产权。在我国商业法律尚不成熟的情况下,多数企业还缺乏与经营战略相结合的知识产权管理制度,在经营及创新发展中不会利用知识产权信息,对创新成果不懂得获取有效的知识产权保护,不善于运用知识产权法律规则保护自己的权益。作为 IT 从业人员,必须具有知识产权保护意识,既懂得保护自己的版权,也能做到尊重他人版权,更不会侵犯他人版权。

【参考资料】

1. IBM 公司的用人标准
- 品德优秀
- 逻辑分析能力,快速、持续学习的能力
- 环境适应与应变能力
- 团队精神与团队协作能力
- 创新能力

2. 联想集团的用人标准
- 良好的道德素养
- 出色的专业修养
- 敬业的职业态度
- 危机意识与竞争意识
- 合作意识，善于学习，善于总结

第 2 节 敬业精神

一、什么是敬业精神

敬业精神是人们基于对一件事情、一种职业的热爱而产生的一种全身心投入的精神，是社会对人们工作态度的一种道德要求。它的核心是无私奉献意识。低层次的，即功利目的的敬业，由外在压力产生；高层次的，即发自内心的敬业，把职业当作事业来对待。敬业精神是一种基于热爱，对工作、对事业全身心忘我投入的精神境界，其本质就是奉献精神。

【小故事】一个技艺高超的木匠因年事已高决定退休。他告诉老板，他想离开建筑业，和妻子儿女享受一下轻松自在的生活。老板实在舍不得这样好的木匠离开，所以希望在他离开前盖一栋体现他个人品位的房子。木匠欣然答应了。不过遗憾的是，他仅仅用劣质木材草草完成了这个任务。房子落成后，老板来看，顺便把钥匙给了他，说这栋房子送他了。木匠后悔不已，如果他知道是给自己盖房子，一定用最好的木材和最精致的工艺把它盖好。

其实我们每个人干的活，归根结底都是准备为自己建造一间房子。如果我们不肯努力、不敬业，最后只能住进自己为自己建造的粗陋房子里。学习也是同样的道理，同学们现在怎样对待学习，将来学习就怎样对待你。

二、敬业必重业

敬业是积极向上的人生态度，也是成功的根本。在敬业的基础上，我们必须重业。重业，就是尊重、重视自己的职业。

【小故事】许多年前，有一名叫圣子的日本妙龄少女，她是个大学生。假期时，她想多赚些钱，于是到日本东京帝国饭店去应聘，希望能争取到打工的机会。来到东京帝国饭店当服务员，这是她涉世之初的第一份工作，因此她很激动，暗下决心一定好好干。可是她没有想到的是，公司竟安排她擦洗厕所。她心里极度不平衡，觉得堂堂大学生怎么能擦洗厕所呢？当她用自己白皙细嫩的手拿着抹布伸向马桶时，胃立马"造反"，恶心想吐。正在关键时刻，饭店一位前辈及时出现在她面前，给她上了生动的一课。前辈一遍一遍地擦洗着马桶，直到擦洗得光洁如新，然后从马桶里舀了一杯水，一饮而尽。圣子极为震惊。

此时，圣子发现自己的工作态度有问题，根本没资格在社会上肩负任何责任，于是她对自己说："就算一生擦洗厕所，也要做个擦洗厕所最出色的人。"结果在训练课程的最后一天，当她擦完马桶之后，毅然舀了一杯马桶里的水，一饮而尽。

她在37岁时成为日本邮政大臣，然而有谁会想到她的事业起点却是从喝马桶里的水开始的呢？

这个故事告诉我们，这个世界上没有什么卑微的工作，不要认为擦洗厕所的工作不重要。无论做什么事情，都要认真，都要尽心尽力，力求完美。你怎样学习，学习就怎样回报你。你如果想要提高成绩，就应该踏踏实实、认认真真地对待学习。

正如人们常说的："开心是一天，不开心也是一天。"无论何种工作都是工作，有人在充满热情的工作中享受生活的快乐，有的人却在怨天尤人的抱怨中声讨社会的不公，哪种工作方式能带给人更多的欢愉大家可想而知。生活来之不易，工作来之不易，成功也来之不易。我们只有尊重自己的工作，尽最大的努力干好工作，才能赢取灿烂的明天。

三、敬业要爱业

良好的敬业精神，还包括对工作的热爱。"我热爱，我选择"固然重要，"我选择，我热爱"更加难能可贵。选择，然后热爱它，就是你成功的起点。

在这个竞争越来越激烈的社会里，只按个人喜好择业，显然是行不通的。如果环境迫使我们从事自己不喜欢的职业，我们是每天皱着眉头、苦着脸等待下班呢，还是迅速地改变心情、发现工作的乐趣呢？

有一个经典故事。一位大师声称自己练就了一身"移山大法"，但是他却告诉别人，世上根本就没有什么"移山大法"，唯一能移动山的方法就是：山不过来，我就过去。

现实生活中有太多的事情就像"大山"一样，是我们无法改变的。如果事情无法改变，我们就改变自己。英国前首相丘吉尔说过这样一句话："不能爱哪行才干哪行，要干哪行爱哪行。"

比尔·盖茨有句名言："每天早上醒来，一想到所从事的工作和所开发的技术将会给生活带来巨大影响和变化，我就会无比兴奋和激动。"

盖茨的这句名言表明了他对工作的热爱和激情，而且他的微软公司在聘用人时宁愿聘用失败的人，也不愿聘用对工作没有激情的人。

法国哲学家卢梭说："每一项工作中都蕴含着说不尽的乐趣，只是有些人不知道如何发现它们而已。"

第3节 诚实守信

一、诚实守信

诚实，就是忠于事物的本来面貌，不隐瞒自己的真实思想，不掩饰自己的真实感情，不说谎、不作假；守信，就是讲信用，讲信誉，信守承诺，忠实于自己承担的义务，答应了别人的事一定要去做。诚实守信是人和人之间正常交往、社会生活能够稳定、经济秩序得以保持和发展的重要基础。对一个人来说，诚实守信既是一种道德品质和道德信念，也是每个公民的道德责任，更是一种崇高的人格力量。对一个企业和团体来说，它是一种形象、一种品牌、一种信誉，是一个企业兴旺发达的基础。

诚实守信是中华民族的传统美德，也是革命传统道德的重要内容。随着时代的不断发展变化，诚实守信也不断被赋予体现时代精神的新内涵。

社会主义社会的道德体系是一个包括道德核心（为人民服务）、道德原则（集体主义）和各种道德规范的庞大体系。这个体系涵盖了道德生活的所有方面，包括社会公德、职业道德和家庭美德三大领域中各种人伦关系的要求，更突出了爱国、守法、明礼、诚信、团结、友善、勤俭、自强、敬业、奉献等基本规范。

二、做一名诚信的大学生

从总体上看，当代大学生的诚信状况是好的，但在少数大学生身上也出现了诚信欠缺的现象。这种现象的出现，既有社会、学校、家庭等各种因素的影响，也有大学生自身的原因，如浮躁的心态，对他人、对社会的责任意识淡薄，是非辨别能力较差等。有些大学生对诚实、正直、守信、履约等诚信道德的基本范畴在内心是认同的，但当关系到个人利益或在所谓的"关键时刻"，如考试、评奖、毕业、求职时，便放松对自己的要求，使知与行相背离，坚守诚信的道德意志力不强。这些问题应该引起大学生的高度重视，并在诚信道德建设的实践中自觉加以抵制和改进。那么作为思想、人格正处于形成关键期的大学生，应如何做到诚实守信呢？

（一）对自己诚实，不掩耳盗铃、自欺欺人

对自己诚实就是在压力面前坚定信念。当你知道你做得对的时候，你就不能退缩；当你知道自己不对或者不懂的时候，就不能一意孤行、不懂装懂。你是否有过这样的经历，当你努力做一件事情时，觉得累了，便降低了对自己的要求，告诉自己已经做得很好了，就这样吧；你是否在课堂上因为懒惰而在老师问你这道题懂不懂时，敷衍地回答懂了，但此时你的脑子里对这道题完全是一片空白？其实，这样的自我懈怠和懒惰既不能正视自己既定的目标，也是一种对自己不诚实的表现。

（二）对他人诚信，做一言九鼎、一诺千金的好青年

据报道，广东省通过助学贷款完成学业的大学生中，约有20%的人不能根据合同约定按时定额偿还贷款。我们知道，助学贷款是一种信贷行为，是国家为了帮助贫困大学生顺利完成学业而设置的专项基金，体现了国家和社会对贫困大学生的关心和信任。而这20%的大学生借款不还的行为则是对诚信的践踏。对大学生而言，诚信是踏入社会的一张名片，"不诚不行，不信不立"，那么这20%的大学生又如何能在社会上立足呢？其实这只是当下社会诚信缺失的一个缩影。经济越来越发达，社会现代化程度越来越高，而人们的诚信程度却越来越低，这不能不引起我们的深思。

诚信是大学生全面发展的前提。诚信，于个人而言，是最起码的道德准则，有人甚至将它视为人生的底线，代表着一个人的人格。"诚"在当代更多地指向"内诚于心"，"信"则偏向于"外信于人"。"诚"更多地体现主体内在的道德修养，而"信"则体现为主体社会化的道德行为。因此可以说，"信"是"内诚"的外化，如宋代理学家张载所说的"诚故信，无私故威"。

时代对我们的要求是德才兼备，因而我们大学生在步入社会之前就应该具备较为完善的信用观念和诚信人格。诚信是社会交往双方的一种互动的过程，你诚我信，你信我诚。只有

诚信，赢得信任，人生才可能走向成功。

总而言之，作为当代大学生，应该把对科学知识的求真精神和做人方面的求真精神结合起来，才能无愧于时代，无愧于国家和人民，人生也才会有真正的价值。

【小故事1】

立木为信

春秋战国时秦国的商鞅在秦孝公的支持下主持变法。当时处于战争频繁、人心惶惶之际。为了树立威信推进改革，商鞅下令在都城南门外立一根三丈长的木头，并当众许诺，谁能把这根木头搬到北门赏金10两。围观的人不相信如此轻而易举的事能得到如此高的赏赐，结果没人肯出手一试。于是商鞅将赏金提高到50两。重赏之下必有勇夫，终于有人站出来将木头扛到了北门。商鞅立即赏了他50两黄金。商鞅这一举动在百姓心中树立起了威信，而商鞅的变法也很快在秦国推行开了。新法使秦国渐渐强盛并最终统一了中国。

【小故事2】

孙水林兄弟的诚信故事

2010年2月9日是农历腊月二十六日，在北京做建筑工程的孙水林回到天津。他原定与暂住在天津的家人和弟弟孙东林聚一天再回武汉。但是查看天气预报了解到，此后几天天津至武汉高速公路部分地段可能因雨雪封路。想到给自己打工的部分民工还没有领到工钱，他决定在封路前赶回武汉，给先期回武汉的民工发放工钱。

当晚，孙水林提出26万元现金，带着妻子和三个儿女出发了。次日凌晨，他驾车驶至南兰高速公路开封县陇海铁路桥段时，由于路面结冰，发生重大车祸，20多辆车连环追尾，一家五口全部遇难。

灾难发生后，弟弟孙东林为了完成哥哥的遗愿，在大年三十前一天，来不及安慰年迈的父母，首先将工钱送到了民工的手中。

因为哥哥离世后账单多已不在，孙东林让民工凭着良心领工钱，大家说多少钱，就给多少钱。钱不够，孙东林甚至贴上了自己的6.6万元和母亲的1万元。就这样，60多名民工都如愿领到工钱，孙东林才回到家中。

三、阅读材料

淘宝网的诚信机制

淘宝网成功运营多年，是目前国内最大的电商平台，其商业模式和信用机制不断地推陈出新，被国内大量电商模仿，也得到了人们的认可。淘宝网用来保障消费者和商家利益的机制主要有以下几点。

（一）信用评价机制

淘宝会员在淘宝网上的每一个订单交易成功后，交易双方都会对对方作一个信用评价。这个评价是公平、公正、透明的，是建立网络诚信制度的基础。淘宝会员在淘宝网的信用度就建立在信用评价的基础上。

淘宝网创立的信用机制已经成为国内网络零售行业的事实标准。易趣、拍拍等平台都采用、承认淘宝网的信用机制，并提供相对应的信用度转化表。国内网络消费者已经习惯用红心、钻石、皇冠的数量来描述网店的可信度。

（二）店铺评分机制

在运营6年后，淘宝网在调查中发现，在以信用评价机制为主衡量卖家的基础上，更多淘友希望多维度地了解卖家的商品质量、服务态度等情况，因此在综合各方意见后，于2009年2月份额外增加一套评分体系——店铺评分。

店铺评分是指交易成功后，买家可对卖家按以下四项指标分别评出1~5分：宝贝与描述是否相符、卖家服务态度、卖家发货速度、物流公司服务。

目前我国企业电子商务在诚信方面，主要是依靠企业自我约束，还缺乏政府和社会的有力监管，存在的众多问题严重制约着企业电子商务发展。企业诚实守信的意识还很淡薄，失信成本很低，有时甚至没有失信成本，这使一些企业越来越不诚实、不守信。电子商务技术上的差距，可以通过购买引进或自行开发来弥补，但是良好的诚信环境和诚信意识则需要人们长期的努力才能形成和培养出来，这是电子商务诚信机制建设中的难题。

第4节　团队精神

一、团队精神

团队是由不同分工、不同角色的两个以上成员组成的共同体。这一共同体需要集合每一个成员的观念、思维、知识、经验、技能、体能等因素，才能协同工作、完成任务，最终实现共同的目标。团队精神是团队所有成员都认可的一种集体意识，简单来说，就是大局意识、服务意识和协调意识"三识"的综合体。团队精神的核心就是协同合作。

二、团队精神的重要性

团队精神所具有的力量无处不在，个人之于团队，正如小溪之于大海，小溪只能泛起小小的浪花，大海才能掀起惊涛骇浪。团队精神的重要性在于团体力量的体现。只要每个人都将自己融入集体，发挥出自己的特长，把自己的那份工作做好，就能激发出团体不可思议的潜力，取得的成果往往能超过成员个人业绩的总和。正所谓"同心山成玉，协力土变金"。

每个人都有自己的优点，同时也有自身的不足。一个团体，如果组织涣散，人心浮动，人人各行其是，甚至搞"窝里斗"，何来生机与活力？干事、创业又从何谈起？在一个缺乏凝聚力的环境里，个人再有雄心壮志，再有聪明才智，也不可能得到充分发挥。只有懂得团结协作，才能克服重重困难，才能创造奇迹。

三、软件开发团队建设

在开发复杂软件的时候，通常每个人负责编写不同的部分，运行这些软件的设备又可能来自不同的供应商，而事后将软件的各个模块集成在一起，就会带来很多问题。一个软件模

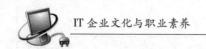
IT 企业文化与职业素养

块本身没有问题,但是合在一起却可能不能工作,所以这需要一个密切合作的团队来共同完成,所以建立一个高效的团队非常重要。

一个高效的软件开发团队是高质量软件项目或产品的保证。建设高效的软件开发团队,具体有以下六点。

(一)选拔和培养适合角色职责的人才

软件项目是由不同角色的人共同协作完成的,每种角色都必须有明确的职责,因此选拔和培养适合角色职责的人才是首要的因素。软件项目开发经理要熟悉各种设计方法,愿意听取其他人的意见,并且要客观地把自己的思想与其他人的意见进行对比,此外还要掌握激发团队成员积极性的方法。系统分析员要熟悉需要的设计方法,掌握系统分析和设计的原则,具有完成职责所需的技能和丰富经验。选拔或培养适合角色职责的人才,特别是合适的软件开发经理是建设高效软件开发团队的最重要的因素。

(二)增强软件开发经理的领导才能

软件开发经理是项目的负责人,负责整个软件项目的组织、计划及实施的全过程,在项目管理过程中起着关键作用。软件开发经理必须以身作则,严格要求自己,起到榜样和示范作用;要明确具体的软件项目质量、范围、工期、成本等目标约束;明确团队各成员的角色和责任,充分发挥团队成员的作用。在软件开发过程中,由于严格的目标约束及多变的外部环境,软件开发经理必须运用各种激励理论对团队成员进行适时的激励,鼓励和激发团队成员的积极性、主动性,充分发挥团队成员的创造力。

(三)营造良好的沟通氛围和交流环境

IT 项目成功的三个主要因素是:用户的积极参与,明确的需求表达,管理层的大力支持。这三个因素全部依赖良好的沟通技巧。要营造良好的沟通氛围和交流环境,具体来说有以下几点:

一要加强团队成员之间的沟通。成员之间由于价值观、性格、处事方法等方面的差异会产生各种冲突,人际关系往往会出现紧张状态,甚至有可能出现敌视情绪等各种情况。为此,软件开发经理要进行充分沟通,引导团队成员调整心态和准确定位角色,把个人目标与项目目标结合起来。

二要促使团队成员尽快熟悉工作环境。团队成员与周围环境之间也会产生不和谐,如对软件开发团队采用的信息技术不熟悉等。软件开发经理要帮助团队成员熟悉工作环境,帮助成员学习并掌握相关的技术,以利于软件项目任务的顺利完成。

三要加强软件开发团队与其他部门之间的沟通。在软件开发过程中,开发团队与其他部门也会产生各种各样的矛盾冲突,这需要软件开发经理与这些部门的管理者进行很好的沟通和协调,为软件开发团队争取更充足的资源与更好的环境。

(四)充分发挥软件开发团队的凝聚力

团队凝聚力是无形的精神力量,是将一个团队的成员紧密地联系在一起的纽带。一般情况下,团队高凝聚力会带来高绩效。提高团队凝聚力需要做好以下两项工作:

一要设置较高的目标。团队凝聚力在外部表现为成员的团队荣誉感,而团队荣誉感主要来源于项目目标。因此,应当设置较高的项目目标,并使团队成员对项目目标形成统一和强烈的共识,激发成员的团队荣誉感。同时,引导团队成员的个人目标与项目目标相统一,增强团队成员对项目团队的向心力,使项目团队团结高效。

二要创建良好的人际关系。团队凝聚力体现在团队成员间的融合度和团队士气方面,良好的人际关系是高效团队的润滑剂。因此,必须采取有效措施增强团队成员之间的融合,让成员在短期内树立起团队意识,形成对团队的认同感和归属感,形成高昂的团队士气,提高团队的工作绩效。

(五)建立共同的工作框架、规范和纪律约束

软件项目的开发是创造性的工作,必须有严格的开发纪律。要建立共同的工作框架使团队成员知道如何达到目标,建立规范使各项工作有标准可以遵循,建立一定的纪律约束使计划正常执行。

第5节 学习能力

一、什么是学习能力

学习能力就是怎样学习的能力,就是在环境和教育的影响下形成的、概括化了的经验。学习能力是人的能力的一部分,也是非常重要的一部分,它直接决定了人进行学习活动的成效,决定了学习活动的成功概率。

随着知识更新速度的不断加快,在一些高新技术领域,特别是IT行业,今天学到的知识也许明天就会被"刷新"。业界有一个非常出名的摩尔定律:每过18个月,集成电路的价格降低一半,性能提高一倍。计算机硬件性能的不断升级、网络传输速度的不断提高和客户需求滚雪球式的增长,都要求企业不断提升软硬件的集成能力。信息技术的飞速发展,促进了IT行业用户需求的复杂性、多变性和不断发展性。

知识是新型经济的核心要素,是企业赖以生存与发展的重要战略资源;学习是企业为提升绩效、实现高成长而获得新知识(包括新方法、新经验、新技能)的重要过程。要成为真正的学习型企业、卓越的商界领袖,不仅需要尊重知识、热爱知识,更需要善于学习和终身学习的能力。

在知识经济时代,知识的更新比以往任何时候都要快。要想自己的知识不老化、跟上时代前进的步伐,自己必须成为一个"充电能手",不断强化学习,更新知识结构,全面提升自身的综合素质和管理水平,从而增加自己在竞争天平上的砝码,以利于自身的成长发展。

当前,企业所处的环境比以往更复杂、变化更快速,市场竞争更激烈。企业也必须不断地变革调整才能适应环境的变化,企业必须不断地学习才能实现变革和调整。因此,员工队伍素质成为企业适应变革的关键,人力资本也成为企业最大的资产,维持和强化企业人力资本成为企业最大的任务和成本之一。开展快速、有效并且成本适当的学习和培训,势必是企业发展的一项重要任务。

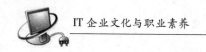 IT 企业文化与职业素养

二、影响学习成功的主观因素

单是有了学习能力还不行，还有很多其他因素影响着我们的学习，比如环境、家庭、社会等等，这些因素都会对我们的学习造成不同程度的影响。

有些因素是我们无法改变的，但主观因素却可以受我们的控制。通常情况下，影响我们学习成绩的主观因素包括以下四个方面。

（一）自制力

所谓自制力，就是自我控制的能力，就是一个人对自己思想感情和行为举止的控制能力。一个人要想做成大事，需要有稳定的情绪和成熟的心态。自制力弱的人，对于自己确立的目标也常常不能坚持到底，做事容易情绪化，朝三暮四，高兴了就做，不高兴就扔在一边，丝毫没有计划和韧性，不能坚持。这样的人能成功吗？

人的一生充满了诱惑。如做作业时，看到别人在踢球；上街时，看到自己非常喜欢的东西大减价。这些诱惑中，有的是无害的，有的是有害的，有的甚至会对我们造成致命的打击。当面对诱惑时，最有力的支持来自你自己。内心坚定的自制力是抵御诱惑的有力武器，能使人从无能为力的迷惑状态中解脱出来，恢复对自身的控制，重新做自己的主人。

在学习中，自制力至关重要。要抵御影响我们学习的诱惑，必须依靠我们的自制力，只有这样我们才能坚定不移，克服一切困难，把学习搞好。其实，当我们有了好的学习方法时，学习已经不是那么困难了，也不是一件需要"苦作舟"的事情了。

（二）自信心

心理因素包括很多种，比如成就感、荣誉感、责任感、求知欲、自尊心、自信心、自制性，等等。自信心是其中的一个重要内容。

什么是自信心呢？简单地说，就是相信自己一定能够做成某件事的一种心理品质。自信心是人积极主动地表达自我价值、自我尊重、自我理解的内在情感。不管是在学习中，还是在生活中，自信心对我们都有着重要的作用。自信心强的人会坚定自己的信念，为达到自己的目标而不懈努力；在与人的交往中，能豁达地表达自己，对他人没有攻击性；能够从容地对待失败，不会因失败而抛弃自己的信念。从本质上说，自信心是取得成功的金钥匙。所以，只要拥有了自信心，我们的学习便成功了一半。但在实际生活和学习中，我们的自信心却无时不被消磨，这就需要我们随时注意增强自己的自信心。

（三）学习兴趣

兴趣是人们努力地认识某种事物或从事某种活动的倾向，通常表现为人们对某种事物或者某种活动的积极情绪。人的兴趣不是与生俱来的，是在人们的实践中逐步产生和发展起来的。兴趣可以使人集中注意力，产生愉快、紧张、积极的心理体验。这对人的认识和实践活动具有非常积极的影响，可以使人提高工作的质量和效果。著名心理学家杜威就把兴趣看作活动的原动力，认为兴趣对一个人的活动起着支持、推动和促进的作用。

在学生的学习活动中，兴趣也起着非常重要的作用。对学习的兴趣，可以激发学习的积极性，推动自身努力取得好成绩，而这种积极的情感体验，又会进一步增强学习兴趣，从而

形成良性循环。但是，人在某方面的兴趣也不是一成不变的，它会随着心理体验而发生改变，有可能增强，也有可能减弱，甚至消失。如有的学生本来很喜欢数学，结果换了老师，因为不喜欢老师而不喜欢数学，最后都有可能厌恶数学。

（四）身体素质

人们常说"身体是革命的本钱"。对我们学生来说，身体是学习的本钱。虽然身体是我们学习的本钱，但是学生的身体素质却一直没得到老师和家长的重视，甚至连学生自己也不太重视。在以往的学习中，学生长期陷入"死记硬背"和"题海战术"之中，大量的时间都花在了背书和做题上，用于体育锻炼的时间极少。很多学生出现头晕脑涨、失眠、体虚等症状，有不少学生不同程度地患上了神经衰弱。这不仅影响学生的学习活动，更影响我们今后的生活。

要想提高身体素质，增强肌体活力，让我们有更好的身体基础支撑学习，必须加强体育锻炼。身体素质不仅影响到我们的身体机能，也影响到我们的心理机能。

学习活动是我们汲取知识的重要手段，是我们各种能力的综合运用。只要我们能充分发挥自身的各种优势，提高自己的学习能力，那么我们的学习活动将会变得更为轻松，更为容易。

三、学习方法和策略

要提高学习的有效性，就要学习"如何学习"。学习方法因人而异，正确的学习方法应该遵循循序渐进、知行统一的原则，并且能学以致用、解决实际问题。

（一）MURDER学习方法

M（Mood）——状态。为自己设置一个良好的学习状态，选择合适的时间和环境，并采取积极主动的态度。

U（Understand）——理解。在学习过程中，不要急于求成，要脚踏实地，一个单元一个单元地进行学习，并将不明白的部分进行记录。

R（Recall）——回忆。一个单元的学习结束后，努力用自己的理解和认识去复述学过的内容。

D（Digest）——融会贯通。学到后面，可再次返回到原先不明白的地方，进行重新思考领会。如果仍然不明白，则要向他人请教。

E（Expand）——引申。在这一阶段，需要对自己所学的内容进行扩展。比如怎样才能把这些内容为我所用？这些内容是否存在一些问题？

R（Review）——复习。复习学过的内容，加深理解和认识。

（二）学习方式的变革

众多新颖的学习方式不断出现，尤其是因特网的发展带来了信息获取方式的巨大变革。人们不必在图书馆里手工检索信息，通过网络可以在瞬间获得所需要的大部分信息；不计其数的网络论坛和留言板让人们轻松地自由沟通、获取知识；同时网络跨越了空间，人们真正实现了"沟通无限"。学习的概念在人们的生活中正悄悄改变。

（三）学习中的相互协作

学习中的相互协作是一种团队活动，团队成员之间相互支持、相互帮助，以达到团队共识。在组织学习中，个体协助管理人员获得信息、分享经验，并借助电子邮件和讨论区，强化项目成员之间的沟通，达到共同学习提高的效果。组织学习的优势就在于能不断创造知识，不断获得有关项目、客户的知识。组织学习过程如下：

（1）确定学习目标，规定学习时间、学习形式，进行相互交流，问题讨论，检查进度，作出决策及解决问题等。

（2）广泛利用各种人力资源，特别是对组织发展有帮助的指导者、监督者。

（3）确定检查进度和相互交流的时间表，以便讨论所采取的措施是否有效。

【自我测试】

学习方法适应性测试

请据实选择（A：是；B：不确定；C：否）。

1. 如果要学习，你是否能马上进入学习状态？（　　）
2. 你是否常因一些事情而耽误了学习？（　　）
3. 你是否认为自己在学习上比较被动？（　　）
4. 你是否觉得自己在学习上能轻松自如？（　　）
5. 你是否每天有固定的学习时间？（　　）
6. 你是否每周都有自己的学习计划安排？（　　）
7. 你是否能独立完成作业任务？（　　）
8. 你是否觉得学的知识很零散，甚至前面学后面忘？（　　）
9. 你是否在遇到不明白的内容时会设法搞懂？（　　）
10. 你是否主动与同学讨论学习上的问题？（　　）
11. 你是否经常独立思考一些问题？（　　）
12. 你是否知道自己什么时间的记忆效果最好？（　　）

评分标准

题号	A	B	C	题号	A	B	C
1	2	1	0	7	2	1	0
2	0	1	2	8	0	1	2
3	0	1	2	9	2	1	0
4	2	1	0	10	2	1	0
5	2	1	0	11	2	1	0
6	2	1	0	12	2	1	0

结论：
- 得分在 20~24 分，学习方法很好，只要用心学习，就会有出色的成绩。

- 得分在 12~19 分，学习方法较好，但存在着一些缺陷，只要努力改正，就能取得更好的成绩。
- 得分在 4~11 分，学习方法一般，成绩非常不稳定。
- 得分在 4 分以下，学习方法较差，在学习上需要花费大量的时间和精力。

四、阅读材料

学习能力的重要性

李善友

（李善友，酷6网董事长兼CEO，在南开大学获得数学学士学位，在中欧国际工商学院获得MBA学位，于2006年6月创办视频分享网站酷6网。此文是李善友在长春大学的演讲（节选））

在咱们这片神奇的黑土地上闯荡江湖的人非常多，我只不过是里面很不起眼的一个，也没有什么像样的成绩。但毕竟我闯荡江湖的时间稍微长一点，也年近不惑，有了接近20年的职业生涯。我做过人力资源的工作，也在企业里面做过高管，直至自己创业，作为CEO带领公司做到了上市；所以我想我总有一些值得总结的东西。我今天回到长春，作自己"第一次"且是"最后一次"演讲，我一定要捞出一点儿"干货"，把我这近20来年自己认为非常重要的关键心得拿出来和大家分享。

我想我也不必讲太多，我将这些心得浓缩为三个要点，并且在每个要点下面都给出一个具体的小建议，供大家参考。第一点我要讲一下"学习"，第二点讲一下"做人"，第三点我要讲一下"勇气"。

老李现在跟大家分享这样一个观点：我认为凡是能够数得出来的现金全都不算是我们真正拥有的"钱"，而只有赚钱的能力才真正是我们的"钱"。钱这玩意儿是最不值钱的东西了。20多年前我父亲种人参，那个时候我父亲发了第一笔财，多少呢？1万块！那叫"万元户"！县里给他挂了大红花，好光荣、好骄傲啊！但现在谁还好意思说自己是"万元户"？1万块钱，20年的时间就已经完全不是当初的概念了。好，我们不说20年，我们说5年。5年前你可以自豪地说自己是百万富翁，今天谁还好意思标榜自己是"百万富翁"？就算你是百万富翁，so what？北京五环以外的房子每平方米都5万块了！你再有钱，房价长上几倍，你的钱就会像韭菜一样被割走，对不对？对我们一辈子的生活来说，现在有多少现金是靠不住的，只有我们有了持续赚钱的能力才是真正的财富。

可是赚钱的能力又来自哪里？你不能说我今天做这个东西做成了、做好了，就是有了赚钱的能力。这个时代唯一不变的东西，就是"变化"。一个人只会做一件事，只会在一个环境里面生存，那么一旦这个环境发生变化了，他以前所有的"能力"全都没有了。

我小时候还有另外一个崇拜，就是崇拜工人。离我们村10多里以外就是白山水电站，那里有很多的工人，我们当时特别羡慕他们。他们早晨9点钟才去上班，晚上5点钟就下班，春夏秋冬，他们早也收，涝也收，我们真是羡慕工人，真想长大了也当一名工人！可是在1998年以后，由于企业改制，有多少工人一夜之间下岗，失去了谋生的工作。他们过去在自己的岗位上学的所有本领，环境变化了，这些本领便什么都不是了。什么是"金饭碗"？这个世界上没有什么是"金饭碗"。

那么怎样才是持续赚钱的能力？只有一个，那就是"学习"的能力。只有学习的能力才能适用于一生，才能使我们真正成为一个"有钱人"，让我们的妻儿老小过上体面的生活，让我们在社会上能够昂首挺胸。

我们今天就是在学校里面读书，可是各位想没想过，我们今天在学校里面学的东西有没有用？或者各位想没想过，我们今天在学校的学习真的没用吗？或者我们想没想过，我们今天应该怎么来学习？如果我们在大学的4年里，作为一个学生，还不知道怎么来学习，那真的是浪费了4年宝贵的时光。各位都知道英文单词里"学习"有两个单词："study"和"learn"。我英文学得不好，不过我敢说，每次老外都被我唬得一愣一愣的——各位知道"study"和"learn"的区别吗？"study"获得的是知识，是knowledge，knowledge是容易忘却的，就像我们每天听课写在笔记本上的东西，全都属于knowledge，是容易忘却的。不管我们愿意也罢，不愿意也罢，等我们离开学校一年以后会发现，我们在学校里学的东西有50%已经忘记了；再过一年，另外25%我们已经还给院长了；又过一年，百分之百全都忘掉了。但"learn"获得的是学问，获得的是如何学习，获得的是学习的方法，它是关于思维的，不太容易忘却。

所以我今天向大家分享的第一个要点就是首先我们要审视自己，是在"study"还是在"learn"。我很欣赏一句话："授人以鱼，莫若授人以渔。"大家知道这两个"鱼（渔）"有什么区别吗？我们知道，第一个"知识"的"鱼"，就是别人钓好的鱼来给你，别人做好了饭来给你吃；第二个"渔"是"打鱼"的意思的那个"渔"，如果学会了打鱼的方法，我们永远都会有鱼吃。所以我们在大学学什么？我要重复强调一下，学习绝对不是重复知道书本上的知识，而是通过书本知识的学习，获得能持续学习的能力，获得能持续学习的方法。

我举我自己的例子吧。我不知道你们是否知道我是学什么的。（环顾全场自己笑了）很多人认为我是学中文的，或者是哪一个文科的，其实我是学数学的。不过毕业后我特别害怕去见我的大学老师，因为我把数学的名词忘得差不多了。什么函数，什么微积分，什么Σ，什么Π，（笑声）统统忘掉！真的统统忘掉了。老李当年在数学系还算不错的，我当年考到南开数学系是我们全系的最高分，我每年都拿奖学金，我还被保送上研究生，所以我的数学当时还是相当不错的。可是我所有学过的数学知识，现在全都忘掉了。但是，我在南开大学数学系的4年学习，又毫无疑问奠定了我一生成就的基础。我拓展了思维能力，学会了如何学习。比如说，我通过对大学数学的学习，积累了思维框架的能力。

我认为任何一门知识，我们都可以把它总结为不超过七个要点，再复杂的知识都可以在这七个要点之内把它说清楚。然后从中找出这几个要点之间的逻辑关系，把这些要点和它们之间的逻辑关系画出一张图，这叫思维模式。——这就是我在大学里面学到的。我讲起来似乎是非常的简单，可是这要实现起来却又非常的难。当我学到这个东西以后，今天跟各位讲，我再学任何东西，觉得再也没有什么难度了。所以尽管我忘掉了数学的"知识"，可是当我想学任何一门别的知识的时候，我很快就能学到。

我举个例子。我去中欧国际工商管理学院读书的时候，各位也知道，中欧国际工商管理学院是中国最好的工商管理学院，在全世界也是排前几名的，我是我们班的学习委员。中欧的最显著特征是学习非常之难，教学特别严格。每次学习的第四天下午一定要考试，考试不及格要重考，重考再不及格就不给发证，真的是非常严格的——一种接近变态的严格。同学们上课都听不懂，我呢，也听不懂。但第三天晚上我有一个任务，为此我是不能睡觉休息的。我要用一夜的时间，用我刚才说过的思维模式的方法，把前三天老师给我们讲过的东西整理出要点，找到它们之间的逻辑关系，画出一张关系图，然后第四天中午的时候，我会给我的同学来讲，讲完之后，同学们拿着我给的那张纸去考试，就比较容易通过了。到最后的时候人们发现，教授上课我们很多同学都迟到，上课就睡觉，等我给他们讲的时候，却座无虚席，都在认真地听我讲。有一次，一个教授很奇怪，为什么他讲完下课了这些学生都不走？噢，原来是我在这里又给同学们上了一次课！他在外面偷偷听了我一次课，之后，他在这门课程中给我打了100分，而那门课我们是有一二十个同学不及格的。

我再举个例子。我是学数学的，几乎是毫无古汉语功底的，但是在2004年以后，我自学国学。我用的方法，也是上面说的方法。在我非常忙的职业生涯里边，我还抽空写了一本书。这本书都是我对管理方面的思考，对国学方面的思考。包括今天，我每天都会花五个小时以上的时间来学习中国传统文化，你们若看了我的微博就能看出这一点。

所有这些都是我通过学到的学习方法，获得了学习的能力，才能够做成的。你们可能会进一步问我一个问题：老李，你就是会学习了又有什么用？对工作会有什么用？我今天就结合"学习"讲讲我职业生涯里的几个转变，这些在常人眼里可能都是不可思议的转变。2000年我加入搜狐做人力资源部的总监，2001年年底的时候，我开始转行做搜狐的总编辑。而在此之前，我几乎没有关于电脑的知识，几乎没有关于互联网的知识，几乎没有关于互联网新闻的知识，可以说，我几乎是个白痴，一个傻子。而且那个时候搜狐跟新浪的差距是，搜狐是新浪占有率的25%——真是有很大的差距。但是，就是我这样一个白痴、一个外行，在转行做了新闻之后，凭着我的努力，凭着我学习的方法，只用了45天时间，就从一个外行变成了内行。开始我天天去跟编辑们学习什么叫"新闻"，都是怎样的编辑流程，然后去找别人请教疑难问题，之后我回过来告诉编辑们怎样去做。45天的时间，我就奠定了我在新闻上的指导思想，在我的思想的指导下对原来新闻进行改版。等到2005年我离开搜狐之前，搜狐的市场份额已经占到了新浪的91%了。大家来看，如果我们有了一个好的学习方法，这么大的一个职业跨越我们也一样能够过来，而且还能做好。

我跟大家讲过，我是一个有严重自卑感、严重生存压力和严重不安全感的一个人。当我能够成功地从人力资源转行做总编辑的时候，你们知道我的心里是多么踏实啊！为什么我踏实？因为我知道，我又多了一个吃饭的本事。多了这个吃饭的本事有什么用处？我就知道，我的父母、我的妻儿，他们永远不会挨饿，我永远有办法来养活我的父母和我的妻儿。当我们有自卑感的时候，要多学一点生存的本事，一旦本事在手的时候，没有人能够欺负你，你就能过上体面的生活。

2006年在我做到搜狐高级副总裁、总编辑的时候，我又毅然决定从搜狐出来，在你们看到的视频里面的那个乡下小白楼，开始了我的创业生涯。而在那之前，我没有任何关于资本的经验、关于技术的经验、关于创业的经验，什么都没有！就是一双手带着十几条枪，在这样的环境中开始了我的创业生涯。5年的时间过去了，我们成了中国第一家上市的视频网站。酷6卖给盛大上市之后，出乎大家意料，我又选择离开，准备开始自己新一轮的生活。

今天我来到长春大学，给各位讲的第一个要点就是学习。可能有人觉得，哎呀，这一点讲得太长了！我想说的是，学生在学校上学，我们的本职工作就是学习，但是我们要知道如何学习，如何聪明地学习，如何学到该学的东西。所以我给各位第一个具体的建议就是：读一本好书，精读这本书。你自己去挑一本喜欢的书，或者是历史，或者是哲学，或者是文学，或者是美学，什么方面的都可以，然后你去自学它，把它学到你的骨髓里面，画出你的框架来，讲给别人听，让你成为这个方面的专家。我告诉大家，如果有能力自学这样一本书，把这本书学透，那么我们这一辈子再去学什么都可以。古人言："书中自有颜如玉，书中自有黄金屋。"如果你想过上幸福的生活、体面的生活，就从精读一本书开始吧！——这是我给大家的第一个建议。谢谢大家！

第6节 创新能力

一、创新的基本属性

当今是一个知识大爆炸，新知识、新技术不断涌现的时代，创新创造能力已经成为这个时代最突出的核心能力。在以知识经济为特征的新时代中，每个追求成功的人必须具备出色的创新思维，积极创造一个精彩的智慧人生，才能在激烈的时代竞争中赢得胜利。

"创新"这个词原本有三层含义：一是更新，二是创造新的东西，三是改变。

"创新"作为一种理论，是由美国哈佛大学教授约瑟夫·熊彼特在20世纪初提出的。1912年他第一次把"创新"引入经济领域。他认为，新的、重新组合的或再次发现的知识被引入经济系统的过程称为创新。创新就是要建立一种生产函数，实现生产要素从未有过的组合。

创新，即推陈出新、破旧立新。"创新"的这种定义，不仅包含了前所未有的创造，而且包含着对原有知识的重新组合和再次发现。一般地说，创造是"无中生有"，要有开创性；创新是"有中生新"，要有新颖性。可见，创造是创新，再次发现和重新组合也是创新。

"创造"强调的是第一次，是首创；"创新"则强调永无止境地更新。创造可以是全盘否定后的全新创造，而创新则一般不是对原有事物的全盘否定，通常是在辩证的否定中螺旋上升。创新是创造的最高层次。

约瑟夫·熊彼特甚至认为，绝大多数创新都是将现存知识按照新的方式进行组合。他甚至把创新与新组合视为同义语。

创新能力是指在创新过程中表现出的能力及各种技能的综合表现，包括发现问题、分析问题、提出假设、解决问题及在解决问题过程中进一步发现新问题的能力，从而不断推动事物的发展和变化等。它既能体现人的认识能力和实践能力的有机完美结合，又能反映人自身的创新能力是人的一种高级能力。个人的创新能力的形成与思维方法、智能结构和意志品德密切相关。

【小故事】

"现代创造力之父"

美国心理学家吉尔福特先生被很多人奉为"现代创造力之父"，这主要是源自多年前的一次心理学会议。当时吉尔福特发表了一篇令人耳目一新的关于创造力的讲话，引发了人们对于创造力的极大兴趣，也让更多人开始思考这个问题。

在"二战"期间吉尔福特作为一名心理学家，被指派设计一套性格测试方法，用来测试飞行员的性格，以便挑选出最适合作为轰炸机飞行员的人。于是，吉尔福特从智力方面入手，设计了一套评分系统和面试规则，用来挑选飞行员。而令他难以接受的是，空军机构指派了一名没有任何心理学知识的人来帮助他筛选。尽管这个人是一名退役的飞行员，但吉尔福特并不信任这位助手。

最终，吉尔福特与退役飞行员从候选人中选择了截然不同的人。之后的统计评审结果显示，吉尔福特挑选的飞行员被击落毙命的人数要比退役飞行员所挑选的飞行员多出很多。吉尔福特非常沮丧，认为是自己将如此之多的飞行员送上绝路，甚至一度想要自杀。不过最终他再次振作起来，决心要找出退役飞行员所挑选的人比较出色的原因。

经过交流，吉尔福特得知，这位退役飞行员问了所有候选人这样一个问题："在飞越德国领空时，你不幸遭遇德军的防空炮火攻击，这时你该怎么办？"随后，所有回答"我会上升飞到更高的高度"的候选人，都被退役飞行员淘汰，而那些违反飞行条例准则的人，例如回答"我可能会俯冲"或"我会用'之'字形路线飞行"或"我会掉头避开火力"的人，却通过了面试。遵循飞行条例准则的飞行员，其行为是很容易被预测的，这就是吉尔福特失败的原因。德国人非常清楚，美国轰炸机遭遇炮火后会提升飞行高度，因此德国的战斗机早就等候在云端，将美国轰炸机轻松击落。这让吉尔福特发现，那些具有创造力的飞行员会违反飞行准则，但是他们比那些可能更聪明，但受制于规则的飞行员更有可能成为幸存者。

吉尔福特突然意识到，一个人具有独特思维和富有创造力也是一种才华，于是他决定进一步去研究这种才华。他要找出那些能够灵机一动就想出绝妙办法、具有创造力的人，让他们作为飞行员的合适人选。

随后，吉尔福特为美国空军设计了世界上第一套创造力测试方法。问题之一，就是让候选人尽可能多地说出砖的用途。问题虽然简单，但却是测试候选人创造力的绝佳方法。有些人不费吹灰之力就可以不断地想出砖的不同用途，而另外一些人却需要经过长时间思考，并且只给出了砖的几种用途。

这样一个平常的问题，就是世界上第一道创造力测试题，它虽然简单，但是却能有效地发现具有创造力的人。

二、创新的种类

创新到处有，创新就在我们身边。创新有多方面的理解，说别人没说过的话叫创新，做别人没做过的事叫创新，想别人没想的东西叫创新。之所以称为"创新"，就是因为它改善了人们的工作质量。有的创新提高了人们的工作效率，有的创新巩固了人们的竞争地位，有的创新对经济、社会、技术产生了根本影响。但是，创新不一定是全新的东西，旧的东西以新的形式进行包装是创新，旧的东西以新的切入点改进是创新，总量不变而改变结构是创新，结构不变而改变总量也是一种创新。

创新有多种类型，有多种分类方法。从创新机制的角度进行分类，创新可分为知识创新、技术创新、组织创新、制度创新和理论创新。

（一）知识创新

知识创新是指通过科学研究，包括基础研究和应用研究，获得新的基础科学和技术科学知识的过程。它可为人类认识世界、改造世界提供新理论和新方法，可为人类文明的进步和社会发展提供不竭动力。科学研究是知识创新的主要活动和手段。

（二）技术创新

技术创新指的是用新知识、新工艺、新技术，采用新的生产方式和经营模式，通过提高质量、创新产品、创新服务，占据市场并实现市场价值的经济技术活动。

企业通过技术进步不断开发新产品并推进老产品的更新换代，通过满足消费者日益增长的物质和文化需求来获得新的经济增长点。技术创新贯穿企业活动的全过程。

（三）组织创新

组织创新是指根据组织的外部环境和内部条件的变化，以及在组织运作中发现的问题及时进行组织变革，推进组织发展，调整组织结构，更新组织系统，以完善组织功能。

有一个工厂的老板，他花费了很多心思来提高工厂的劳动生产率，可当劳动生产率达到临界点时，再提高就非常困难了。这时，有人出了一个主意，帮助老板分析了几个车间的员工的组织构成。他们发现，第一个车间都是男员工，于是就建议增加几个女员工进去，改善性别比例；第二个车间都是年轻人，建议增加几个中老年人进去；第三个车间都是中老年人，建议增加几个年轻人进去；第四个车间老的、少的、男的、女的都有，但是这个车间都是本地员工，于是建议增加几个外地员工进去，这样大家工作不甘示弱，效率自然得到提高。可见，人员还是这么多，组织结构调整了一下，劳动效率就得到了提高，这就是创新的作用。

（四）制度创新

制度创新是在人们现有的生产和生活环境条件下，通过创设更能有效激励人们行为的新制度来实现社会的持续发展和变革的创新。其核心是社会、政治、经济和管理制度的革新，激发人们的创造性和积极性，促使不断创造新的知识，并推动社会资源的合理配置，最终推动社会的进步。

（五）理论创新

理论创新是指人们在社会实践活动中，根据实际的发展和要求，对既有的理论观点通过扬弃和修正进行丰富和发展，同时，对不断出现的新问题进行新的理性分析，揭示和预见认识对象的发展变化趋势，对人类的历史经验和现实经验进行新的理性升华。

其中，知识创新贯穿创新的全过程，每个环节都可能既需要新的知识，同时又在产生新的知识，否则整个创新过程将无法完成。知识创新的成果构成其他创新的基础和源泉，是促进科技进步和经济增长的革命性力量。这些创新反过来又在不断拓展知识创新的空间。

【自我测试】

测试一下你的创造力

创造性地解决问题的能力是一种高级能力,它不是沿着前人开辟的道路前进,而是运用新的方法和步骤去研究、解决问题。当前,各学科领域呼唤原创,期待新视野的激情已形成蓬勃生机。创造力并非专家、发明家所专有。下面20个测验题是根据中外众多科学家、发明家的个性心理特征编制和设计的,它不仅能测试你的创造力,还可以帮助你从中找到提高创造力的方法和途径。

测试题目

1. 即使是十分熟悉的事物,你也常用陌生的眼光审视它。(是或否)
2. 你评价资料的标准首先是它的来历而不是它的内容。(是或否)
3. 对所从事的事业即使遇到困难和挫折也不会动摇你的意志。(是或否)
4. 你从来不做那些自寻烦恼的事情。(是或否)
5. 聚精会神工作时,你常常忘记时间。(是或否)
6. 你特别关心周围的人对你的评价。(是或否)
7. 你最愉快的是对某个问题深思熟虑、仔细推敲。(是或否)
8. 你不认为灵感能揭开成功的序幕。(是或否)
9. 你对周围的事物有好奇心,一旦产生了兴趣便很难放弃。(是或否)
10. 你认为把事情做得尽善尽美是不明智的。(是或否)
11. 遇到问题,你能从多方面探索它的可能性,而不是拘泥于一条思路。(是或否)
12. 那些没有报酬的事,你从来就不想干。(是或否)
13. 你对于事情过于热心,当事情完成之后总有一种兴奋感。(是或否)
14. 按部就班、循序渐进才是解决问题最正确的方法。(是或否)
15. 你宁愿单枪匹马,也不愿和许多人搅在一起。(是或否)
16. 自己和朋友争论问题时,你宁可放弃自己的观点,也不使朋友难堪。(是或否)
17. 对你来说,提出新建议比说服别人接受这些建议更重要。(是或否)
18. 你所关心的是"是什么",而不是"可能是什么"。(是或否)
19. 你总觉得你有用不完的潜力。(是或否)
20. 你不能从别人的成败中发现问题、吸取经验和教训。(是或否)

计分方法

上面共列出20个测试题,每题2分,共40分,凡单号题答"是"的得2分,答"否"的得零分,双号题答"是"的得零分,答"否"的得2分。

测试结果:

28~40分:创造力强。你具有许多不寻常的个性心理特征。你既能灵活深刻、有条不紊地思考问题,又能将思考的结果加以实现,这是你最大的优势。你是个人才,如果已经有所成就就要戒骄戒躁,如果暂时还没有也不要急,只要努力,总会崭露头角。

16~26分:创造力一般。你习惯采用现有的方法与步骤考虑问题、处理问题,虽比较

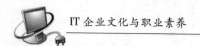

保险，但难有大的突破。思维灵活性是创造力的基础，你不妨做些自我训练，说不定机会适合时会显出你的才干。

14 分以下：创造力弱。你在工作上较少得到灵活思维的快乐和喜悦，在个人生活上也往往缺乏趣味和魅力。不过，不要灰心，那些熟悉的工作是你的用武之地。

三、常用的创新技法

对于一个科技工作者或是经营管理者来说，充分发挥创新性思维，掌握和熟练地运用创新技法是很重要的。它不仅能使人们提高工作效率，而且能使工作开拓前进、不断创新。创新能力可以通过下列方法进行训练。

（一）智力激励法

智力激励法也称为头脑风暴法，是 20 世纪 30 年代美国创造学奠基人 A·F·奥斯本发明的，是世界上最早付诸实施的创新技法。后经各国创造学研究者的实践和发展，至今已经形成了一个智力激励技法群，如奥斯本智力激励法、默写式智力激励法、卡片式智力激励法等。

从具体形式来说，智力激励法是一种组织成员集体开展创造发明活动的方法。该方法不受专业知识条条框框的限制，以便充分发挥想象力，让所有参加者在自由愉快的气氛中畅所欲言，自由交换想法或点子，并以此激发参加者的创意及灵感，以产生更多的创意，并提倡设想的奇特性。智力激励法比较适合给产品命名、创造新产品等需要大量构想的课题内容的讨论。

智力激励法的特点如下：
（1）各种设计思想互相激励、启发，使联想成为连锁反应。
（2）扩散思维，任意思考。
（3）选择课题的目标适中，不可太大。

【阅读材料】

三菱式智力激励法

三菱式智力激励法又称为 MBS 法，是日本三菱树脂公司对奥斯本智力激励法改进的一种新方法。其具体做法如下：

第一步：主持人提出明确的议题。
第二步：成员各自在纸上填写设想，时间大约为 10 分钟。
第三步：成员各自轮流发表自己的设想，其他成员在启发下可填写新的设想。
第四步：将各种设想写成正式提案并进行详细分析。
第五步：互相质询、辩论，进一步修订提案。
第六步：主持人将各成员的提案用图解的方式写在黑板上，让大家进行讨论。
第七步：分析并综合后获得最佳方案。

【案例讨论】

炎炎夏日，学生们正在教室上课，突遇停电。在电扇、空调等设备无法使用的情况下，大家能想出哪些妙计保持教室的清凉状态？

（二）希望点列举法

希望点列举法是从用户的愿望和要求出发，用发展的眼光去认识和预见客观事物，提出改进产品的新目标，从而产生各种各样新奇的设想，即用扩散性想象去发现问题、解决问题。

【案例讨论】

采用希望点列举法讨论"未来的计算机"

- 可语音遥控
- 可任意放置
- 可伸缩
- 可折叠
- 透明的
- 太阳能式

除了以上设想，你还有哪些设想？

（三）缺点列举法

缺点列举法是针对一个产品在使用过程中所暴露出的缺点和问题的分析。任何产品无论事先设计得多么合理，一旦交付使用，都会显露出某些方面的不足，这是一个客观规律，这也促进了产品不断地更新换代。

缺点列举法的操作程序一般如下：

（1）针对存在的问题提出缺点。

（2）分析产生缺点的各种原因。

（3）根据产生缺点的原因，选择解决办法。

（4）综合各种解决办法，写出克服主要缺点的方案。

（四）联想思维法

联想是由这一事物到另一事物的思维过程，包含逻辑的必然性。被誉为"科幻小说之父"的法国作家凡尔纳，有着非凡的联想能力。潜水艇、雷达、导弹等在当时还没有出现的东西，在他的科幻作品中却陆续出现了，后来都相继成为现实。令人吃惊的是，他曾预言在美国佛罗里达将设立火箭发射站，并发射飞往月球的火箭，果然在100多年后，美国真的在此处发射了第一艘载人宇宙飞船。

联想并不是一般性的思考，而是思考的深化，是由此及彼的深入思考。善于思考就能举一反三、触类旁通，从而产生认识的飞跃，出现创新的灵感。

联想的方式分为以下两种：

（1）自由联想。自由联想不受任何条框的约束，是一种非逻辑的、跳跃式的思维过程。智力激励法能促进自由联想的广度和深度。

（2）控制联想。控制联想受条件约束，可对事物的发展进行有限制的联想。这种联想有其内在规律。

【小故事】

打字机的键盘

19世纪70年代，在英文打字机诞生的初期，制造商常常接到用户的来信，抱怨打字速度快时，打字键会纠缠在一起。为了改进机器，人们利用相似联想寻找类似物品，以便得到灵感，但没有成功。一位叫克里斯多夫·斯库勒斯的工程师于1873年从相反的思路联想，设想不让打字员速度加快，也许会解决问题。于是设计出"QWERTY"的键盘排列方式，将常用的字母键"O"和"I"调到需用无名指和小指按压的位置，使打字员感到不方便，从而解决了打字键纠缠在一起的问题。后来证明此法是有一定道理的，因为打字速度不是越快越好，太快反而容易"卡壳"，并且超过一定的速度，错误率也会增加。

四、创新能力的培养

不同类型的人思维特征不同，有的人擅长逻辑思维，有的人偏于直觉，但不同类型的人都可以在创造过程中发挥自己的能量。创新能力是可以逐渐培养和学习的，可以从以下几个方面进行。

（一）树立问题意识

问题是创新的基础，能提出问题，说明在进行积极思考，这是一种可贵的探索、求知精神。但是，由于知识的继承性，人们的头脑里会形成一个比较固定的思维定式，有时思维定式可使人们较快地找到解决问题的途径，但有时也会使人陷入思维定式的陷阱。当事物的发展与思维定式发生冲突、问题开始出现时，人们便不愿意去思考或解决。实际上，一旦人们产生了试图解决问题的愿望，便有了创新的渴望，便会产生强烈的创新动机，思维自然就向前迈进一步。因此，应提倡独立思考、勇于探索的品格，它有利于提高创新能力，而依赖、盲目服从都不利于创新能力的发展。

（二）激发灵感

灵感是思维过程的突变、跳跃或跃迁。灵感的出现经常在一闪念之间，稍纵即逝。当灵感闪现并被及时捕捉到时，会使事物的发展出现"柳暗花明又一村"的佳境，于是问题迎刃而解。然而灵感并不会轻易迸发，只有当对所关注或研究的问题有着强烈的解决愿望时，才会产生执着、持久的意识，并在大脑中刻下深深的痕迹。这样，一旦有外界信息的突然刺激、启示，便有可能得到启发、产生联想，进而激发灵感，产生思维的跃迁。爱因斯坦在回顾广义相对论的来源时说："从已得到的知识来看，这愉快的成就好像是理所当然的。但是，在黑暗中焦急地探索时，时而充满自信，时而精疲力竭，而最终看到了光明——所有这些，只有亲身经历过的人才能体会。"

美国化学家普拉特和贝克曾对232名化学家进行调查，其中有33%的人说在解决重大问题时经常有灵感出现，50%的人偶尔有灵感出现，这足以说明灵感在科学创造中有着重要作用。那么，如何才能促进灵感产生呢？需要做到以下几点：

（1）对问题和资料进行长时间的反复思考和探索。
（2）将全部注意力集中在需要解决的问题上。
（3）试图摆脱习惯思维方式。
（4）保持乐观、积极的心态。

（三）积累创新方法

每个人的知识和经验都是有限的，要注重创新方法的积累，互相学习，彼此启发。人在实践中要与环境发生密切联系，要把自己学到的创造理论与方法在实际工作中加以运用，培养发散性思维和辩证批判思维方式，多角度、全方位地思考问题、解决问题。应用创新方法的过程就是不断提高创造水平的过程。

（四）培养发散性思维品质

发散性思维，又称扩散性思维、辐射性思维、求异思维。它是一种从不同的方向、途径和角度去设想，探求多种答案，最终使问题获得圆满解决的思维方法。发散性思维的另一种表现就是思维的跳跃性，跳跃性思维中经常孕育着创新的契机。培养发散性思维品质，可以使人不仅看到事物的表面属性，更能够看到不易被人注意的隐藏属性，而创新思维往往来源于对事物隐藏属性的认识。不要讥笑看起来似乎荒谬怪诞的观点，这种观点往往是创造性思考的导火线。

【小故事】

微软的智力题（据说用来测试应聘微软公司高级岗位的求职者）

有两间房，一间房里有三盏灯，另一间房里有控制这三盏灯的三个开关（这两间房是分开的，毫无联系）。现在要你分别进入这两间房各一次，然后判断这三盏灯分别由哪个开关控制。（注意：每间房只能进入一次，三盏灯均为白炽灯泡）

答案的关键——你考虑到灯泡的发热特性了吗？

先走进有开关的房间，将三个开关编号为 A、B、C。

将开关 A 打开 10 分钟，然后关闭 A，再打开 B。

马上走到有灯的房间，此房间内正在亮着的灯由开关 B 控制。

用手去摸摸另外两盏灯，发热的灯泡是由开关 A 控制的，不热的由开关 C 控制。

这道题目说明了什么？

事物具有多种属性（灯泡有通电点亮和发热两种属性），从另一属性（发热）来思考，或许会得到解决问题的途径。发散性思维正是寻找事物多重属性的重要方法。

五、阅读材料

有助于创新意识培养的方法

（1）多了解一些名家发明创造的过程，从中学到如何灵活地运用知识进行创新。

（2）破除对名家的神秘感和对权威的敬畏，克服自卑感。
（3）不要强制人们只接受一个模式，这不利于发散性思维。
（4）要能容忍不同观念的存在，容忍新旧观念之间的差异。只有相互之间有比较，才会有鉴别、有取舍、有发展。
（5）应具有广泛的兴趣、爱好，这是创新的基础。
（6）增强对周围事物的敏感度，训练挑毛病、找缺陷的能力。
（7）消除埋怨情绪，鼓励积极进取的批判性和建设性的意见。
（8）表扬为追求科学真理不怕险阻、不怕挫折的冒险求索精神。
（9）奖励各种新颖独特的创造性行为和成果。
（10）经常进行分析、演绎、综合、归纳、放大、缩小、联结、分类、颠倒、重组和对比等练习，对知识的掌握能够做到融会贯通。

第7节 知识产权保护

一、知识产权概述

知识产权是指人们就其智力劳动成果所依法享有的专有权利，通常是国家赋予创造者对其智力成果在一定时期内享有的专有权或独占权。

知识产权从本质上说是一种无形财产权，它的客体是智力成果或者知识产品，是一种无形财产或者没有形体的精神财富，是创造性的智力劳动所创造的劳动成果。它与房屋、汽车等有形财产一样，都受到国家法律的保护，都具有价值和使用价值。有些重大专利、驰名商标或作品的价值远远高于房屋、汽车等有形财产。

（一）知识产权类型

知识产权有两类：一类是著作权（也称为版权、文学产权），另一类是工业产权（也称为产业产权）。

1. 著作权

著作权又称为版权，是指自然人、法人或者其他组织对文学、艺术和科学作品依法享有的财产权利和精神权利的总称。主要包括著作权及与著作权有关的邻接权。通常我们说的知识产权主要是指计算机软件著作权和作品登记。

2. 工业产权

工业产权是指工业、商业、农业、林业和其他产业中具有实用经济意义的一种无形财产权，由此看来"产业产权"的名称更为贴切。主要包括专利权与商标权。

（二）人身权利与财产权利

按照内容，知识产权由人身权利和财产权利两部分构成，也分别称为精神权利和经济权利。

1. 人身权利

所谓人身权利，是指权利同取得智力成果的人的人身不可分离，是人身权利在法律上的反映。例如，作者在其作品上署名的权利，或对其作品的发表权、修改权等，也称为精神权利。

2. 财产权利

所谓财产权利，是指智力成果被法律承认以后，权利人可利用这些智力成果取得报酬或者得到奖励的权利，这种权利也称为经济权利。它是指智力创造性劳动取得的成果，并且是由智力劳动者对其成果依法享有的一种权利。

二、知识产权保护制度的作用

知识产权保护制度对于促进科学技术进步、文化繁荣和经济发展具有重要意义和作用，它既是保证社会主义市场经济正常运行的重要制度，又是开展国际科技、经济、文化交流合作的基本条件之一。知识产权保护制度的作用主要表现在以下几个方面。

（一）知识产权保护制度是调动科技人员积极性的重要保障

知识产权制度中的专利制度为技术创新提供了最重要的动力和激励机制。根据国际通行做法和我国有关法律法规规定，职务发明人可以从单位实施专利的收益中获得相应报酬。这是对广大科技人员的一种激励机制，体现了知识、技术参与分配的原则，可以有效地保护专利权人的合法权益，创造吸引人才、留住人才的良好社会环境。

（二）知识产权保护制度是提高企业核心竞争力的重要措施

专利制度是对创新资源进行有效配置的市场机制，在实现创新资源的有效配置过程中将发挥越来越重要的作用。一个企业如果在同行业中拥有核心知识产权，就可以在技术竞争中取得垄断地位和支配权，就可以获得更多商机，在市场竞争中处于有利地位。如果不注重知识产权保护，就有可能被别人侵权而失去优势；同时，如果不会运用知识产权规则，侵犯了他人的知识产权，还可能招致相应制裁，影响自身利益。

（三）知识产权保护制度是促进经济快速发展的重要战略

专利战略是指运用专利制度的特性和功能，依据本地区、本行业、本企业的科研力量，以国内外科技、经济竞争对手为对象，努力扩大技术创新的空间、缩短时间，提高自己拥有自主知识产权的数量和质量，寻求更多的商业机会，赢得国内外市场竞争的有利地位。

三、互联网时代知识产权的特点

（一）知识产权的无形性更加明显

知识产权的客体是智力成果，是无形的精神财富。传统知识产权客体的载体是有形的，在知识产权的确认、授权、处分、转移、保护等诸多环节中，这些有形载体的存在发挥了重要作用。但在网络空间，知识产权的载体表现为数字信息，人们可感知的只是数据和影像。如果说知识产权客体的无形性已经给知识产权侵权的认定与保护带来了较之有形财产权复杂得多的问题，那么在网络时代，这些资源的无形性和不确定性更增加了知识产权保护的难度。

（二）知识产权的地域性受到冲击

传统知识产权保护具有明显的地域性，知识产权在空间上的效力不是无限的，它只在被依法确认的国家或地区受该地域法律的保护，如果需要某国或某几个国家对其知识产权进行保护，必须按这些国家的法律去申请。但网络空间的无国界性给传统知识产权的地域性造成巨大冲击。在网络空间，智力成果可以极快的速度在全球范围内传播，国与国之间的界限被模糊和淡化，智力成果更容易被不同法律环境中的主体所接受和使用。网络空间知识产权对地域性的这种超越，导致了网络空间的侵权行为难以确定，执法主体难以明确。

（三）知识产权的专有性更难实现

知识产权的私权性质决定了知识产权的专有性，即知识产权所有人对知识产权的垄断受到法律的严格保护。但在网络空间，知识产权专有性的实现难度加大了。各国知识产权立法、权利保护期限的差异以及信息流跨国高效率传输等特点，尤其是网络环境下知识产权载体的无形性，都给知识产权的确认、有偿使用、侵权监测及实施保护带来困难。在网络空间，信息一旦上网就变成公开、公知或公取的信息，而且信息的传播不再依赖传统物理载体，很难再被权利人控制。

四、大学生应怎样保护知识产权

（一）尊重他人的知识产权

随着网络的普及，网络信息传播与共享日益便捷，与知识产权相关的纠纷也越来越多。对信息传播的相关法律法规的了解，能够帮助我们更好地保护自己的作品，同时也避免与其他人或组织发生一些不必要的法律纠纷。《中华人民共和国著作权法》是为保护文学、艺术和科学作品作者的著作权，以及与著作相关的权益，鼓励有益于社会主义精神文明、物质文明建设的作品的创作和传播，促进社会主义文化和科学事业的发展与繁荣，根据《中华人民共和国宪法》而制定的法案。

当前大学毕业生越来越多，找工作越来越难，不少学生毕业后都有创业的想法。几个同学朋友凑在一起，设计一个网站，进行运营，然而不知不觉之间，就违反了与著作权有关的法律，只要在网站中有以下现象都属于违反著作权法。

（1）未经著作权人许可，复制、发行、表演、放映、广播、汇编、通过信息网络向公众传播其作品。

（2）出版他人享有专有出版权的图书。

（3）未经表演者许可，复制、发行录有其表演的录音录像制品或者通过信息网络向公众传播其表演。

（4）未经录音录像制作者许可，复制、发行、通过信息网络向公众传播其制作的录音录像制品。

（5）未经许可，播放或者复制广播或者电视。

（6）未经著作权人或者与著作权有关的权利人许可，故意避开或者破坏权利人为其作品、录音录像制品等采取的保护著作权或者与著作权有关的技术措施。

(7) 未经著作人或者与著作权有关的权利人许可，故意删除或者改变作品、录音录像制品等的权利管理电子信息。

(8) 制作、出售假冒他人署名的作品。

在公司使用计算机，如果你使用软件来获取经济利益，但是该软件未经过许可，那么你就违反了专利权法。如果你复制软件并进行传播，那更是违反了法律。在工作中要时刻树立法律意识，在保护自己的知识产权的同时，也不要侵犯别人的劳动成果。要在社会上营造一个良好的保护知识产权的氛围。

（二）严守客户秘密

信息产业中大多数企业经营的项目都是为传统产业提供服务，如通信、应用系统、基础服务提供商，广告公司，设计公司等。企业员工在为客户服务的同时，必须恪守"沉默是金"的原则，在日常工作中，也要提高保密意识，注意为客户保密。

2008年中央电视台"3·15"晚会中，反映的第一个问题就是手机的垃圾短信。很多人都有这样的经历，在某个网站上填写了自己的个人资料，结果不久收到垃圾短信一波接一波，令人不胜其烦。这些垃圾短信的发送者固然令人可气，但提供手机号码的泄密者更应该受到制裁和谴责。我国有关法律规定，泄露私人信息属于违法行为，然而很多人为了利益，还是选择了与法律背道而驰。

在广告公司工作，必须为客户的方案和创意保密；在建筑设计公司工作，必须为客户的设计方案保密；在软件公司工作，为客户安装软件的时候要为客户的信息保密；从事其他性质的工作，例如电脑杀毒服务、数据恢复服务，更是要对客户数据守口如瓶，这是对IT从业人员的基本职业道德要求。

五、阅读材料

材料1 干扰搜索引擎服务不正当竞争纠纷案

案情摘要：北京百度网讯科技有限公司（以下简称百度公司）是国内知名的中文搜索引擎服务提供商。青岛奥商网络技术有限公司（以下简称奥商公司）在中国联合网络通信有限公司青岛市分公司（以下简称联通青岛公司）的合作下，开展"网络直通车"业务，其提供的"搜索通"服务可以实现如下效果：在联通青岛公司所提供的网络接入服务网络区域内，当网络用户在互联网上登录百度公司搜索引擎网站进行关键词搜索时，优先出现网络直通车广告位（5秒钟展现），网络用户可以点击该广告位直接进入宣传网站新窗口，同时在5秒后原搜索窗口自动展示原始搜索请求的搜索结果。百度公司以上述行为构成不正当竞争为由向青岛市中级人民法院提起诉讼。

一审法院认为，奥商公司和联通青岛公司在联通青岛公司提供互联网接入服务的区域内，对于网络用户针对百度网站所发出的搜索请求进行了人为干预，使干预者想要发布的广告页面在正常搜索结果页面出现前强行弹出。该干预行为系利用搜索服务提供者的服务行为为自己牟利，易使网络用户误认为该强制弹出的广告页面为搜索服务提供者发布，并影响了搜索服务提供者的服务质量，损害了其合法权益，违反了诚信原则和公认的商业道德，根据《中华人民共和国反不正当竞争法》（以下简称《反不正当竞争法》）第二条的规定，应当认定其构成不正当竞争。遂判决奥商公司、联通青岛公司停止针对百度公司的不正当竞争行为，赔偿经济损失20万元并消除影响。山东省高级人民法院二审维持了一审判决。

典型意义：本案是网络环境下出现的新类型的不正当竞争纠纷，引发了网络产业界的广泛关注。本案既涉及较为复杂的法律问题，即对《反不正当竞争法》上的竞争关系的理解以及原则条款的适用，又涉及较为疑难的技术事实查明问题，即在网络技术条件下如何认定不正当干预行为的实施主体。本案裁决关于《反不正当竞争法》上的竞争关系不以经营者属同一行业或服务类别为限的认定以及对《反不正当竞争法》原则条款的正确运用和把握，进一步深化和丰富了对《反不正当竞争法》的理解。原审法院在审理过程中，发挥网络技术专家证人的作用，合理运用证明责任规则，解决了技术事实查明问题，对同类案件的审理具有较强的借鉴意义。该案的裁决对规范网络竞争秩序具有很好的导向作用。

（源自：中国法院网）

材料2 "今日头条"的侵权行为

案情摘要："今日头条"作为手机APP客户端软件，本身并非作品内容的创造者，而是以及时整理和转发当日的"头条新闻"闻名。2014年6月初，"今日头条"手机APP宣布获得1亿美元投资，并实现高达5亿美元估值。看到其经济上"成功"的同时，更值得关注的恐怕是其背后的版权问题。

2014年6月12日，国家版权局、国家互联网信息办公室、工业和信息化部、公安部正式启动第十次打击网络侵权盗版专项治理"剑网行动"。此次"剑网行动"把保护数字版权、规范网络转载作为重点任务，国家版权局正式对"今日头条"进行立案调查。

6月24日，搜狐公司宣布对"今日头条"侵犯其著作权提起诉讼，要求对方停止侵权，刊登道歉声明，赔偿经济损失1 100万元。北京市海淀区法院正式受理此案。

作为一种新技术，互联网在给人们的生活方式、交流方式带来深刻变革的同时，也逐渐成为知识产权侵权的重要场域。近些年来，有关网络空间的知识产权侵权事件层出不穷，反映出我国的知识产权保护机制尚不能完全适应互联网时代的需求。在此背景下，如何完善和加强互联网时代的知识产权保护，成为一个重要问题。

侵权行为分析：一方面，"今日头条"所展现的新闻并非用户直接使用搜索引擎精确搜索得来的，而是该款APP事先通过对信息的整理、归类、排行和大数据计算之后的"二次加工"的新闻。这种通过经营者自身行为展现新闻的方式，是典型的侵权行为，这早已是国内外版权司法实践中的共识。

另一方面，通过"今日头条"搜索展现给用户的信息，在网络版权法中被称为"深度链接"，即链接对象并非对方主页，而直接达到二三级路径以下的最终目标。虽然省去了用户反复查找新闻的烦恼，不过也触及了版权法所容忍的底线。"深度链接"判例多年前就已被欧洲法院所确立，我国近年来多有此类判例，法院都援引"深度链接"加以判决。所以，从这个意义上讲，"深度链接"几乎等同于剽窃。

总结与思考

本篇主要介绍了IT人的职业素质，包括敬业精神、诚实守信、团队精神、学习能力、创新能力和知识产权保护等内容。当然，这不是职业素质的全部。当前，立德树人已成为社会的广泛共识，一个人发展的高度与职业素质呈正相关，因此大学生应牢固树立"成才先成人"的观念。请思考以下问题：

1. 你认为IT人的职业素质主要包括哪几个方面？并对照自己做些总结。
2. 为什么要提高职业素质？列出提高职业素质的计划。
3. 根据IT行业的发展趋势，制订自己的学习计划，并进行职业规划。

附录1　济宁职业技术学院 IT文化馆介绍

第一展厅

❖ **序言**

1936年，被誉为"计算机科学之父""人工智能之父"的英国著名数学家、逻辑学家、密码学家阿兰·麦席森·图灵（1912—1954年）在伦敦权威的数学杂志发表论文《论数字计算在决断难题中的应用》。

图灵

冯·诺依曼

在这篇开创性的论文中，图灵给"可计算性"下了严格的数学定义，并提出了著名的"图灵机"设想。为纪念图灵在计算机领域的这一卓越贡献而专门设立了"计算机界的诺贝尔奖"——图灵奖。

1945年6月，美国匈牙利裔科学家冯·诺依曼（1903—1957年）提出在数字计算机内部的存储器中存放程序的概念。这是所有现代电子计算机的模板。根据这一原理制造的计算机被称为"冯·诺依曼结构计算机"（冯氏计算机）。

世界上第一台冯·诺依曼结构计算机是1949年研制的EDVAC。由于冯·诺依曼对现代计算机技术的突出贡献，他被誉为"现代计算机之父"。

图灵机与冯氏计算机齐名，被永远载入计算机的发展史中，它们共同翻开了人类IT文化的发展篇章。

❖ **移动互联网与智能手机**

移动互联网，就是将移动通信和互联网二者结合起来成为一体，它已经成为当今世界上

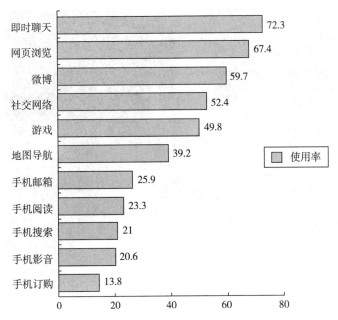

发展最快、市场潜力最大、前景最诱人的两大业务,它们的增长速度是任何预测家都未曾预料到的。

智能手机（Smartphone）是指"像个人计算机一样,具有独立的操作系统,可以由用户自行安装软件、游戏等第三方服务商提供的程序,通过此类程序来不断对手机的功能进行扩充,并可以通过移动通信网络来实现无线网络接入的这样一类手机"。类似的还有"移动设备""掌上设备""手持设备"等称谓。

智能手机操作系统主要有微软 Windows Mobile、苹果 iOS 和安卓、Linux 等。它们提供了许多与桌面设备操作系统类似的功能,例如调度处理器资源、管理内存、加载程序、管理输入输出和建立用户界面等,但通常更小而且更简单。

移动设备的操作系统一般存储在只读存储器（ROM）上,无须从硬盘加载到 RAM 中。因此,它几乎可以在设备开启时立刻可用,并提供内嵌的触摸屏、手写输入、无线网络连接和蜂窝通信等功能。

第二展厅

❖ **1946 年第一台电子计算机"埃尼阿克"问世**

世界上第一台电子数字计算机"埃尼阿克"（ENIAC,电子数值积分和计算机）1946 年 2 月 15 日在美国宾夕法尼亚大学宣告诞生。

"埃尼阿克"计算机的最初设计方案,是由 36 岁的美国工程师莫契利于 1943 年提出的。美国军械部拨款支持研制工作,并建立了一个专门研究小组——"莫尔小组"。小组由莫契利负责,总工程师由年仅 24 岁的埃克特担任,组员格尔斯是位数学家,另外还有逻辑学家博克斯等。研制的初衷是在第二次世界大战中分析炮弹弹道,但直到"二战"结束一年后才完成。"埃尼阿克"长 30.48 米、宽 1 米,占地面积为 170 平方米,有 30 个操作台,重达 30 吨,耗电量 150 千瓦,造价 48 万美元,使用 18 000 个电子管、70 000 个电阻、10 000 个

"埃尼阿克"

电容、1 500 个继电器和 6 000 多个开关,每秒执行 5 000 次加法或 400 次乘法运算,是手工计算的 20 万倍。

虽然和现在的计算机相比,"埃尼阿克"的性能甚至不及一些高级袖珍计算器,但它的诞生为人类开辟了一个崭新的信息时代,使人类社会发生了巨大的变化。

❖ **晶体管与集成电路的发明**

1947 年 12 月,美国贝尔实验室的肖克利研究小组研制出一种点接触型的锗晶体管。锗晶体管的问世是微电子革命的先声,此后,人们就能用小巧、功耗低的电子器件来代替体积大、功耗大的电子管,并为后来集成电路的诞生奠定了基础。

为此,肖克利和他的两位同事荣获 1956 年度的诺贝尔物理学奖。这是一种用以代替真空管的电子信号放大元件,是电子专业的强大引擎,被媒体和科学界称为"20世纪最重要的发明"。

集成电路(IC)是20世纪60年代初发展起来的一种微型电子器件(半导体器件),它采用一定的工艺,把电路中所需的晶体管、二极管、电阻、电容和电感等元件及布线互连,制作在一小块或几小块半导体晶片或介质基片上,然后封装在一个管壳内,成为具有所需电路功能的微型结构,其中所有元件在结构上组成一个整体,使电子元件向着微小型化、低功耗和高可靠性方面迈进了一大步。

"晶体管之父"肖克利

集成电路的发明者是美国的杰克·基尔比(基于硅的集成电路)和罗伯特·诺伊斯(基于锗的集成电路)。当今半导体工业大多数应用的是基于硅的集成电路。

基尔比从英国科学家达默的思想中获得了启发。达默早在1952年就提出,可以把由半导体构成的晶体管组装在一块平板上而去掉之间的连线。基尔比把晶体管、电阻和电容等集成在微小的平板上,用热焊方式把元件以极细的导线互连,在不超过4平方毫米的面积上,大约集成了20余个元件。

几乎与基尔比发明集成电路同时,诺依斯提出,可以用平面处理技术来实现集成电路的大批量生产。1959年7月30日,他们采用先进的平面处理技术研制出集成电路。

1966年,基尔比和诺依斯同时被富兰克林学会授予巴兰丁奖章。基尔比被誉为"第一块集成电路的发明家",而诺依斯被誉为"提出了适合于工业生产的集成电路理论的人"。

❖ **1983年中国第一台巨型机"银河一号"诞生**

1983年12月22日,中国第一台每秒钟运算1亿次以上的"银河一号"巨型计算机由国防科技大学计算机研究所在长沙研制成功,它填补了国内巨型计算机的空白。"银河一号"亿次巨型电子计算机的研制成功向全世界宣布:中国成为继美、日等国之后,能够独立设计和制造巨型机的国家。

"银河一号"

"天河一号"

由中国高技术研究发展计划和天津滨海新区共同资助、由国防科学技术大学研制的中国首台千万亿次超级计算机"天河一号"诞生于2009年10月29日,其实测运算速度可达每秒2 570万亿次。

❖ **2013年全球超级计算机排行榜**

"天河二号"

超级计算机是指能够执行一般个人计算机无法处理的大资料量与高速运算的电脑，其基本组成与个人计算机的概念无太大差异，但规格与性能则强大许多，是一种超大型电子计算机。

超级计算机具有很强的计算和处理数据的能力，主要特点表现为高速度和大容量，配有多种外部和外围设备及丰富的、高功能的软件系统。现有的超级计算机运算速度大都可以达到每秒1万亿次以上，多用于高科技领域和尖端技术研究，是一个国家科研实力的体现。它对国家安全、经济和社会发展具有举足轻重的意义，是国家科技发展水平和综合国力的重要标志。

2013年全球超级计算机排行榜中，第一名是中国的"天河二号"，而"天河一号"则排在第10名。

美国国防部高级研究计划局正在研制亿亿级（10的16次方）超级计算机，它每秒能够进行亿亿次浮点运算，其运行速度将是目前世界上运算速度最快计算机的1 000倍左右。据称，该研究计划的最终目标是"让计算机彻底改头换面"。

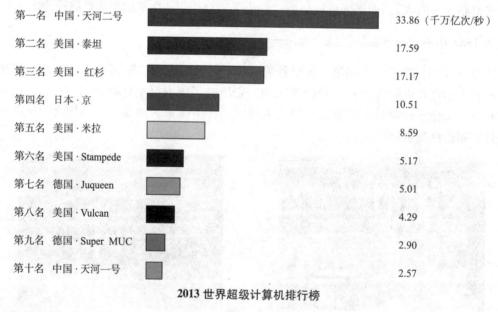

2013世界超级计算机排行榜

第三展厅

❖ **院长寄语**

这里记录的是

信息技术发展的启蒙与变迁，
这里展示的是
信息产业的经典与文明，
这是一部波澜壮阔、
异彩纷呈的 IT 发展史。
让我们满怀对科学的敬畏、
对创新的尊崇，
汲取技术的精气真髓，
体验文明的薪火传承。
希望同学们坚定职业理想，
努力求索拼搏，
立志成长为信息技术的职场精英，
成就自己的光彩人生。

❖ **世界计算机发展大事件**

1946 年 2 月 15 日，世界上第一台电子计算机"埃尼阿克"（ENIAC）在美国宾夕法尼亚大学宣告诞生。

1954 年，防空用的计算机"赛其"（SAGE）在美国诞生。它是最早的人工操作实时控制计算机系统。

1960 年，日本电气公司生产出 NEAC 2203，它是日本最早的晶体管计算机，使用磁芯内存。

1964 年，IBM System/360 大型机问世。它是第一个可涵盖全范围应用软件的计算机。

1964 年，世界上首台超级计算机 CDC 6600 诞生，是当时世界上最快的计算机。

1965 年，世界上第一台真正意义的小型计算机 PDP-8 在美国数字设备公司（DEC）问世，标志着小型机时代的到来。

1969 年，通信处理机 IMP 诞生。IMP 显现出第一代网关（路由器）的特征，在阿帕网的发展中起了重要的作用。

1971 年，世界上首款个人计算机 Kenbak-1 诞生。

1976 年，早期个人计算机苹果电脑 Apple I 现世，它由史蒂夫·沃兹尼亚克（Stephen Wozniak）设计并手工打造。

1981 年，IBM 个人电脑产生。它拥有独立的键盘、打印机以及显示器、光滑而完整的前瞻性包装。

1981 年 4 月，第一款便携电脑 Osborne 1 诞生，被称为世界上首款真正的便携式电脑。

Apple 电脑

1983 年，惠普推出了首款超越时代的触摸屏个人电脑 HP-150，开创了人性化个人电脑的先河。

1997 年，IBM "深蓝"超级计算机问世。"深蓝"在全球 10 亿人面前，经过六轮较量，击败了国际象棋世界冠军卡斯帕洛夫（Garry Kasparov）。

2007 年，苹果 iPhone 问世。iPhone 将因特网、手机、相机、媒体播放器等汇集在了一起，它本质上就是一种微型个人便携式电脑。

❖ **中国计算机发展大事记**

1958 年，中科院计算所研制成功我国第一台小型电子管通用计算机 103 机（八一型）。

1965 年，中科院计算所研制成功大型晶体管计算机 109 乙和 109 丙，在"两弹"试验中发挥了重要作用。

1974 年，清华大学等单位联合设计、研制成功采用集成电路的 DJS–130 小型计算机。

1983 年，国防科技大学研制成功运算速度每秒上亿次的"银河一号"巨型机。

1985 年，电子工业部计算机管理局研制成功与 IBM PC 机兼容的长城 0520CH 微型计算机。

1992 年，国防科技大学研制出"银河二号"通用并行巨型机，达到 20 世纪 80 年代中后期国际先进水平。

1993 年，国家智能计算机研究开发中心研制成功"曙光一号"全对称共享存储多处理机。

1995 年，曙光公司研制成功国内第一台具有大规模并行处理机（MPP）结构的并行机"曙光 1000"（含 36 个处理机）。

1997 年，国防科技大学研制成功"银河三号"百亿次并行巨型计算机系统，综合技术达到 20 世纪 90 年代中期国际先进水平。

1997—1999 年，具有机群结构的"曙光 1000A""曙光 2000–Ⅰ""曙光 2000–Ⅱ"超级服务器先后问世。

1999 年，国家并行计算机工程技术研究中心研制的"神威Ⅰ"计算机通过了国家级验收，并在国家气象中心投入运行。

曙光超级服务器

2000 年，曙光公司推出每秒 3 000 亿次浮点运算的"曙光 3000"超级服务器。

2001 年，中科院计算所研制成功我国第一款通用 CPU——"龙芯"芯片。

2003 年，百万亿次数据处理超级服务器"曙光 4000L"通过国家验收。

2009 年 10 月 26 日，国防科技大学研制出峰值性能为每秒 1 206 万亿次的"天河一号"超级计算机。

2010 年，改进后"天河一号"峰值性能每秒 4 700 万亿次、持续性能每秒 2 507 万亿次（实测值）。

2013 年 6 月 17 日，TOP500 组织公布最新全球超级计算机 500 强排行榜，国防科技大学研制的"天河二号"成为全球最快的超级计算机。

第四展厅

❖ 民族的，也是世界的——lenovo 联想

联想集团成立于 1984 年，主要生产台式电脑、服务器、笔记本电脑、打印机、掌上电脑、主机板、手机等电子产品。2003 年 4 月，联想集团宣布启用集团新标识"lenovo 联想"（legend 英文含义为"传奇"），其中"le"取自原标识"Legend"，代表着秉承其一贯传统，新增加的"novo"取自拉丁词"新"，代表着联想的核心是创新精神。

2004 年联想以 17.5 亿美元的价格并购了被称为"个人计算机时代缔造者"的 IBM 的全球 PC 业务，由民族 IT 产业的领军企业一跃成为全球第三大个人计算机生产商。

联想企业秉承使命：
- 为客户利益而努力创新。
- 创造世界最优秀、最具创新性的产品。
- 像对待技术创新一样致力于成本创新。
- 让更多的人获得更新、更好的技术。
- 最低的总体拥有成本（TCO），更高的工作效率。

核心价值观：
- 成就客户——致力于每位客户的满意和成功。
- 创业创新——追求对客户和公司都至关重要的创新，同时快速而高效地推动其实现。
- 诚信正直——秉持信任、诚实和富有责任感，无论是对内部还是外部。
- 多元共赢——我们倡导互相理解，珍视多元性，以全球视野看待我们的文化。

第五展厅

❖ 软件与操作系统——微软与 Windows 8

美国微软公司（Microsoft）是世界上个人计算机（PC）软件开发的先导，由比尔·盖茨与保罗·艾伦创始于 1975 年，公司总部设立在华盛顿州的雷德蒙市，是全球最大的电脑软件提供商。

1985 年，微软在其命令行界面 MS-DOS 操作系统的基础上发布 Windows 1.0。

1990 年，微软发布 Windows 3.0，此后发布的 Windows 3.x 各版本让 Windows 系列成为最受欢迎的图形操作系统，取得了商业上的成功。

1995 年，微软发布 Windows 95，这是一款混合的 16 位/32 位的重要版本。在用户界面上，Windows 95 更是一场革命。随后微软发布的 Windows 98 包含了多方面的改进。

1999 年年末，微软发布 Windows 2000，这是一款纯 32 位

比尔·盖茨

的操作系统,以成熟的 Windows NT Workstation 4.0 基本代码为基础而构建,在可靠性、易用性、因特网兼容性和移动计算支持等方面作了重大改进。

2000 年秋,微软发布 Windows 9x 系列最终版本 Windows Me。

2001 年秋,微软发布 Windows XP,这个至今仍被广泛使用的操作系统,完成了 Windows 9x 以及 Windows NT 两种路线的最终统一,而且集成众多软件,是个人操作系统史上的伟大变革。

2006 年年末,微软发布 Windows Vista,这款操作系统包含众多令人兴奋的新功能和技术,为今后的 Windows 7/8 打下坚实基础。

2009 年秋,微软发布 Windows 7,这款操作系统继承了 Windows Vista 的优秀特性,是至今为止销售最快的操作系统。

可应用于个人电脑和平板电脑上的 Windows 8 是 2012 年 10 月 26 日正式推出的具有革命性变化的全新电脑操作系统。系统独特的开始界面和触控式交互系统,旨在让人们的日常电脑操作更加简单和快捷,提供高效易行的工作环境。

Microsoft Office 是一套由微软公司开发的办公软件,包括 Word(文字处理)、Excel(电子表格)、Access(桌面数据库)、PowerPoint(幻灯片制作)、Outlook(个人邮件和日程管理)等内容。

2008 年 6 月创始人比尔·盖茨宣布正式退出微软公司。他和他的妻子捐赠 34.6 亿美元建立了一个基金会,并在其遗嘱中宣布拿出其资产的 98% 给这个基金会,支持在全球医疗健康和教育领域的慈善事业,希望随着人类进入 21 世纪,这些关键领域的科技进步能使全人类受益。

❖ **软件与操作系统——苹果公司与 iOS 7**

苹果公司(Apple Inc.)是美国的一家高科技公司,2007 年由苹果电脑公司更名而来,核心业务为电子科技产品,总部位于加利福尼亚州的库比蒂诺。

2013 年 9 月 21 日,苹果公司正式发布了新一代 iPhone 手机,分为 iPhone 5s 和 iPhone 5c 两个版本。2013 年《财富》发布世界企业 500 强,苹果公司排名第 19 位。在电脑方面,苹果已超过微软成为世界第一大桌面软件公司。

乔布斯

美国苹果公司联合创办人、前行政总裁史蒂夫·乔布斯(1955—2011 年)是世界 IT 界的一个传奇人物,美国著名发明家、企业家。他陪伴了苹果公司数十年的起落,先后领导和推出了麦金托什(Macintosh)、Apple Ⅱ 等著名电脑、Macbook 笔记本电脑、iPod 音乐播放器、iTunes 商店、iMac 一体机、iPhone 手机和 iPad 平板电脑等风靡全球的电子产品,极大地改变了现代通信、娱乐乃至生活的方式。乔布斯 2011 年 10 月 5 日因胰腺癌逝世,享年 56 岁。

iOS 7 是苹果公司开发的手机和平板电脑操作系统,也是 iOS 面世以来在用户界面上做出改变最大的一个操作系统。iOS 7 抛弃了以往的拟物化设计,而采用了扁平化设计。苹果在重新思考 iOS 的设计时,更希望围绕 iOS 中深受人们喜爱的元素,打造一种更加简单实用而又妙趣横生的用户体验。最终,苹果优化了 iOS 的工作方式,并以此为基础重新设计了

iOS 的外观。之所以这样做,是因为能够服务于体验的设计才是出色的设计。

❖ 计算机硬件组成

1945 年,冯·诺依曼首先提出了"存储程序"的概念和二进制原理,即数字计算机的数制采用二进制,计算机应该按照程序顺序来执行。后来,人们把利用这种概念和原理设计的电子计算机系统统称为"冯氏计算机"。冯氏结构的处理器使用同一个存储器,经出同一个总线传输。

冯氏计算机必须具备五大基本组成部件,即运算器和控制器(CPU)、存储器以及输入设备和输出设备。

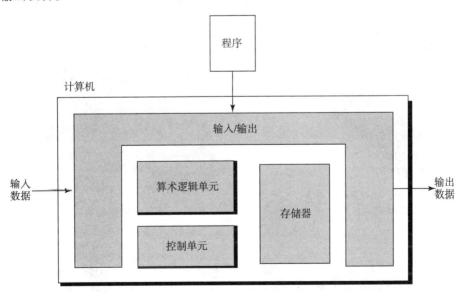

❖ 计算机部件的发展

计算机部件分三组,依次为:

1. CPU（运算器和控制器）

中央处理器是一块超大规模的集成电路，是一台计算机的运算核心和控制核心，主要包括运算器（ALU）和控制器（CU）两大部件，此外还包括若干个寄存器和高速缓冲存储器及实现它们之间联系的数据、控制及状态的总线。

2. 存储设备：内存、硬盘、光驱等

存储设备是用于储存信息的设备，通常是将信息数字化后再以利用电、磁或光学等方式的媒体加以存储。常见的存储设备包括：

CPU 部件

利用电能方式存储信息的设备，如各式存储器（RAM、ROM 等）。

利用磁能方式存储信息的设备，如硬盘、软盘、磁带、磁芯存储器、磁泡存储器、U 盘。

利用光学方式存储信息的设备，如 CD 或 DVD。

利用磁光方式存储信息的设备，如 MO（磁光盘）。

利用其他物理物（纸卡、纸带等）存储信息的设备，如打孔卡、打孔带、绳结等。

专用存储系统：用于数据备份或容灾的专用信息系统，利用高速网络进行大数据量存储信息的设备。

存储设备部件：

ROM 芯片　　　　　　　　　　　3 英寸软盘驱动器

3. 主板

主板安装在机箱内，是微机最基本的也是最重要的部件之一。主板一般为矩形电路板，上面安装了组成计算机的主要电路系统，一般有 BIOS 芯片、I/O 控制芯片、键盘和面板控制开关接口、指示灯插接件、扩充插槽、主板及插卡的直流电源供电接插件等元件。

主板采用了开放式结构。主板上大都有 6～15 个扩展插槽，供微机外围设备的控制卡（适配器）插接。可以说，主板的类型和档次决定着整个微机系统的类型、档次与性能。

附录1 济宁职业技术学院IT文化馆介绍

主板部件

❖ 计算机网络及其拓扑结构

  网络是信息传输、接收、共享的虚拟平台。它把各个点、面、体的信息联系到一起,从而实现这些资源的共享。它用物理链路将各个孤立的工作站或主机连在一起,组成数据链路,从而达到资源共享和通信的目的。凡将地理位置不同并具有独立功能的多个计算机系统通过通信设备和线路而连接起来,且以功能完善的网络软件(网络协议、信息交换方式及网络操作系统等)实现网络资源共享的系统,都可称为计算机网络。

  网络工具越来越好,功能越来越多,内容越来越丰富。网络会借助文字阅读、图片查看、影音播放、下载传输、游戏、聊天等软件工具从文字、图片、声音、视频等方面给人们带来极其丰富和美好的享受。

  网络也是一个资源共享的通道。相信有一天,网络会借助软件工具带给人们极其美好甚至超越人体本身所能带来的感受。比如借助软件工具让人以极其真实的外貌、感觉进入网络平台,感受生老病死、游戏娱乐、结婚生子等。但这些只是丰富了人们的生活,不能取代人们的生活,只能模仿人的感受而不能取代人的感受。网上可以直接实现虚拟产品的交易,如文字、影音的购买、发送、传输、接收。但实物哪怕芝麻大点儿的东西也必须依靠人来送达,这就是网络发展的局限性。它可以在虚拟和感觉方面超越人,但永远不会在实体感受方面取代人类。

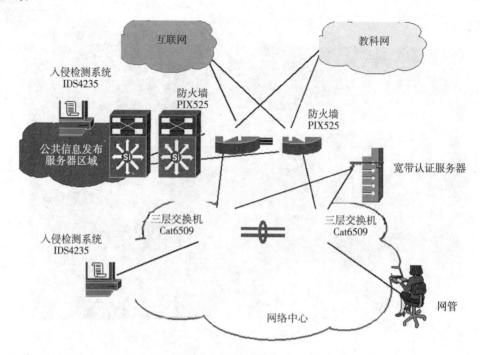

互联网是通过 IP 地址把不同的独立成员连接在一起的一个系统。未来的互联网成员可能是五花八门的，比如电脑、手机、电视、吸尘器等。

H3C S1224R 是 H3C 公司的全千兆无管理以太网交换产品，提供 24 个 10/100/1000M 以太网端口。

H3C S5024P 以太网交换机是 H3C 公司支持 Web 管理的二层线速以太网交换产品，是为要求具备高性能且易于安装的网络环境而设计的智能型交换机，提供 24 个千兆以太网端口、4 个千兆 SFP 端口。

无线 AP，即无线接入点。它的作用是在接入有线网络后把有线信号转为无线网络，电脑通过接收它发射的信号接入无线 Wi-Fi 局域网。

第六展厅

❖ 无与伦比的惠普企业文化

成立于 1939 年的惠普（HP）是世界最大的信息科技（IT）公司之一，总部位于美国加利福尼亚州。惠普下设信息产品集团、打印及成像系统集团和企业计算及专业服务集团。惠普公司出道不久其产品即在工程界和科学界大受欢迎。

帕卡德曾在发展过程中的一次高峰会议上强调，尽管公司不断发展壮大，但必须仍然保持小公司那种亲密无间的气氛。休利特则强调指出，惠普公司的信念应该是：相信任何人都愿意努力工作，并能创造性地工作，只要赋予他们适宜的环境，他们就一定能成功。会议提出的宗旨共有 6 个（利润、顾客、业务领域、发展、职工和公民义务），其基本核心是"客户第一，重视个人，争取利润"。这些宗旨后来又经过多次修改，并围绕它们制定出各种规划和具体做法，形成了被业界赞誉为"惠普之道"（The HP Way）的经营管理模式。

1999年7月17日,普莱特任命卡莉·弗瑞娜(C. Fiorina)担任新公司总裁和CEO,自己则退休离任。时年45岁的弗瑞娜拥有MIT自然科学硕士等多个学位,被《财富》杂志评为"全美商业最有能力的女人之一"。

2001年9月4日,IT业界再次爆出惊人消息:惠普公司以250亿美元的价格,以换股方式收购了著名电脑制造商康柏(Compaq)电脑公司。这项并购使两家电脑、打印机和电脑服务器巨头合二为一,从而超过在个人计算机行业排名第一的戴尔电脑公司,与IT行业领头羊IBM公司并驾齐驱。此次收购对于弗瑞娜来说堪称一次大胆和冒险的举动,她试图将惠普转变成一个业务更为广泛的电脑、软件和服务供应商。

如今,惠普产品涵盖了IT基础设施、个人计算及接入设备、全球服务,面向个人消费者、大中小型企业的打印和成像等领域。惠普致力于探索科技和服务,帮助人们和企业解决其遇到的问题和挑战,并把握机遇,实现愿景,成就梦想。惠普运用新的思想和理念来打造更简单、更有价值、更值得信赖的技术体验,不断帮助客户改善其生活和工作方式。

❖ **惠普丰富多彩的业务解决方案**

融合云:利用业内最全面的云计算解决方案实现企业变革。

融合基础设施:克服IT无序扩张而导致的缺乏灵活性和高成本,使更多的资源转换成创新资源和战略计划。

安全与风险管理:涵盖IT安全监管和运营、应用、终端和网络安全等各个领域的端到端方法。

信息优化:全面深入地了解整个企业范围内的想法,从而作出更明智的企业决策。

应用与变革:评估、现代化和管理企业应用。

移动性:优化移动机会、创建移动设备战略并评估您的移动应用需求。

第七展厅

❖ 云计算

关于"云"在汉语词典里是这样解释的：在空中悬浮的由水滴、冰晶聚集形成的物体。可见，构成云的最小单元是独立的实体。

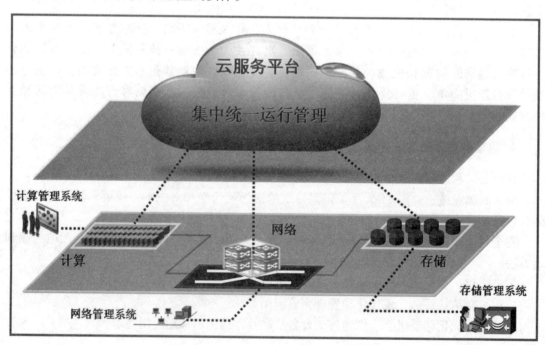

所谓"云计算"就是云＋计算。在这里，云是指大量有相同需求的成员聚集在一起；

而计算只有一个目的，用来满足成员的需求。

因此，在设计系统时通常会分成两个独立的部分，一个是云系统，规模庞大，表现形式也具有多样性；一个是计算系统，比较单一，规模较小。

云系统按照服务目的可以分成两个子系统，即消费云和供应云。消费云是指使用计算能力的成员，包括消费单位以及它们所使用的软硬件设施等；供应云是指提供计算能力的成员，包括供应商以及他们提供的软硬件设施等。

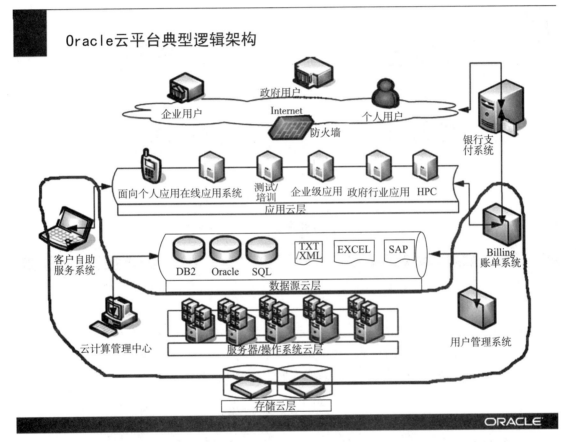

Oracle云平台典型逻辑架构

计算系统可称为"计算源"或者"计算池"，它提供的是计算的能力。好比现实生活中电网连接庞大的用户，用户从能量源获得能量，获得能量的方式有很多，比如风力、水力、煤、核反应等。

云计算将导致一场软件技术的革命。正如美国加州大学伯克利分校的云计算白皮书提出的"云计算发展的十大挑战及相应的机会"里，有"服务的可用性""性能不可预知性""可伸缩的存储"和"快速伸缩"等。

2013年，云计算产业发展热火朝天，各式各样的云应用如雨后春笋般不断涌现。随着云计算的不断发展，可供企业选择的云服务越来越多，云的可移植性、数据集成、迁移成本等也成为企业用户关注的核心问题。

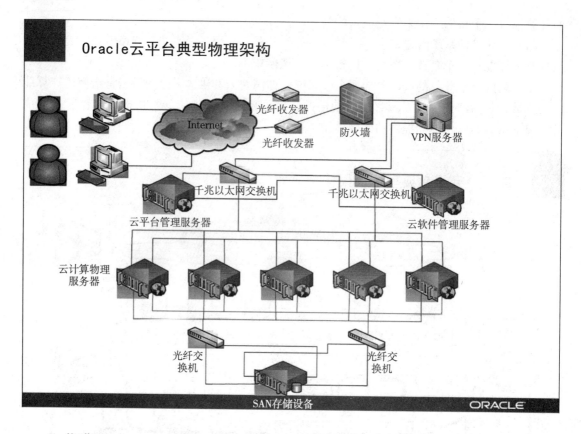

❖ 物联网

物联网（The Internet of things）过去被称为传感网。1999年在美国召开的移动计算和网络国际会议上提出了"传感网是下一个世纪人类面临的又一个发展机遇"。2003年美国《技术评论》提出：传感网络技术将是未来改变人们生活的十大技术之首。

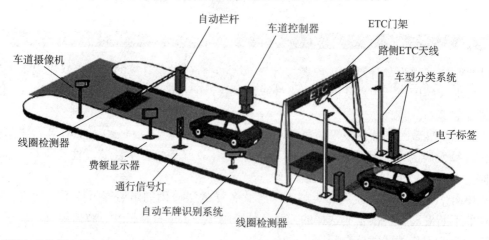

所谓"物联网"，就是"物物相连的因特网"，这里有两层意思：一是物联网的核心和基础仍然是因特网，是在因特网基础上的延伸和扩展的网络；二是其用户端延伸和扩展到了任何物品与物品之间进行信息交换和通信。

附录1 济宁职业技术学院IT文化馆介绍

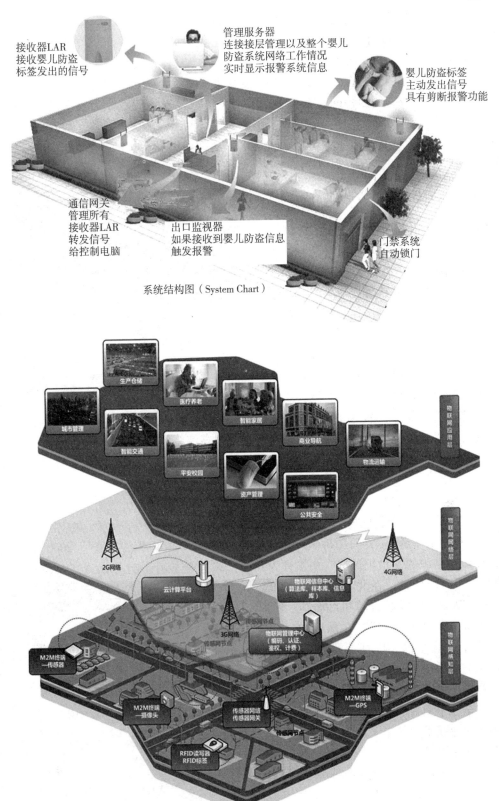

系统结构图（System Chart）

2005年11月17日，在突尼斯举行的信息社会世界峰会（WSIS）上，国际电信联盟（ITU）发布了《ITU互联网报告2005：物联网》，正式提出了"物联网"的概念。

物联网把新一代IT技术充分运用在各行各业之中，具体地说，就是把感应器嵌入和装备到电网、铁路、桥梁、隧道、公路、建筑、供水系统、大坝、油气管道等各种物体中，然后将"物联网"与现有的因特网整合起来，实现人类社会与物理系统的整合。在这个整合的网络当中，能力超级强大的中心计算机群能够对整合网络内的人员、机器、设备和基础设施实施实时的管理和控制。在此基础上，人类可以更加精细和动态的方式管理生产和生活，达到"智慧"状态，提高资源利用率和生产力水平，改善人与自然的关系。

❖ **计算机教育界名人谭浩强**

谭浩强教授，1934年生，广东台山人，1958年清华大学自动控制系本科毕业。学生时代曾担任清华大学学生会主席、北京市学联副主席、全国学联执行委员，北京市人民代表。毕业后留在清华工作，担任清华大学团委副书记，同时承担教学工作，在当时的青年界有一定影响。

从20世纪70年代末开始，谭教授将主要精力投入计算机教育，是我国有巨大影响的著名计算机教育专家、享受政府特殊津贴专家、北京市有突出贡献专家，是我国计算机普及和高校计算机基础教育的开拓者之一。现担任全国高等院校计算机基础教育研究会会长、教育部全国计算机应用技术证书（NIT）考试委员会主任委员，教育部全国计算机等级考试委员会顾问。

谭教授编著出版了130余部计算机著作，主编了300多部计算机书籍，获全国高校教学成果奖国家级奖、国家科技进步奖、多项部委级优秀教材奖，被国家科委、中国科协表彰为"全国优秀科普工作者"。英国剑桥国际传记中心将他列入"世界名人录"。2000年在《计算机世界》报组织的"世纪评选"中被评为我国"20世纪最有影响的10个IT人物"之一。

2011年5月9日，在北京举办了"首届全国高职高专院校计算机综合应用能力大赛暨海峡两岸赛"。在前期初赛的基础上，从全国102所高职院校7 000多名选手中选出的407名选手参加了计算机应用基础、常用软件、网络应用与安全三个项目734人次的竞赛测试。济宁职业技术学院电子信息工程系周卫东主任带领王秀芳、石秀君、范建淑3位指导老师和6名学生参加了本次大赛的决赛并荣获佳绩。获奖学生和谭浩强教授合影。

❖ 后记

本 IT 文化馆是 2011 年度教育部、财政部立项支持的高等职业院校提升专业服务产业发展能力项目的建设内容之一。项目建设体现了创新设计的实训理念，寓教于乐，寓计算机基础教育于 IT 文化发展的全过程，为计算机教育提供了生动和丰富的现场实景教学环境。

本项目在建设过程中，得到各级领导和广大教师的积极支持，在此表示诚挚的感谢！

总策划：孙志春
策　划：周卫东、刘利斌
总编辑：周苏
编　辑：郎爽、朱霞、李晓娟
视觉总设计：郁全胜
视觉设计：王子豪、孙明伟、陈楠
执行机构：杭州城市会展研究发展中心

附录2　信息网络传播权保护条例

(2006年5月18日中华人民共和国国务院令第468号公布　根据2013年1月30日《国务院关于修改〈信息网络传播权保护条例〉的决定》修订)

第一条　为保护著作权人、表演者、录音录像制作者（以下统称权利人）的信息网络传播权，鼓励有益于社会主义精神文明、物质文明建设的作品的创作和传播，根据《中华人民共和国著作权法》（以下简称《著作权法》），制定本条例。

第二条　权利人享有的信息网络传播权受《著作权法》和本条例保护。除法律、行政法规另有规定的外，任何组织或者个人将他人的作品、表演、录音录像制品通过信息网络向公众提供，应当取得权利人许可，并支付报酬。

第三条　依法禁止提供的作品、表演、录音录像制品，不受本条例保护。权利人行使信息网络传播权，不得违反宪法和法律、行政法规，不得损害公共利益。

第四条　为了保护信息网络传播权，权利人可以采取技术措施。任何组织或者个人不得故意避开或者破坏技术措施，不得故意制造、进口或者向公众提供主要用于避开或者破坏技术措施的装置或者部件，不得故意为他人避开或者破坏技术措施提供技术服务。但是，法律、行政法规规定可以避开的除外。

第五条　未经权利人许可，任何组织或者个人不得进行下列行为：

（一）故意删除或者改变通过信息网络向公众提供的作品、表演、录音录像制品的权利管理电子信息，但由于技术上的原因无法避免删除或者改变的除外；

（二）通过信息网络向公众提供明知或者应知未经权利人许可被删除或者改变权利管理电子信息的作品、表演、录音录像制品。

第六条　通过信息网络提供他人作品，属于下列情形的，可以不经著作权人许可，不向其支付报酬：

（一）为介绍、评论某一作品或者说明某一问题，在向公众提供的作品中适当引用已经发表的作品；

（二）为报道时事新闻，在向公众提供的作品中不可避免地再现或者引用已经发表的作品；

（三）为学校课堂教学或者科学研究，向少数教学、科研人员提供少量已经发表的作品；

（四）国家机关为执行公务，在合理范围内向公众提供已经发表的作品；

（五）将中国公民、法人或者其他组织已经发表的、以汉语言文字创作的作品翻译成的少数民族语言文字作品，向中国境内少数民族提供；

（六）不以营利为目的，以盲人能够感知的独特方式向盲人提供已经发表的文字作品；

（七）向公众提供在信息网络上已经发表的关于政治、经济问题的时事性文章；

（八）向公众提供在公众集会上发表的讲话。

第七条 图书馆、档案馆、纪念馆、博物馆、美术馆等可以不经著作权人许可，通过信息网络向本馆馆舍内服务对象提供本馆收藏的合法出版的数字作品和依法为陈列或者保存版本的需要以数字化形式复制的作品，不向其支付报酬，但不得直接或者间接获得经济利益。当事人另有约定的除外。

前款规定的为陈列或者保存版本需要以数字化形式复制的作品，应当是已经损毁或者濒临损毁、丢失或者失窃，或者其存储格式已经过时，并且在市场上无法购买或者只能以明显高于标定的价格购买的作品。

第八条 为通过信息网络实施九年制义务教育或者国家教育规划，可以不经著作权人许可，使用其已经发表作品的片段或者短小的文字作品、音乐作品或者单幅的美术作品、摄影作品制作课件，由制作课件或者依法取得课件的远程教育机构通过信息网络向注册学生提供，但应当向著作权人支付报酬。

第九条 为扶助贫困，通过信息网络向农村地区的公众免费提供中国公民、法人或者其他组织已经发表的种植养殖、防病治病、防灾减灾等与扶助贫困有关的作品和适应基本文化需求的作品，网络服务提供者应当在提供前公告拟提供的作品及其作者、拟支付报酬的标准。自公告之日起 30 日内，著作权人不同意提供的，网络服务提供者不得提供其作品；自公告之日起满 30 日，著作权人没有异议的，网络服务提供者可以提供其作品，并按照公告的标准向著作权人支付报酬。网络服务提供者提供著作权人的作品后，著作权人不同意提供的，网络服务提供者应当立即删除著作权人的作品，并按照公告的标准向著作权人支付提供作品期间的报酬。

依照前款规定提供作品的，不得直接或者间接获得经济利益。

第十条 依照本条例规定不经著作权人许可、通过信息网络向公众提供其作品的，还应当遵守下列规定：

（一）除本条例第六条第一项至第六项、第七条规定的情形外，不得提供作者事先声明不许提供的作品；

（二）指明作品的名称和作者的姓名（名称）；

（三）依照本条例规定支付报酬；

（四）采取技术措施，防止本条例第七条、第八条、第九条规定的服务对象以外的其他人获得著作权人的作品，并防止本条例第七条规定的服务对象的复制行为对著作权人利益造成实质性损害；

（五）不得侵犯著作权人依法享有的其他权利。

第十一条 通过信息网络提供他人表演、录音录像制品的，应当遵守本条例第六条至第十条的规定。

第十二条 属于下列情形的，可以避开技术措施，但不得向他人提供避开技术措施的技术、装置或者部件，不得侵犯权利人依法享有的其他权利：

（一）为学校课堂教学或者科学研究，通过信息网络向少数教学、科研人员提供已经发表的作品、表演、录音录像制品，而该作品、表演、录音录像制品只能通过信息网络获取；

（二）不以营利为目的，通过信息网络以盲人能够感知的独特方式向盲人提供已经发表的文字作品，而该作品只能通过信息网络获取；

（三）国家机关依照行政、司法程序执行公务；

（四）在信息网络上对计算机及其系统或者网络的安全性能进行测试。

第十三条　著作权行政管理部门为了查处侵犯信息网络传播权的行为，可以要求网络服务提供者提供涉嫌侵权的服务对象的姓名（名称）、联系方式、网络地址等资料。

第十四条　对提供信息存储空间或者提供搜索、链接服务的网络服务提供者，权利人认为其服务所涉及的作品、表演、录音录像制品，侵犯自己的信息网络传播权或者被删除、改变了自己的权利管理电子信息的，可以向该网络服务提供者提交书面通知，要求网络服务提供者删除该作品、表演、录音录像制品，或者断开与该作品、表演、录音录像制品的链接。通知书应当包含下列内容：

（一）权利人的姓名（名称）、联系方式和地址；

（二）要求删除或者断开链接的侵权作品、表演、录音录像制品的名称和网络地址；

（三）构成侵权的初步证明材料。

权利人应当对通知书的真实性负责。

第十五条　网络服务提供者接到权利人的通知书后，应当立即删除涉嫌侵权的作品、表演、录音录像制品，或者断开与涉嫌侵权的作品、表演、录音录像制品的链接，并同时将通知书转送提供作品、表演、录音录像制品的服务对象；服务对象网络地址不明、无法转送的，应当将通知书的内容同时在信息网络上公告。

第十六条　服务对象接到网络服务提供者转送的通知书后，认为其提供的作品、表演、录音录像制品未侵犯他人权利的，可以向网络服务提供者提交书面说明，要求恢复被删除的作品、表演、录音录像制品，或者恢复与被断开的作品、表演、录音录像制品的链接。书面说明应当包含下列内容：

（一）服务对象的姓名（名称）、联系方式和地址；

（二）要求恢复的作品、表演、录音录像制品的名称和网络地址；

（三）不构成侵权的初步证明材料。

服务对象应当对书面说明的真实性负责。

第十七条　网络服务提供者接到服务对象的书面说明后，应当立即恢复被删除的作品、表演、录音录像制品，或者可以恢复与被断开的作品、表演、录音录像制品的链接，同时将服务对象的书面说明转送权利人。权利人不得再通知网络服务提供者删除该作品、表演、录音录像制品，或者断开与该作品、表演、录音录像制品的链接。

第十八条　违反本条例规定，有下列侵权行为之一的，根据情况承担停止侵害、消除影响、赔礼道歉、赔偿损失等民事责任；同时损害公共利益的，可以由著作权行政管理部门责令停止侵权行为，没收违法所得，非法经营额5万元以上的，可处非法经营额1倍以上5倍以下的罚款；没有非法经营额或者非法经营额5万元以下的，根据情节轻重，可处25万元以下的罚款；情节严重的，著作权行政管理部门可以没收主要用于提供网络服务的计算机等设备；构成犯罪的，依法追究刑事责任：

（一）通过信息网络擅自向公众提供他人的作品、表演、录音录像制品的；

（二）故意避开或者破坏技术措施的；

（三）故意删除或者改变通过信息网络向公众提供的作品、表演、录音录像制品的权利管理电子信息，或者通过信息网络向公众提供明知或者应知未经权利人许可而被删除或者改变权利管理电子信息的作品、表演、录音录像制品的；

（四）为扶助贫困通过信息网络向农村地区提供作品、表演、录音录像制品超过规定范围，或者未按照公告的标准支付报酬，或者在权利人不同意提供其作品、表演、录音录像制品后未立即删除的；

（五）通过信息网络提供他人的作品、表演、录音录像制品，未指明作品、表演、录音录像制品的名称或者作者、表演者、录音录像制作者的姓名（名称），或者未支付报酬，或者未依照本条例规定采取技术措施防止服务对象以外的其他人获得他人的作品、表演、录音录像制品，或者未防止服务对象的复制行为对权利人利益造成实质性损害的。

第十九条 违反本条例规定，有下列行为之一的，由著作权行政管理部门予以警告，没收违法所得，没收主要用于避开、破坏技术措施的装置或者部件；情节严重的，可以没收主要用于提供网络服务的计算机等设备；非法经营额5万元以上的，可处非法经营额1倍以上5倍以下的罚款；没有非法经营额或者非法经营额5万元以下的，根据情节轻重，可处25万元以下的罚款；构成犯罪的，依法追究刑事责任：

（一）故意制造、进口或者向他人提供主要用于避开、破坏技术措施的装置或者部件，或者故意为他人避开或者破坏技术措施提供技术服务的；

（二）通过信息网络提供他人的作品、表演、录音录像制品，获得经济利益的；

（三）为扶助贫困通过信息网络向农村地区提供作品、表演、录音录像制品，未在提供前公告作品、表演、录音录像制品的名称和作者、表演者、录音录像制作者的姓名（名称）以及报酬标准的。

第二十条 网络服务提供者根据服务对象的指令提供网络自动接入服务，或者对服务对象提供的作品、表演、录音录像制品提供自动传输服务，并具备下列条件的，不承担赔偿责任：

（一）未选择并且未改变所传输的作品、表演、录音录像制品；

（二）向指定的服务对象提供该作品、表演、录音录像制品，并防止指定的服务对象以外的其他人获得。

第二十一条 网络服务提供者为提高网络传输效率，自动存储从其他网络服务提供者获得的作品、表演、录音录像制品，根据技术安排自动向服务对象提供，并具备下列条件的，不承担赔偿责任：

（一）未改变自动存储的作品、表演、录音录像制品；

（二）不影响提供作品、表演、录音录像制品的原网络服务提供者掌握服务对象获取该作品、表演、录音录像制品的情况；

（三）在原网络服务提供者修改、删除或者屏蔽该作品、表演、录音录像制品时，根据技术安排自动予以修改、删除或者屏蔽。

第二十二条 网络服务提供者为服务对象提供信息存储空间，供服务对象通过信息网络向公众提供作品、表演、录音录像制品，并具备下列条件的，不承担赔偿责任：

（一）明确标示该信息存储空间是为服务对象所提供，并公开网络服务提供者的名称、联系人、网络地址；

（二）未改变服务对象所提供的作品、表演、录音录像制品；

（三）不知道也没有合理的理由应当知道服务对象提供的作品、表演、录音录像制品侵权；

（四）未从服务对象提供作品、表演、录音录像制品中直接获得经济利益；

（五）在接到权利人的通知书后，根据本条例规定删除权利人认为侵权的作品、表演、录音录像制品。

第二十三条 网络服务提供者为服务对象提供搜索或者链接服务，在接到权利人的通知书后，根据本条例规定断开与侵权的作品、表演、录音录像制品的链接的，不承担赔偿责任；但是，明知或者应知所链接的作品、表演、录音录像制品侵权的，应当承担共同侵权责任。

第二十四条 因权利人的通知导致网络服务提供者错误删除作品、表演、录音录像制品，或者错误断开与作品、表演、录音录像制品的链接，给服务对象造成损失的，权利人应当承担赔偿责任。

第二十五条 网络服务提供者无正当理由拒绝提供或者拖延提供涉嫌侵权的服务对象的姓名（名称）、联系方式、网络地址等资料的，由著作权行政管理部门予以警告；情节严重的，没收主要用于提供网络服务的计算机等设备。

第二十六条 本条例下列用语的含义：

信息网络传播权，是指以有线或者无线方式向公众提供作品、表演或者录音录像制品，使公众可以在其个人选定的时间和地点获得作品、表演或者录音录像制品的权利。

技术措施，是指用于防止、限制未经权利人许可浏览、欣赏作品、表演、录音录像制品的或者通过信息网络向公众提供作品、表演、录音录像制品的有效技术、装置或者部件。

权利管理电子信息，是指说明作品及其作者、表演及其表演者、录音录像制品及其制作者的信息，作品、表演、录音录像制品权利人的信息和使用条件的信息，以及表示上述信息的数字或者代码。

第二十七条 本条例自 2006 年 7 月 1 日起施行。

参 考 文 献

[1] 雷瑛. IT职业素养(第2版)[M]. 北京: 高等教育出版社, 2014.
[2] 余祖光. 产业文化读本[M]. 北京: 高等教育出版社, 2012.
[3] 王琦, 等. 电子政务[M]. 北京: 电子工业出版社, 2011.
[4] 王志良. 物联网工程导论[M]. 西安: 西安电子科技大学出版社, 2011.
[5] 王鑫鑫. 电子商务概论. 北京: 北京大学出版社, 2014.
[6] 〔美〕M·F·莫西亚. 现代通信系统[M]. 谭明新, 译. 北京: 电子工业出版社, 2014.
[7] 〔德〕保尔汉森, 等. 实施工业4.0——智能工厂的生产·自动化·物流及其关键技术、应用迁移和实战案例[M]. 工业和信息化部电子科学技术情报研究所, 译. 北京: 电子工业出版社, 2015.
[8] 〔美〕麦克克鲁尔, 等. 黑客大曝光: 网络安全机密与解决方案(第7版)[M]. 赵军, 等, 译. 北京: 清华大学出版社, 2013.
[9] 陈守森. IT职业素养(第2版)[M]. 北京: 电子工业出版社, 2013.
[10] 毛庆根. 职业素养与职业发展[M]. 北京: 科学出版社, 2014.
[11] 韩祥杰. 大学生职业发展与就业指导教程[M]. 长春: 东北师范大学出版社, 2011.
[12] 〔美〕保罗·卡罗尔. 蓝色巨人IBM公司的浮沉[M]. 傅梅, 译. 上海: 上海译文出版社, 1997.
[13] 孙燕群. 计算机史话[M]. 青岛: 中国海洋大学出版社, 2003.
[14] 王咏刚. 乔布斯传[M]. 上海: 上海财经大学出版社, 2011.
[15] 喻小红. 企业文化培育对高职学生就业及发展的价值研究[J]. 安徽科技学院学报, 2014(1).
[16] 邱仲潘, 等. IT企业文化[M]. 北京: 清华大学出版社, 2015.